47. Kolloquium der Technischen Universität Ilmenau über Patentinformation und gewerblichen Rechtsschutz

PATINFO 2025

PROCEEDINGS

Innovation durch Wissen: Patente, Normen und Recherche im Fokus

Ilmenau, 21. bis 23. Mai 2025

PATON
LANDES PATENTZENTRUM THÜRINGEN

TECHNISCHE UNIVERSITÄT
ILMENAU

Innovation durch Wissen: Patente, Normen und Recherche im Fokus
Proceedings des 47. Kolloquiums der TU Ilmenau über Patentinformation (PATINFO), Ilmenau, 21. bis 23. Mai 2025
Christoph Hoock, Sabine Milde (Hrsg.), Ilmenau: Techn. Univ., 2025. 288 Seiten

ISBN: 978-3-9324-8828-3

VERANSTALTER

Technische Universität Ilmenau
PATON | Landespatentzentrum Thüringen
Langewiesener Str. 37
98693 Ilmenau

Tel. +49 (0) 3677 69 4572
Mail paton@tu-ilmenau.de
Web www.paton.tu-ilmenau.de

Druck: Klicks GmbH - bis500druck.de, Ziegelhüttenweg 4, 98693 Ilmenau
T: +49 (0) 3677 469243 · info@bis500druck.de · www.bis500druck.de

Thema

Die **PATINFO2025** vom 21. bis 23. Mai in Ilmenau steht unter dem Motto **Innovation durch Wissen: Patente, Normen und Recherche im Fokus.**

Die diesjährige Veranstaltung widmet sich dem spannenden Zusammenspiel von Patenten, Normen und Standards. Wie greifen diese Konzepte ineinander? Welche Bedeutung haben sie für Innovation und Wettbewerbsfähigkeit? Die Veranstaltung greift zentrale Fragen auf: Schließen sich Patente und Normen gegenseitig aus oder gibt es fruchtbare Wechselwirkungen? Was sind Standardessentielle Patente (SEP) und wie sehen die Pläne des EUIPO zur deren Regulierung aus (EU-Patent-Package)? Diese und weitere Themen werden in einer Podiumsdiskussion beleuchtet und durch Fachvorträge von Firmen, IP-Experten, Dienstleistern und Wissenschaftlern ergänzt.

Zudem sprechen wir auch 2025 wieder über die Themen Marken und Designs, Be- und Verwertung von Schutzrechten sowie Patentrecherche und -Analyse.

Begleitet wird die PATINFO von einer Ausstellung mit ca. 30 Firmen und einer Reihe von Kurzvorträgen, die neueste Entwicklungen zu Schutzrechtsdaten, Software und Dienstleistungen vorstellen. Ein kostenloses Workshop Programm rundet dieVeranstaltung ab.

Organisiert vom PATON Landespatentzentrum Thüringen bietet die PATINFO auch 2025 wieder das perfekte Forum für den Austausch zwischen öffentlichen, privaten und gewerblichen Akteuren im Bereich Patente, Marken und Designs.

Inhalt

Recherchieren und inspirieren: Wissensschatz DPMA-Datenbanken

Maria Skottke-Klein

Vizepräsidentin des Deutschen Patent- und Markenamts, München

---

Abstract

Das Deutsche Patent- und Markenamt (DPMA) hat nicht nur die Aufgabe, gewerbliche Schutzrechte zu erteilen, einzutragen und zu verwalten, sondern diese auch zu veröffentlichen. Den Auftrag der Veröffentlichung erfüllt das DPMA mit seinen Online-Datenbanken DPMAregister und DEPATISnet: Ein Wissensschatz, der allen zur Recherche offensteht.

Die Aufgabe der Information über Schutzrechte steht in der öffentlichen Wahrnehmung des DPMA manchmal etwas im Schatten der Schutzrechtsprüfung, kann in seiner Bedeutung aber nicht überschätzt werden. Denn eine gute Recherche ist eine notwendige und den Erfolg bestimmende Grundlage für ein erfolgreiches, stabiles Schutzrecht. Der Grundstein für die Qualität eines Schutzrechtes wird schon oft in der Phase vor der Anmeldung gelegt. Zudem kann der in den Datenbanken offengelegte Stand der Technik neue Erfindungen anregen und so zu technischen Lösungen für morgen inspirieren. Seine Informationsaufgaben nimmt das DPMA deshalb ebenso verantwortungsvoll wahr wie die Prüfung von Schutzrechten.

Patente, Gebrauchsmuster, Marken und Designs: Die Datenbank DPMAregister dient quasi als „Grundbuch" der deutschen Schutzrechte. Wer ist Anmelder oder Inhaber? Wie ist der aktuelle Verfahrensstand? Ist das Schutzrecht noch in Kraft? Rund 20.000-mal pro Tag suchen Externe Antworten in der Datenbank, die auch elektronische Akteneinsicht in Patent- und Gebrauchsmusterverfahren ermöglicht. Die Informationen stehen allen für vielfältige Zwecke offen: Um beispielsweise selbst eine Anmeldung zu planen, eine technische Lösung für bestimmte Aufgabenstellungen zu suchen, Verletzungen von Schutzrechten Dritter zu vermeiden oder um sich über das Patentportfolio eines Unternehmens zu informieren.

Mit der Datenbank DEPATISnet ist es Externen möglich, auf das Dokumentenarchiv des DPMA zuzugreifen, das auch unsere Patentprüferinnen und Patentprüfer für ihre Arbeit nutzen. Rund 160 Millionen Patentveröffentlichungen aus aller Welt sind in dieser Datenbank enthalten (Stand: März 2025).

DEPATISnet eignet sich für verschiedene Arten von Recherche: Neuheitsrecherchen, um die Aussicht auf Erteilung eines Patents abzuschätzen oder um Entwicklungskosten zu sparen; Übersichtsrecherchen, um einen breiten Überblick über den Stand der Technik auf einem Technologiegebiet als Ausgangsbasis für ein neues technisches Entwicklungsprojekt zu bekommen oder auch Überwachungsrecherchen, um aktuelle Entwicklungsaktivitäten der Wettbewerber zu verfolgen und dadurch Entscheidungen über Beginn und Fortführung eigener Entwicklungsaktivitäten fundierter treffen zu können. Unsere Nutzerinnen und Nutzer führen in DEPATISnet aber auch Recherchen durch, um Kooperationspartner, Lizenznehmer und Verwerter für ihre Erfindungen zu finden oder sogenannte „Freedom-To-Operate“-Recherchen“, um gültige Schutzrechte zu ermitteln, gegen die ihr Produkt verstoßen könnte, wenn es auf den Markt gelangt.

Um Nutzerinnen und Nutzern die Arbeit zu erleichtern, halten wir je nach Kenntnisstand verschiedene Recherchemodi vor – von der Basisrecherche bis hin zur Vollprofisuche. Außerdem lässt sich seit März 2023 bei chinesischen, japanischen und koreanischen Patentschriften bei der Volltextsuche auf englische Übersetzungen zugreifen (KI-gestützte Maschinenübersetzung). Zusammen mit der übersetzten russisch-, spanisch- und portugiesisch sprachigen Patentliteratur sind derzeit fast 88 Millionen Dokumente in englischer Sprache einsehbar.

Unsere Datenbanken und deren Funktionen und Benutzeroberflächen entwickeln wir stetig weiter, um die Recherchemöglichkeiten zu erweitern und sie noch anwenderfreundlicher zu machen. Das DPMA stellt zudem nicht nur der breiten Öffentlichkeit Informationen zur Verfügung, sondern per Datenabgabevertrag auch kommerziellen Dienstleistern. Diese Unternehmen können darauf eigene Geschäftsmodelle zur Schutzrechtsinformation gründen. So entstehen neue Angebote zur Schutzrechtsinformation und zusätzliche Wertschöpfung.

Nicht zuletzt ist die Qualität der Datenbanken natürlich auch für die Schutzrechtsprüfung im DPMA essenziell wichtig. Unsere Patentprüferinnen und -prüfer nutzen DEPATIS für die tägliche Patentrecherche, deren Herausforderung vor allem im weltweit exponentiellen Wachstum des Stands der Technik besteht. Neben in DEPATIS integrierten hauseigenen Fachdatenbanken helfen seit 2017 KI-gestützte Recherche-Tools unseren Prüferinnen und Prüfern bei der Erschließung des immer komplexer und umfangreicher werdenden Prüfstoffs. Mit seinen hauseigenen Datenbanken, die mit Hilfe von KI fortlaufend erweitert und weiterentwickelt werden, besitzt das DPMA ein Alleinstellungsmerkmal unter den nationalen Patentämtern – eines das maßgeblich dazu beiträgt, die hohe Qualität des Schutzrechts Patent „Made in Germany“ aufrechtzuerhalten.

Podiumsdiskussion
"Patente, Standards und Normen – Quo vadis"

Moderation: Sabine Boos

Prof. Dr. iur. Sabine Boos
Master of Laws (LL.M. - UCL, London)
Hochschule Heilbronn
Campus Sontheim
Recht für Ingenieurwissenschaften | Fakultät Technik (TE)
Institut für Recht der innovativen Technologien (IRiT)
Büro C1.06
Max-Planck-Str. 39
74081 Heilbronn
+49 7131 504 6800
sabine.boos@hs-heilbronn.de

Seit 2017:

- Professorin für "Recht für Ingenieurwissenschaften" an der Hochschule Heilbronn
- Leitung des dortigen Instituts für Recht der innovativen Technologien (IRiT)
- unter dessen Dach jährlich ein Weiterbildungslehrgang im IP stattfindet (online, in Live-Videosessions mit verschiedenen Referent/innen aus Industrie, Rechts-/Patentanwaltschaft und Wissenschaft)
- Website: www.hs-heilbronn.de/sabine.boos

2006-2016:

- Rechtsanwältin im Patentrecht ('Patent Litigation') bei einer internationalen Wirtschaftskanzlei (Hogan Lovells)

Ausbildung:

- Master (LL.M.) am University College London
- Promotion (Dr. iur.) an einem zivilrechtlichen Lehrstuhl der Universität Düsseldorf, Thema: Kulturgut als Gegenstand des internationalen Leihverkehrs
- Referendariat: im OLG-Bezirk Düsseldorf
- Studium: Universitäten Trier und Lausanne (Schweiz)

Teilnehmerin: Sybille Gabler

Sibylle Gabler
DIN Deutsches Institut für Normung e. V.
Am DIN-Platz, Burggrafenstraße 6
10787 Berlin
www.din.de

Sibylle Gabler ist Mitglied der Geschäftsleitung bei DIN e. V., der nationalen Normungsorganisation und Vertretung Deutschlands in der europäischen Normung bei CEN und der internationalen Normung bei ISO. Sie ist zuständig für den Bereich External Relations, der sich mit strategischen Themen in Wirtschaft und Gesellschaft beschäftigt, für deren Entwicklung Normung und Standardisierung einen Beitrag leisten kann. External Relations hat darüber hinaus die Betreuung ausgewählter Stakeholdergruppen der Normung im Fokus.

Zuvor war Sibylle Gabler 8 Jahre lang für die Leitung der Regierungsbeziehungen von DIN und damit die politische Kommunikation gegenüber Europäischer Kommission und Europäischem Parlament sowie Bundesregierung und Bundestag zuständig.

Sie begann ihre Laufbahn bei DIN im Jahr 2004 in der Öffentlichkeitsarbeit und als Pressesprecherin. Nach einem Magister Artium in Kommunikationswissenschaften fing Sibylle Gabler bei der Deutsche Golf GmbH & Co. KG, Berlin an, zunächst als Public Relations Managerin dann als Betriebsleiterin der Golfanlage Stolper Heide. Im Juni 2000 wechselte sie zu Biotronik GmbH & Co., Berlin, einem weltweit führenden Unternehmen in der Entwicklung, Herstellung und Vertrieb von Medizintechnologie für Kardiologie und Kardiochirurgie, zunächst war sie für Projekte der kaufmännischen Geschäftsführung tätig und übernahm ab 2002 die Position der Leiterin Unternehmenskommunikation.

Sibylle Gabler spielt seit vielen Jahren Golf als Leistungssport und war unter anderem zweifache Europamannschaftsmeisterin der Seniorinnen und ist amtierende Deutsche Mannschaftsmeisterin der Seniorinnen.

Teilnehmer: Gabriele Mohsler

Gabriele Mohsler
Patent Professional
IPR&L Patent Creation Management
Ericsson
Ericsson Allee 1
52134 Herzogenrath
+491732959387
gabriele.mohsler@ericsson.com

Leiterin der Patentabteilung bei Ericsson, verantwortlich für die gesamte Patentierung und Aufbau von Patentportfolios weltweit.

Gabriele Mohsler studierte Elektrotechnik an der Rheinisch-Westfälischen Technischen Hochschule in Aachen (RWTH) und begann ihre Karriere bei Alcatel. Sie ist Deutsche und Europäische Patentanwältin. 1997 wechselte sie zu Ericsson und begann mit dem Aufbau der Patentabteilung in Deutschland, die heute eine der wichtigsten IPR-Abteilungen bei Ericsson ist.

Neben verschiedenen Managementrollen war Sie verantwortlich für Strategien und Durchführung von Patentrechtsklagen in Europa.

Gabriele Mohsler ist Präsidentin der Licensing Executive Society Deutschland (LES Deutschland), Vorstandsmitglied der Deutschen Vereinigung für gewerblichen Rechtsschutz und Urheberrecht (GRUR) und Kuratorin der Women in IP. Gabriele Mohsler lebt in Köln, ist verheiratet und hat eine Tochter.

Teilnehmer: Daniel Ovadya

Daniel Ovadya
Dipl Inf, Patent Engineer

Regional Sales Manager DACH Corporate Patents
Questel SAS
23, rue d'Antin
75002 Paris France
Telefon +49 33 1 55 04 52 00
dovadya@questel.com

Daniel Ovadya ist Diplom-Informatiker und Patentingenieur.

Als europäischer SEP-Spezialist bei Questel begleitet er seit vielen Jahren die dynamische Entwicklung im Bereich der standardessentiellen Patente (SEPs).
Er hat selbst bereits mehrere SEP-Konferenzen initiiert und organisiert und tritt regelmäßig als Speaker auf zu SEP-Themen auf.
Aktuell liegt sein Schwerpunkt auf der Analyse der Essentialität von SEPs in Technologien wie 4G, 5G, Wi-Fi 6 sowie Audio- und Video-Codecs sowie der Verteilung des Stacks auf die jeweiligen Anmelder.

Teilnehmer: Prof. Thomas Sporer

Prof. Thomas Sporer
Fraunhofer Institut für Digitale Medientechnologie IDMT
Stellvertretender Leiter
Ehrenbergstraße 31
98693 Ilmenau
Telefon +49 3677 467-0
thomas.sporer@idmt.fraunhofer.de

Thomas Sporer studierte Informatik an der Universität Erlangen Nürnberg Informatik mit Schwerpunkt Elektronik und Nebenfach Physik. Im Jahre 1998 promovierte er dort am Lehrstuhl für technische Elektronik über die Qualitätsbeurteilung von Audiosignalen.
1988 bis 1989 und 1997 bis 1999 arbeitete er im Bereich Audio und Multimedia des Fraunhofer Instituts für Integrierte Schaltungen IIS in Erlangen an den Audio-Codierverfahren MP3, AAC und LD-AAC, Messverfahren zur Beurteilung der Audioqualität und an Verfahren zum Schutz von Urheberrechten von Audiosignalen.
Als Abteilungsleiter der Abteilung Akustik des Fraunhofer Institut für digitale Medientechnologie IDMT in Ilmenau leitete er die Entwicklung von räumlichen Audiowiedergabesystemen. Seit 2024 ist er Convenor der ISO/IEC JTC1/WG 6 Audio Coding (MPEG Audio).
Er war einer der Erfinder eines der Kernpatente von mp3 und betreute dieses Patent seit 1989.

Seit Gründung des IDMT ist er stellvertretender Institutsleiter, Schutzrechtsbeauftragter und Verantwortlicher für F&E- und Lizenzverträge.

Thomas Sporer lehrt an der Technischen Universität Ilmenau und der Universität der Künste in Berlin, und ist aktiv in verschiedenen Standardisierungsgremien der ITU, ISO/IEC (MPEG), sowie Mitglied der Deutschen Gesellschaft für Akustik (DEGA), der Audio Engineering Society (AES) und der Acoustical Society of America (ASA). In der AES war er u.a. Vice-President Central Europe.

Standard-essentielle Patente (SEPs) für das Internet der Dinge

Friedhelm Rodermund

IOTECC GmbH, Koblenz

Abstract

Der technologische Fortschritt in der ITK-Branche und darüber hinaus und die zunehmende Vernetzung zum Internet der Dinge (IoT) basiert zu einem großen Teil auf standardisierten Technologien. Technische Standards wie 5G (und in Zukunft 6G) sind unverzichtbar, um eine reibungslose und effiziente Interoperabilität zwischen verschiedenen Geräten, Netzwerken und Cloud zu gewährleisten.

Eine Schlüsselrolle spielen dabei Standard-essentielle Patente (SEPs), also Patente, die für die Erfüllung technischer Standards genutzt werden müssen. SEPs fördern und sichern Innovationen, da sie es den Patentinhabern ermöglichen, von ihren Investitionen in Forschung und Entwicklung zu profitieren. Gleichzeitig ermöglichen sie die Verbreitung standardisierter Technologien, die für die Entwicklung neuer IoT-Anwendungen unerlässlich sind. Durch die Schaffung eines gemeinsamen technischen Rahmens beschleunigen SEPs die Einführung neuer Technologien und bieten Unternehmen weltweit die Grundlage, auf dieser Basis zu innovieren.

Aufgrund der zunehmenden Vernetzung in verschiedenen Branchen ist der Lizenzmarkt für 5G nicht mehr nur auf Telekommunikationsunternehmen beschränkt. Hierdurch entstehen neue Herausforderungen, von denen einige im folgenden Artikel beschrieben werden.

Angesichts des enormen wirtschaftlichen Potenzials des IoT, das Branchen weltweit transformiert, kann eine transparente und ausgewogene SEP-Lizenzierung entscheidend zur weiteren positiven Entwicklung von Technologien und Märkten beitragen und dabei helfen, dass Unternehmen verschiedener Branchen und Endnutzer gleichermaßen von der technologischen Revolution des IoT profitieren.

1. Einleitung

Der Begriff "Internet der Dinge" oder "Internet of Things" (IoT) steht für die Vernetzung von verschiedensten Geräten und Objekten miteinander und mit Steuersystemen (z.B. IoT-Servern), von einfachsten Sensoren bis zu hochkomplexen Geräten wie Industrierobotern. Für die Anbindung der Geräte an das Internet bzw. für die Verbindung untereinander werden meist drahtlose Technologien genutzt, die somit eine unerlässliche Voraussetzung für das IoT darstellen. Mit dem rapiden Wachstum der Anzahl vernetzter Geräte und der damit einhergehenden Konvergenz von Informationstechnologie und traditionellen Industrien wird die Bedeutung standardisierter Kommunikationstechnologien immer zentraler. Insbesondere tragen IoT-Standards maßgeblich zur marktweiten und weltweiten Interoperabilität bei und ermöglichen durch Vereinheitlichung erhebliche Kosteneinsparungen – sowohl in der Produktion als auch im Betrieb.

Die IoT-Marktsegmente sind dabei vielfältig: von Smart Homes über industrielle Automatisierung, Logistik, Gesundheitswesen, Landwirtschaft, intelligente Städte bis hin zur Automobilbranche. Jedes dieser Segmente profitiert von einheitlichen Standards, da diese den Geräteherstellern und Dienstleistern erlauben, skalierbare und kosteneffiziente Lösungen anzubieten. Vor diesem Hintergrund spielen standard-essentielle Patente (SEPs) eine Schlüsselrolle. SEPs stellen Technologien dar, die für die Umsetzung technischer Standards unerlässlich sind – ein Umstand, der zu besonderen Herausforderungen und Fragestellungen im Bereich der Lizenzierung und Patentdurchsetzung führt.

Insbesondere im Kontext von 5G, einem Mobilfunkstandard, der nicht nur für Smartphones, sondern v.a. auch für IoT-Anwendungen von zentraler Bedeutung ist, gibt es einen starken Anstieg der Zahl von SEPs. Allein für 5G existieren beispielsweise mittlerweile weit mehr als 50.000 erteilte SEPs (Patentfamilien) und die Zahl steigt noch immer an, weil die Weiterentwicklung von 5G noch nicht abgeschlossen ist und laufend weitere Funktionalitäten hinzugefügt werden. Zum Vergleich: für LTE sind etwas über 20.000 SEPs bekannt, d.h. zum European Telecommunications Standards Institut (ETSI) deklariert. Dieser enorme Bestand an Patenten führt zu komplexen Lizenzierungsprozessen und erfordert flexible Lösungen, um sowohl Innovation als auch fairen Wettbewerb zu gewährleisten.

2. Standard-essentielle Patente: Definition und Bedeutung

2.1 Was sind SEPs?

Ein standard-essentielles Patent ist ein Patent, das so in einen technischen Standard integriert wurde, dass es ohne dessen Nutzung nicht möglich ist, den Standard zu erfüllen. Hier zeichnet sich ein Spannungsfeld ab zwischen dem Schutz von Erfindungen und der gewünschten Verbreitung von Standards. Diese Problematik wird in Standardisierungsorganisationen z.B. ETSI adressiert durch eine sogenannte Intellectual Property Rights Policy, welche Regeln und Verpflichtungen für Mitglieder im Umgang mit SEPs festlegt. Die IPR Policy beschreibt u.a., dass (potentiell) standard-essentielle Patente zur ETSI zeitnah deklariert werden müssen. ETSI pflegt hierfür eine umfassende öffentliche Datenbank[1]. Weiterhin verlangt die IPR Policy, dass die Lizenzierung unter sogenannten FRAND-Bedingungen zu erfolgen hat – das heißt, die Bedingungen müssen „fair, angemessen und nichtdiskriminierend" sein. Die Idee dahinter ist, dass Unternehmen, die maßgeblich zur Standardisierung beitragen, ihre Innovationen lizenzieren können und gleichzeitig sichergestellt wird, dass keine Barrieren für den Einsatz und die Verbreitung des Standards entstehen. Lizenznehmer sollen also einen gerechten Zugang zu den SEPs erhalten, ohne dass es zu überhöhten Lizenzgebühren oder monopolistischen Strukturen kommt und Lizenzgeber sollen für Ihre Investitionen in die Entwicklung neuer Standards eine faire Kompensation erhalten und damit auch die weitere Entwicklung finanzieren können. Ziel ist es eine faire Balance zwischen den Interessen von Lizenzgebern und -nehmern zu erreichen. Allerdings beschreibt z.B. die ETSI IPR Policy nicht, wie eine FRAND-Rate zu ermitteln ist und überlässt kommerzielle Aspekte ausdrücklich den Verhandlungspartnern.

2.2 Die besondere Rolle von 5G im IoT

Das Internet der Dinge (IoT) umfasst eine Vielzahl von Technologien, die die nahtlose Vernetzung von Geräten, Sensoren und Systemen ermöglichen. Wesentliche Komponenten

[1] https://ipr.etsi.org

sind Konnektivitätstechnologien, Diensteebenen zur Datenverarbeitung (z. B. Cloud- und Edge-Computing) sowie Sicherheitsmechanismen wie Verschlüsselung und Authentifizierung. Ein zentraler Aspekt des IoT ist die Kommunikation zwischen Geräten, bei der Technologien wie 5G, Wi-Fi, Bluetooth, LPWAN (LoRa, NB-IoT, Sigfox) und andere drahtlose Übertragungsverfahren eine entscheidende Rolle spielen.

Hier ist der 5G-Standard hervorzuheben als eine Technologie, die viele Bereiche des IoT durchdringen wird und heute schon vielfach zum Einsatz kommt. Während die Vorgängergeneration noch die Bereitstellung angemessener Datenraten für Endkunden z.B. zum Internetsurfen oder Streamen im Fokus hatte, wurde bei 5G ein großer Fokus auf verschiedenste IoT-Anwendungen gelegt. Neben der Bereitstellung hoher Übertragungsraten eröffnet 5G z.B. durch niedrigere Latenzzeiten neue Einsatzszenarien. Im industriellen Umfeld können mit der sogenannten Ultra-Reliable Low Latency Communication (URLLC) neue Einsatzszenarien z.B. in der Robotik und im Transportwesen (z.B. autonomes Fahren) erschlossen werden. Weiterhin ermöglicht 5G Unternehmen eigene Campusnetzwerke aufzubauen und zu betreiben. Network-Slicing ermöglicht das Reservieren von Netzressourcen für bestimmte Kunden und Anwendungen (z.B. Behördenfunk). Ein weiterer Vorteil von 5G ist die Unterstützung einer sehr hohen Dichte an IoT-Geräten (Massive Machine Type Communications). Die nächste Standard-Generation 6G wird die Innovation im Mobilfunk fortsetzen allerdings ist mit einer Einführung erst ab 2030 zu rechnen. Aktuell bietet 5G – das in Kürze um “5G Advanced” erweitert wird – mehr als hinreichend Funktionalitäten, um die Innovation in den verschiedenen IoT-Segmenten voranzutreiben. Die folgende Darstellung gibt einen Überblick über zentrale Eigenschaften und Einsatzgebiete von 5G.

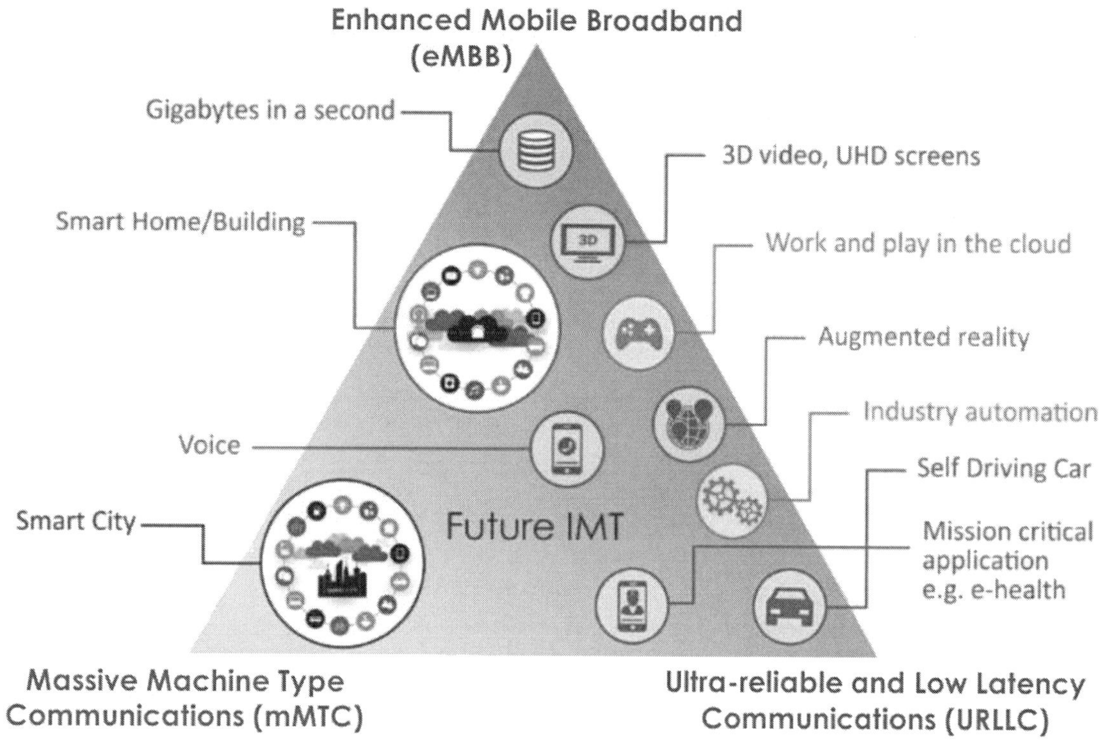

Abbildung 1: 5G-Dienstedreieck; Quelle: 3GPP

Auch macht der Einsatz von künstlicher Intelligenz (KI) nicht halt vor dem Internet der Dinge. Es gibt bereits eine Vielzahl von Produkten und Diensten, die AI (artificial intelligence) und IoT-Technologien kombinieren (oft AIoT genannt). In 5G werden bereits verschiedenste KI-unterstützte Funktionen integriert, für die teilweise auch SEPs eine Rolle spielen. Das Thema wird mit 6G noch weiter in den Fokus kommen – hier spricht man dann vom „AI-native 6G".

Zurück zu 5G, das in den nächsten Jahren im IoT-Bereich eine entscheidende Rolle spielen wird. Die aus dem Einsatz von 5G resultierende Wertschöpfung, kombiniert mit der hohen Anzahl von Patenten, macht 5G zu einem zentralen Spielfeld für die Diskussion um SEPs. Die dynamische Weiterentwicklung des Standards und der zunehmende Einsatz in nicht-traditionellen Bereichen verstärken den Druck auf eine transparente und faire Lizenzierung.

3. Zentrale Problematiken im Umgang mit SEPs

Im Folgenden werden einige der Herausforderungen rund um SEPs im IoT dargestellt.

3.1 Mangelnde Transparenz und Überdeklaration

Eine der häufigsten Herausforderungen im Bereich der SEPs besteht in der teilweise unzureichenden Transparenz der Patentlandschaft, die wie erwähnt aus zehntausenden von Patenten von einer Vielzahl von Patentinhabern besteht. Das folgende Diagramm zeigt das Wachstum der Anzahl der erteilten und deklarierten 5G SEPs.

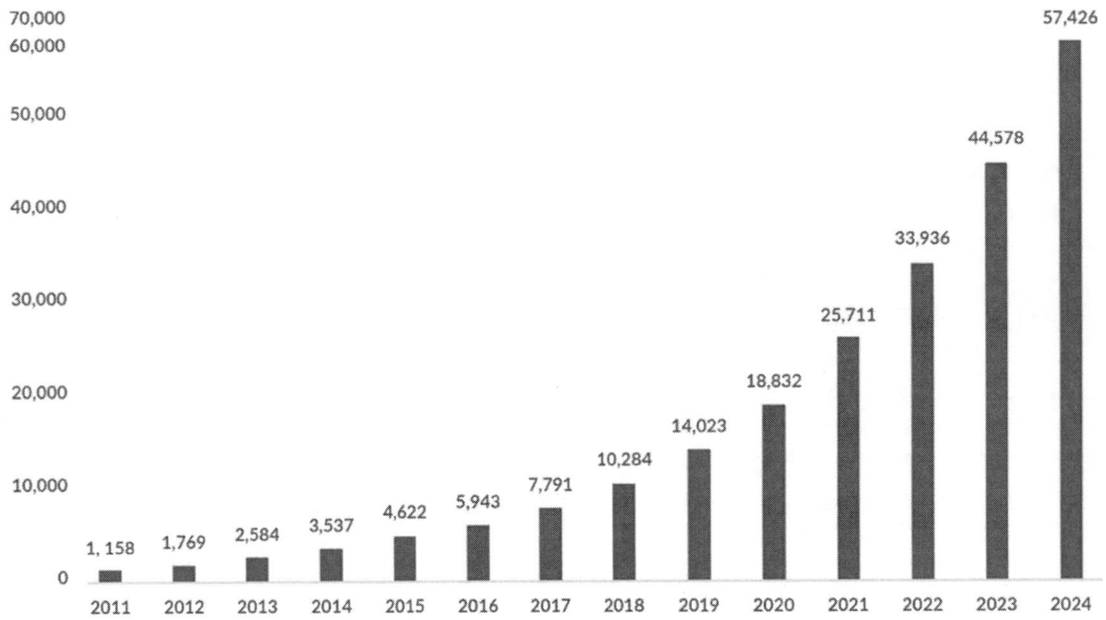

Abbildung 2: Kumulative Anzahl deklarierter und erteilter 5G Patentfamilien im Jahr der ersten Veröffentlichung; Quelle: LexisNexis

Während viele Patente, die in Standards wie 5G integriert werden, als potentiell essentiell deklariert werden – häufig in öffentlichen Datenbanken wie der ETSI IPR Data Base – erfolgt keine unabhängige Überprüfung, ob diese Patente tatsächlich essentiell sind. In den meisten Studien wird geschätzt, dass weniger als 50% der deklarierten Patente wirklich essentiell sind, mit teilweise großen Unterschieden zwischen den Patentinhabern. Diese Überdeklaration führt zu einer unscharfen Ausgangslage. Insbesondere Neueinsteiger im Markt haben es schwer, das Patentdickicht zu durchschauen und zu entscheiden, welche Patente sie lizenzieren müssen. Dieser Mangel an Transparenz kann zu erhöhten

Transaktionskosten, Verzögerungen in der Markteinführung und allgemeiner Rechtsunsicherheit führen.

3.2 „Clash of Cultures": Unterschiedliche Lizenzierungspraktiken

Ein weiterer Aspekt sind historisch bedingte unterschiedliche Lizenzpraktiken der beteiligten Industrien. In der Informations- und Kommunikationstechnik (IKT) -Branche, die sich seit Jahren mit SEPs auskennt, haben sich bestimmte Lizenzierungspraktiken etabliert, während in traditionellen Industrien – wie der Automobilbranche – oftmals andere Ansätze verfolgt werden. Beispielsweise haben sich Automobilhersteller in der Regel nicht oder wenig mit den Lizenzpraktiken Ihrer Zulieferer beschäftigt, was auch aufgrund der Vielzahl von Zuliefern eine besondere Herausforderung wäre. In der ITK-Branche hingegen ist es z.B. für einen Smartphone-Hersteller essentiell, selbst sicherzustellen, dass die notwendigen Lizenzen vorhanden sind.

3.3 Mangelndes SEP-Wissen und Ressourcen

Mit der wachsenden Durchdringung von Kommunikationstechnologien in verschiedenste Produkte und Industrien wächst der Markt möglicher Lizenznehmer von IoT-relevanten SEPs deutlich. Das stellt für Patentinhaber eine sehr positive Entwicklung dar. Allerdings fehlt in dieser frühen Phase der Entwicklung des Internets der Dinge oft das Bewusstsein und Wissen um SEPs. Große Firmen, von Patentinhabern als Erste angesprochen, wurden zum Teil "kalt erwischt" in dem Sinne, dass sie mit den Lizenzpraktiken der ITK-Branche nicht vertraut waren und Kosten für Lizenzen nicht eingeplant hatten. Hierzu gab und gibt es hierzu einige Streitverfahren in der Automobilbranche, die beim Einsatz von SEPs z.B. für LTE und 5G eine der Vorreiterbranchen darstellt. Mittlerweile haben viele Mitglieder dieser Branche eine Lösung in der Lizenznahme mittels des Avanci Pools gefunden. In anderen Branchen gibt es teilweise noch Nachholbedarf bei der Entwicklung der für diese Branchen am besten geeigneten Lizensierungsmodelle.

Während es großen Firmen in der Regel nicht an Ressourcen mangelt, um die neuen Herausforderungen rund um SEPs in Angriff zu nehmen, sieht dies bei kleineren Firmen wie SMEs und Start-Ups anders aus. Diesen fehlt es oft an Wissen und Bewusstsein zu SEPs. Manche Firmen gehen z.B. davon aus, dass der Hersteller eines Kommunikationsmoduls die

Lizenzgebühren entrichtet hat und der Hersteller eines IoT-Geräts davon befreit ist. Selbst wenn man zur Erkenntnis gelangt ist, dass eine Lizenznahme erforderlich ist, z.B. weil ein Patentinhaber Lizenzverhandlungen anmahnt, fehlt es oft an Know-How und Informationen, wie man zu einer fairen Lizenz gelangt. Meist sind auch die erforderlichen Ressourcen, z.B. eine interne Rechtsabteilung bzw. die Mittel eine externe Kanzlei zu beauftragen, kaum vorhanden. Einem Mittelständler fehlt also oft das Wissen, für welche der deklarierten SEPs er Lizenzen erwerben muss und von welcher Firmen er diese erhalten kann[2].

3.4 Lizenzen auf Chip- oder Endproduktebene

Traditionell wurden Lizenzvereinbarungen in der IKT-Branche meist auf Endgeräteebene (z.B. Smartphone) abgeschlossen, d.h. vereinbart wurde ein bestimmter Betrag oder Prozentsatz des Verkaufspreises für jedes verkaufte Gerät. Beim Einsatz von Mobilfunktechnologien im IoT wird darüber debattiert, ob Lizenzen auf Basis des Endproduktpreises oder des Verkaufspreises eines spezifischen Bauteils (z. B. des Mobilfunkchips, der den IoT-Standard implementiert) berechnet werden sollten. Verfechter dieser unterschiedlichen Ansätze schreiben ihrem jeweiligem Ansatz Effizienzgewinne und andere Vorteile zu. Z.B. hätte eine Lizensierung auf Endgeräte-Ebene (downstream) den Vorteil, dass mit einer Lizenz alle Zulieferer die Freiheit erhalten für diesen Endgerätehersteller standard-konforme Produkte zu bauen. Dieser Ansatz kann sinnvoll sein, wenn die Anzahl der Endgeräte-Hersteller in einer Branche überschaubar ist (z.B. in der Automobilbranche), ist jedoch auch hier nicht unumstritten. Wenn man sich jedoch den wachsenden Markt kleiner IoT-Geräte-Hersteller anschaut (z.B. preiswerte vernetzte Sensoren), dann würde der downstream-Ansatz bedeuten, dass mit jedem der möglicherweise tausenden Endgerätehersteller eine Lizenz verhandelt werden müsste. Dagegen würde eine Lizenzerteilung auf Chipset-Ebene (upstream) nur wenige Lizenzen erfordern, da die Anzahl der Mobilfunkchiphersteller überschaubar ist. Es scheint also schwierig zu sein, einen einzigen „goldenen" Lizenzierungsansatz für das Internet der Dinge festzulegen. Stattdessen sollten branchenspezifische Besonderheiten berücksichtigt werden.

[2] Siehe auch "Licensing standard-essential patents in the IoT – A value chain perspective on the markets for technology", Joachim Henkel, https://www.sciencedirect.com/science/article/pii/S0048733322001238

3.5 Patentverwertungsgesellschaften vs. Patenttrolle

Patentverwertungsgesellschaften (PVGs) sind Unternehmen oder Organisationen, die Patente wirtschaftlich verwerten, indem sie sie an Unternehmen lizenzieren oder verkaufen, um Innovationen in marktfähige Produkte umzusetzen. Sie arbeiten oft mit Forschungseinrichtungen zusammen und fördern aktiv den Technologietransfer. Einige PVGs erwerben SEPs und versuchen diese zu FRAND-Konditionen zu lizensieren. Es handelt sich hierbei um seriöse Unternehmen, die legitime Rechteinhaber vertreten oder erworbene Patente verwalten, durchsetzen und monetarisieren.

Es gibt jedoch Einzelpersonen oder Firmen („Patenttrolle“), die Patente nicht primär erwerben, um Innovationen zu fördern, sondern um Firmen wegen vermeintlicher Patentverletzungen zu verklagen und überhöhte Lizenzgebühren zu fordern. Sie betreiben in der Regel keine eigene Forschung oder Entwicklung. Patenttrolle sind erwartungsgemäß im Bereich der SEPs für das Internet der Dinge inkl. 5G und anderer Kommunikationsstandards sehr aktiv.

Grundsätzlich ist die Monetarisierung von Patenten absolut legitim und kann zur Förderung von Innovationen beitragen. Problematisch wird es jedoch, wenn Firmen Patente aufkaufen, ohne selbst Technologien zu entwickeln, und anschließend überhöhte Lizenzgebühren fordern und zur Durchsetzung gleichzeitig eine Vielzahl von Unternehmen mit Klagen überziehen. Dies kann insbesondere bei SEPs zu Marktverzerrungen führen, da diese Patente für die Einhaltung von Standards unerlässlich sind und unter FRAND-Bedingungen lizenziert werden sollten. Die Herausforderung besteht darin, ein Gleichgewicht zwischen legitimer Patentverwertung und dem Schutz vor u. U. missbräuchlichen oder umstrittenen Praktiken zu finden.

3.6 Aktuelle Fallbeispiele

Ein prominentes Beispiel ist das Verfahren Huawei v. ZTE[3], in dem der Europäische Gerichtshof ein vorprozessuales Vertragsverhandlungs-Procedere festlegte, das in Lizenzverhandlungen oder vor Gerichten oft als Leitfaden für die Anwendung von FRAND-

[3] EuGH C-170/13

Konditionen dient. Das Verfahren Sisvel v. Haier[4] stärkte die Rechte von Patentinhabern und verschärfte gleichzeitig die Anforderungen an Implementierer, welche in Lizenzverhandlungen ihr Interesse an einer FRAND-Lizenz deutlich machen müssen. Ebenso zeigt das Verfahren Unwired Planet v. Huawei[5], wie nationale Gerichte (in diesem Fall in Großbritannien) einen globalen FRAND-Satz festlegen können. Ein weiteres Beispiel ist der Fall IP Bridge v. Ford[6], bei dem die Lizenzierung von 4G-Patenten in der Automobilbranche im Mittelpunkt stand und es zur Anordnung eines Fahrzeug-Verkaufsverbot inkl. Rückruf und deren Vernichtung kam. Im Verfahren Panasonic vs. Oppo[7] kam es zum ersten FRAND-Urteil des erst im Jahr 2023 eröffneten einheitlichen Patentgerichts der EU (Unified Patent Court - UPC). Hierbei wurde es Oppo verboten, bestimmte Smartphones und Smartwatches im Geltungsbereich des UPC zu verkaufen, obwohl beide Parteien bereits vereinbart hatten, ihre globalen Streitigkeiten beizulegen. Aktuell laufen weltweit eine Vielzahl weiterer Patentstreitverfahren z.B. IP Bridge, Sol IP v. BYD[8] in dem bereits ein Unterlassungsanspruch gegen den chinesischen Autohersteller gestellt wurde.

Insgesamt zeigt die Anzahl laufender Patentstreitverfahren, dass es weiterhin Optimierungsbedarf im SEP-Lizenz-Ökosystem gibt, z.B. hinsichtlich unterschiedlicher Interpretationen von FRAND-Konditionen und in Bezug auf die Bewertung der Gültigkeit und Essentialität von Patenten.

4. Lösungsansätze und Strategien

4.1 FRAND-Lizenzierung als Grundprinzip

Eine wichtige Antwort auf die Problematik der SEPs liegt in der konsequenten Umsetzung

[4] BGH K ZR 35/17

[5] England and Wales High Court of Justice HP-2014-000005
UK Supreme Court UKSC 37 [2020]

[6] LG München 7 O 9572/21

[7] UPC_CFI_210/2023

[8] LG München 7 O 1583/2025

der FRAND-Prinzipien. Diese sollen sicherstellen, dass alle Marktteilnehmer Zugang zu den notwendigen Patenten erhalten, ohne dass ein Patentinhaber unverhältnismäßig hohe Lizenzgebühren verlangen kann. Es ist jedoch zu beachten, dass FRAND-Konditionen nicht explizit durch eine IPR Policy definiert sind. Vielmehr werden sie idealerweise in individuellen Verhandlungen zwischen den Lizenzpartnern festgelegt – ein Prozess, der Flexibilität, aber auch ein hohes Maß an Vertrauen und Verhandlungsgeschick erfordert. Führen solche Verhandlungen nicht zum Erfolg, so resultiert dies oft in Gerichtsverfahren. Die Auslegung der FRAND-Prinzipien und die juristische Handhabung auch in Bezug auf Verkaufsverbote ist jedoch in verschiedenen Staaten erwartungsgemäß nicht immer einheitlich, was zu Rechtsunsicherheiten und „Forum-Shopping“ führen kann.

4.2 Patent Pools: Effizienz und Markttransparenz

Ein weiterer Lösungsansatz ist die Bildung von Patent Pools. Ein Patent Pool ist eine Organisation, in der mehrere Rechteinhaber ihre Patente bündeln und unter einem einheitlichen Lizenzvertrag anbieten. Dadurch sinken die Transaktionskosten und der Technologiezugang wird erheblich vereinfacht. Ein Beispiel hierfür ist der Avanci-Pool, der vor allem in der Automobilindustrie genutzt wird. Weitere Beispiele sind Sisvel‘s WiFi 6 and Cellular IoT pools (NB-IoT, LTE-M). Patent Pools können nicht nur zu einer Reduktion der Komplexität beitragen, sondern auch zu einer faireren und transparenteren Verteilung der Lizenzgebühren führen. Allerdings sind die Lizenzbedingungen von Pools, insbesondere Lizenzraten und Endgeräte-Lizensierung, nicht immer unumstritten. Außerdem decken Pools in der Regel nicht 100 % der SEPs eines Standards ab und damit sind für einen Lizenznehmer zusätzliche bilaterale Verhandlungen mit Firmen außerhalb des Pools erforderlich.

4.3 EU-Regulierung und gesetzliche Rahmenbedingungen

Neben branchen- und firmenspezifischen Maßnahmen spielt auch die Gesetzgebung eine zentrale Rolle. Ansätze zur Schaffung eines EU-weiten Rechtsrahmens im Bereich der SEPs wurden intensiv diskutiert. Die Europäische Union hat das wirtschaftliche und technologische Potenzial von SEPs und die damit verbundenen Herausforderungen erkannt und plante, eine neue Regulierung einzuführen, um die Lizenzierung und Durchsetzung von SEPs transparenter und effizienter zu gestalten. Ziel dieser Reform war es, die Interessen von SEP-Inhabern und -Nutzern in Einklang zu bringen und sicherzustellen, dass innovative Technologien wie 5G sich schnell und reibungslos im europäischen Markt etablieren können. Verschiedene der vorgeschlagenen Maßnahmen, wie z.B. SEP-Validierung und Streitbeilegungsverfahren waren jedoch nicht unumstritten. Führende Patentinhaber stellen die Notwendigkeit einer Regulierung insgesamt in Frage. Auch wenn der ursprüngliche Vorschlag zur EU-SEP-Regulierung nicht in Kraft getreten ist, wird weiter über die Notwendigkeit, gesetzliche Rahmenbedingungen zu schaffen, die den Herausforderungen eines dynamischen und technologiegetriebenen Marktes gerecht werden, diskutiert.

4.4 Weitere Maßnahmen zur Diskussion

Neben den oben genannten Maßnahmen gibt es noch eine Reihe weiterer Ansätze, die genannten Herausforderungen aus verschiedenen Richtungen zu adressieren. Auf alle einzugehen, würde diesen Rahmen sprengen, jedoch möchte ich einige kurz anreißen:

Mediation oder Schiedsverfahren können helfen, FRAND-Streitigkeiten effizient zu lösen.

Ein weiterer Vorschlag ist die Festlegung aggregierter Lizenzgebühren für SEPs durch Industriekonsortien oder unabhängige Gremien um übermäßige Kosten ("Royalty Stacking") zu vermeiden. Dies könnte Transparenz und Planungssicherheit für Unternehmen bringen, wäre in der Umsetzung allerdings sicherlich sehr herausfordernd.

Es gibt die Idee, nutzungsbasierte Lizenzmodelle einzusetzen. Statt pauschaler Lizenzgebühren würden Kosten basierend auf der tatsächlichen Nutzung oder Konnektivität eines IoT-Geräts berechnet. Dadurch könnten Lizenzkosten z.B. für kleinere IoT-Anbieter erschwinglich bleiben.

Darüber hinaus gibt es Vorschläge auf der Ebene der Standardisierung anzusetzen, indem z.B. Standardisierungsorganisationen (wie z.B. ETSI) strengere FRAND-Verpflichtungen und klarere Lizenzierungsrichtlinien in ihre IPR-Richtlinien integrieren. Allerdings gestalten sich Änderungen bzw. Erweiterungen der IPR-Richtlinien von Standardisierungsorganisationen oft als kontrovers und schwierig in der Umsetzung.

Schließlich wird vorgeschlagen, sogenannte „Multi-Stakeholder"-Verhandlungsforen einzusetzen. Im Gegensatz zu Licensing Negotiation Groups (LNGs), in denen mehrere potenzielle Lizenznehmer gemeinsam mit einem oder mehreren SEP-Inhabern verhandeln, würden in einem „Multi-Stakeholder"-Verhandlungsforum SEP-Inhaber, Lizenznehmer, Standardisierungsorganisationen, Regulierer und ggf. weitere Interessensgruppen gemeinsam „best practices" für eine FRAND-Lizensierung festlegen.

4.4 Strategische Maßnahmen für Unternehmen

Unternehmen, die IoT-Produkte und -Dienste anbieten, sollten eine Vielzahl strategischer Maßnahmen erwägen, um den Herausforderungen des SEP-Ökosystems zu begegnen:

- **Aktives Monitoring der Entwicklung relevanter IoT-Standards:** Kontinuierliche Beobachtung der Entwicklung von technischen Standards um auf dem neuesten Stand zu bleiben und in der Lage zu sein, die am Besten geeigneten Standards für die Entwicklung eigener Produkte zu selektieren.
- **Aktives Monitoring der SEP-Landschaft:** Beobachtung der SEP-Deklarationen, um aktuelle Informationen zu haben, welche Firmen relevante SEPs anmelden. Für das Monitoring der Standard-Entwicklung und SEP-Deklarationen können spezielle Tools sehr hilfreich sein, die den Zugang und das Filtern von hunderttausenden Standardisierungs-Beiträgen und zehntausenden SEP-Deklarationen deutlich erleichtern und es ermöglichen, frühzeitig Trends zu erkennen
- **Lizenzmanagement in der Zuliefererkette:** Sorgfältige Überwachung der bereits vorhandenen Lizenzen, um Lücken aufzudecken, Mehrfachlizenzierungen zu vermeiden und Kosten zu reduzieren.
- **Teilnahme an Standardisierungsgremien:** Engagement in Gremien wie 3GPP oder ETSI, um frühzeitig Einfluss auf die Ausgestaltung von Standards und die entsprechenden SEP-Lizenzierungsregeln zu nehmen. In den letzten Jahren ist der Anteil der nicht-ITK-Firmen (aus den Branchen Automobil, Industrieautomatisierung, Energiewirtschaft, Transportwesen, Raumfahrt etc.) in der IoT-Standardisierung (inkl. 5G/6G Standardisierung in der 3GPP) erfreulicherweise deutlich gewachsen.

- **Eigenentwicklung von SEPs:** Proaktive Beteiligung an der Standardisierung und Entwicklung eigener Patente, um die eigene Verhandlungsposition zu stärken (in Verhandlungen oder bei Klagen) und ggf. Patente zu lizensieren.
- **Investition in Rechts- und Verhandlungsexpertise:** Stärkung interner oder externer Kompetenzen, um Verhandlungen über FRAND-Konditionen professionell und interessengerecht führen zu können.
- **Technologie-Roadmapping:** Integration der SEP-Thematik in das langfristige Technologie- und Geschäftsmodell, um strategische Entscheidungen frühzeitig und fundiert treffen zu können.

Obige Maßnahmen wären sicherlich für große Unternehmen realisierbar, allerdings für kleine Firmen eher nur im beschränkten Umfang umsetzbar, wie unter 3.3 beschrieben.

Zusammenfassung und Ausblick

Die dargestellte Problematik der standard-essentiellen Patente im Internet der Dinge – insbesondere im Kontext von 5G – ist vielschichtig und betrifft zahlreiche Bereiche, von der technischen Standardisierung über rechtliche Rahmenbedingungen bis hin zu strategischen Unternehmensentscheidungen. Die derzeitige Situation ist geprägt von einer sehr hohen Anzahl an deklarierten SEPs, wobei der Anteil tatsächlich essentieller Patente in einem Portfolio oft nicht ohne tiefere Analyse erkennbar ist. Unterschiedliche Lizenzierungspraktiken in verschiedenen Industrien und aktuelle Rechtsstreitigkeiten lassen möglichen Optimierungsbedarf im SEP-Lizenz-Ökosystem erkennen

Lösungsansätze umfassen die Umsetzung der FRAND-Prinzipien und die Bildung von Patent Pools (idealerweise eines einzigen Pools, der alles SEPs für einen Standard oder eine Branche enthält) zur Senkung der Transaktionskosten und der Erleichterung des Lizenzzugangs. Der zusätzliche Ansatz der Etablierung einer EU-Regulierung für SEPs ist vorerst gescheitert und es scheint unklar, ob dieser Ansatz in modifizierter Form wieder aufgegriffen wird. Ergänzend sollten Unternehmen eigene strategische Maßnahmen ergreifen, wie das aktive Monitoring der SEP-Landschaft, ein effizientes Lizenzmanagement, ggf. die Beisteuerung eigener Patente und Beiträge zur

Standardisierung, sowie den Ausbau interner Verhandlungsexpertisen.

Das Internet der Dinge befindet sich noch in einem frühen Entwicklungsstadium. Mit dem technologischen Fortschritt, insbesondere durch den weiteren Ausbau von 5G und in Zukunft von 6G, werden neue Chancen eröffnet. Der Einsatz von künstlicher Intelligenz auch im IoT (inkl. 5G und vor allem 6G) wird zusätzlich zur Innovation im IoT beitragen.

Produkte und Dienste rund um das IoT brauchen Standards. Daraus ergibt sich die enorme Bedeutung von SEPs, einhergehend damit, dass in einem wachsenden Markt wachsende Lizenzeinnahmen erzielt werden. Allerdings darf das SEP-Ökosystem Innovationen nicht behindern oder bremsen. Dieses Risiko bestünde, würde man vorhandene Lizenzpraktiken aus der ITK-Branche unangepasst auf andere Branchen übertragen. Lizenzpraktiken müssen die Besonderheiten der verschiedenen Branchen aber auch der Unternehmensgröße (siehe SMEs) in Betracht ziehen. Insgesamt zeigt sich, dass ein ausgewogener Umgang mit SEPs nicht nur für technologische Fortschritte im IoT, sondern auch für die nachhaltige Wettbewerbsfähigkeit aller beteiligten Unternehmen von zentraler Bedeutung ist. Die Kombination aus klarer definierten FRAND-Regeln, innovativen Lizenzierungsmodellen und umfassenden strategischen Maßnahmen eröffnet einen Weg, die Herausforderungen zu meistern und die Chancen einer vernetzten Zukunft optimal zu nutzen.

Aufbau eines relevanten Patentportfolios

Gabriele Mohsler

Ericsson, Herzogenrath

Abstract

Der Vortrag befasst sich mit dem Thema des Aufbaus eines relevanten Patentportfolios aus der Sicht eines Großunternehmens, aber es werden auch Aspekte beleuchtet, die für kleine und mittlere Unternehmen von Wichtigkeit sein dürften. Es werden Aspekte von geographischer Reichweite betrachtet und in besonderem Maße wird Qualität der Quantität gegenübergestellt.

We hav
ry's
leading cellular
patent portfolio
60,000+
Mehr als 60, 000 erteilte Patente
100+ Lizenzverträge
Mehr als 100 unterschriebene Lizenzvereinbarungen
5G Patentportfolio
Grösstes 5G Patentportfolio
IPR licensing revenues
SEK billion
16
14
12
10
8
6
4
2
0
10.4
11.1
14.0
2022
2023
2024
IPR revenues
2

Portfolioaufbau

- Bestimmung der Gesamtanmeldezahl
- Definition von Anmeldezahlen in bestimmten technischen Gebieten
  - Offensiv, nicht reaktiv
- Betrachtung des Gesamtportfolios

3

Gesamtportfolio

- Kriterien zur Länderauswahl
  - Offensiv oder defensiv
- Wer entscheidet?

4

Patentportfolio

- Bestimmung der Gesamtportfoliogrösse
- Trimmen auf die “richtige” Grösse
- Qualität ist wichtiger als Quantität

5

Charter - Industry Patent Quality Charter (industry-patent-quality-charter.eu)

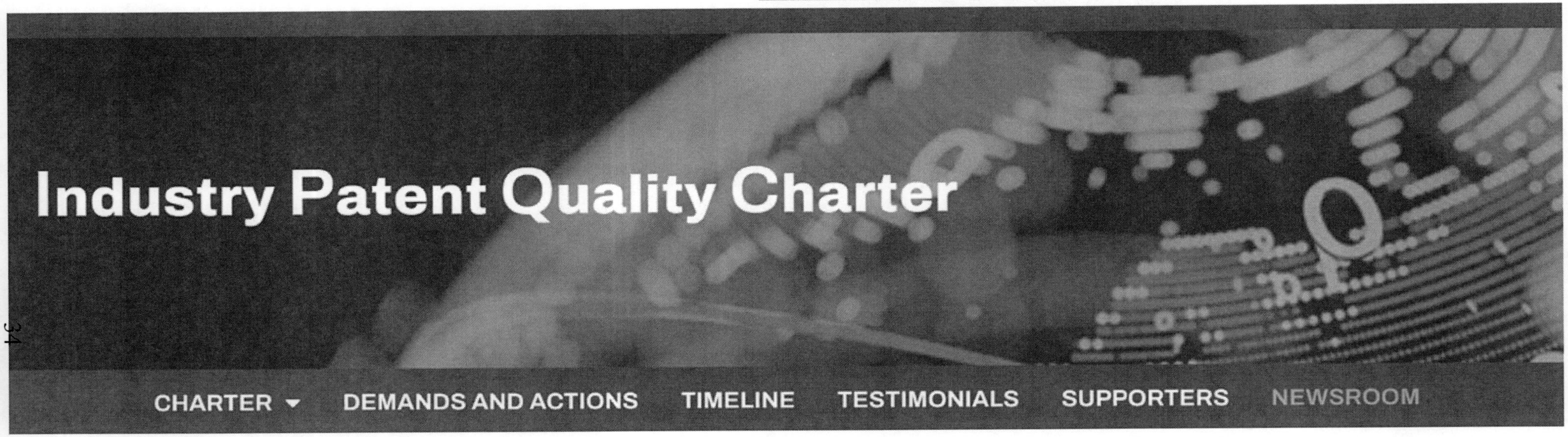

- Gegründet Oktober 2022
- 32 unterzeichnende Unternehmen plus Unterstützer
- Fokus auf Verbesserung der Patentqualität
- Selbstverpflichtung der Einhaltung gewisser Qualitätskriterien
- Transparenz und Offenheit für Gespräche

IPQC Unterzeichner

Stefano Cerrito
Director of IP
1NCE GMBH

Amaury Claudel
Chief Patent Counsel
ATOS

Richard Lloyd
Patent Development Director - Global Legal Affairs
HP INC.

Matthias Burkhardt
Senior Patent Counsel | Intellectual Property
INVENTRONICS GMBH

Andreas Hoferer
Vice President Intellectual Property
SCHAEFFLER AUTOMOTIVE BUEHL GMBH & CO. KG

Anouk Boon
Corporate Patent Counsel, Head IP
AVANTIUM

Jörg Thomaier
Head of IP Bayer Group
BAYER AG

Gianluca Previti
Head of Intellectual Property
IVECO GROUP N.V.

Christian Hamann
Vice President Corporate IP
KNORR-BREMSE AG

Markus Simon
Head of Intellectual Property
SIEMENS HEALTHCARE INNOVATION GMBH&CO.KG

Stephan Altmeyer
VP Patent & Brand
DEUTSCHE TELEKOM AG

Gerhard Guthöhrlein
Head of Intellectual Property Europe
DRÄGERWERK AG & CO. KGAA

Fabien Müller
Deputy HO Intellectual Property
LILIUM GMBH

Christian Grünberger
Director Intellectual Property
MTU AERO ENGINES AG

Tim Bast
Vice President Legal Affairs, Intellectual Property Rights
TETRA PAK GROUP

Christina Schäfer
Head of Patent Strategy & Management
DSPACE GMBH

Gabriele Mohsler
VP Patent Development
ERICSSON

Tuomas Saukkonen
Head of Cellular Standards Portfolio
NOKIA TECHNOLOGIES OY

Frank Oster
Director Intellectual Property - Global
PHYSIK INSTRUMENTE (PI)

Beat Weibel
Chief IP Counsel
SIEMENS AG

Andreas Poredda
Chief Patent Officer
F. HOFFMANN-LA ROCHE AG

Thomas Spernat
Head of IP
HERAEUS BUSINESS SOLUTIONS GMBH

Veronique Kremer
Senior Director and Associate General Counsel, Europe & AMA
PROCTER & GAMBLE COMPANY

Fabian Gonell
SVP, Licensing Strategy
QUALCOMM QUALCOMM INC. GMBH & CO. KG

Filip De Corte
Head of IP
SYNGENTA CROP PROTECTION AG

Linus Eklund
Vice President Patents
VOLVO GROUP

Jochen Meyer
VODAFONE GMBH

Charter - Industry Patent Quality Charter (industry-patent-quality-charter.eu)

European Patent Office and Quality

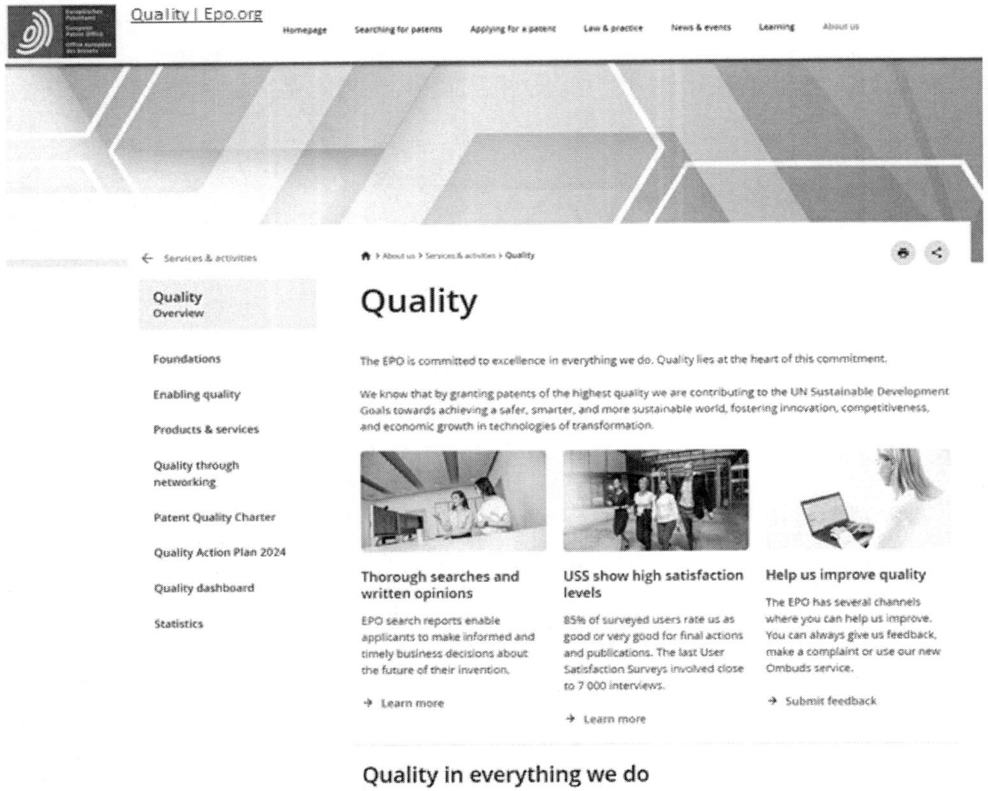

EPO Internal Audit Results:

Quality Report 2022 Quality Report 2023

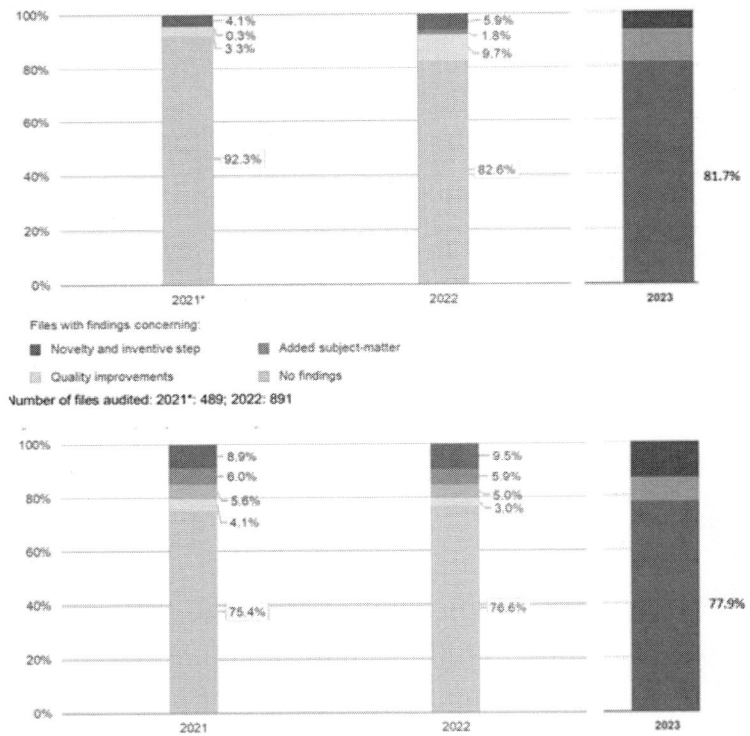

ipQuants AG Studie zur Patentqualität (Dec 2023)

Charter - Industry Patent Quality Charter (industry-patent-quality-charter.eu)

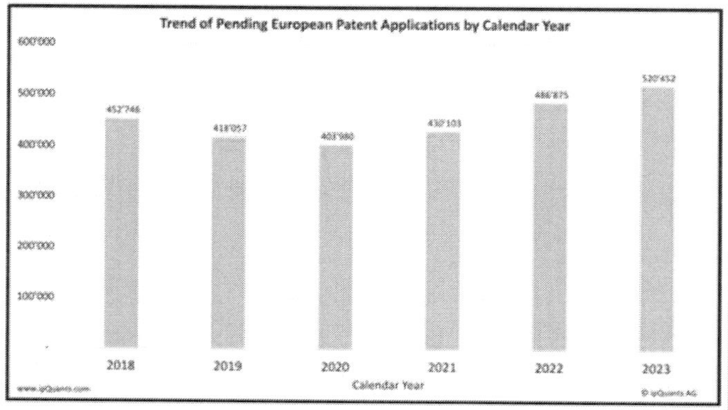

Mehr Fallzahlen....

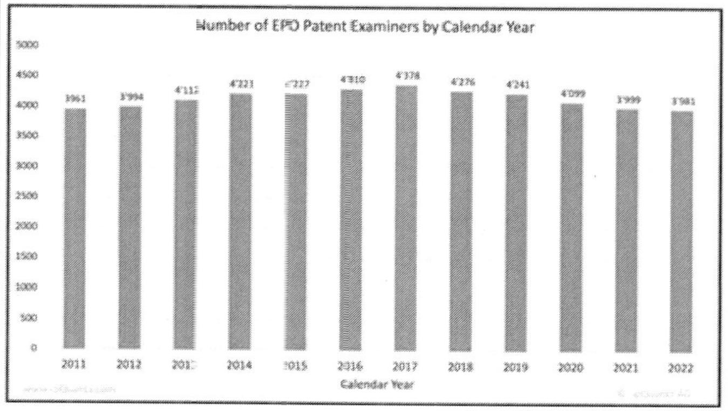

Weniger Bearbeiter...

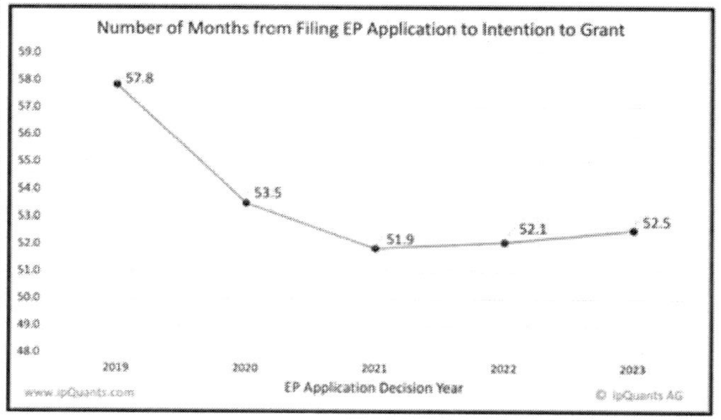

Weniger Zeit....

9

ipQuants AG Studie zur Patentqualität (Dec 2023)

Charter - Industry Patent Quality Charter (industry-patent-quality-charter.eu)

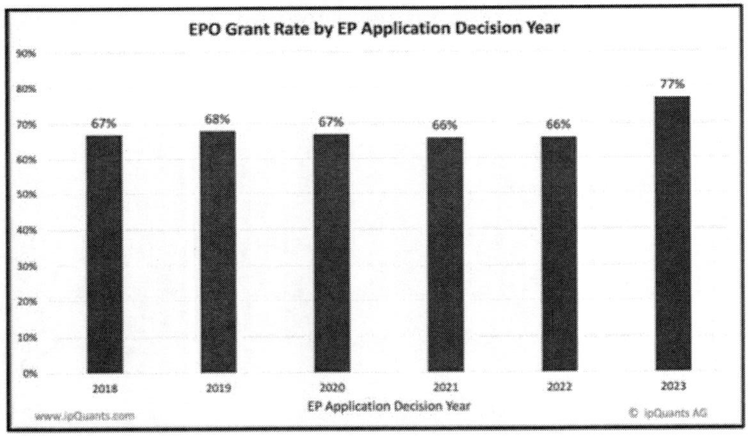

Mehr EP Erteilungen....

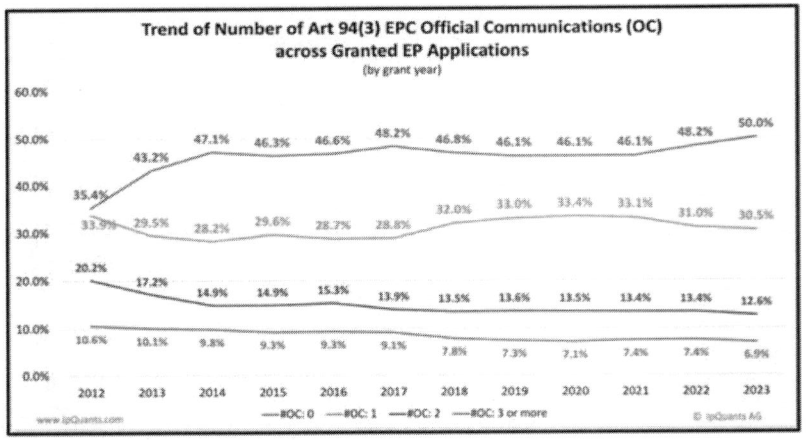

Weniger substantielle Bescheide ...

10

IPQC Forderungen

Charter - Industry Patent Quality Charter (industry-patent-quality-charter.eu)

- Vollständige Suchen
- Vollständige Prüfungsverfahren
- Feedback von Nutzern verwerten
- Training für Prüfer
- Transparenz der Bewertung von Prüfern

→ Im Gegenzug: Selbstverpflichtung der Nutzer

Aufbau eine relevanten Patentportfolios

- Gute Zusammenarbeit mit Erfindern und Management

- Strategischer Aufbau des “passenden” Patentportfolios der richtigen Grösse

- **Qualität ist wichtiger als Quantität**

12

Imagine a world where limitless
connectivity means limitless possibility
13

Standards and Patents: Perspective of a Security Tech Company

Miriam Divya Williams

Giesecke+Devrient, München

Abstract

Giesecke+Devrient (G+D) is a global SecurityTech that makes the lives of billions of people more secure with built-in security technology in three segments Digital Security, Financial Platforms and Currency Technology. The three segments involve diverse technologies, which govern the IP perspective on standards and their relevance to the IP Strategy.

G+D delivered the world´s first commercial SIM card over 30 years ago, and is the global leader in eSIM solutions. The presentation discusses the SIM Card standards, the role of G+D and the market in development of the SIM Card standards and how IP processes play a role in building a strong IP portfolio.

Giesecke+Devrient
Creating Confidence
Miriam Divya Williams
Giesecke+Devrient GmbH
Prinzregentenstrasse 161
81677 Munich
Germany
E-Mail: miriamdivya.williams@gi-de.com

SEP IP Strategy: sticking to the basics

SSO AGREEMENT: One-pager IP Highlights

Standard Overview

SSO & Giesecke+Devrient Mobile Security GmbH

Signed date: June 2018

Business Strategy:

IP Portfolio summary:

IP relevant Clauses

Clause	
Party engaged by agreement	Do we agree only on behalf the entire organization and its Affliates
IP Obligations	FRAND, RAND
Background IP	Are there implicit licenses?
Foreground IP	What are the rights of future use?
Confidentiality obligations	Working group discussion, extent of confidentiality
Liability limitation	Thrid party IP warranties

IP Strategy

- Check list with do's and don'ts for standard participants.
- Portfolio gap analysis
- IP protection strategy

Giesecke+Devrient Creating Confidence

PatInfo 2025

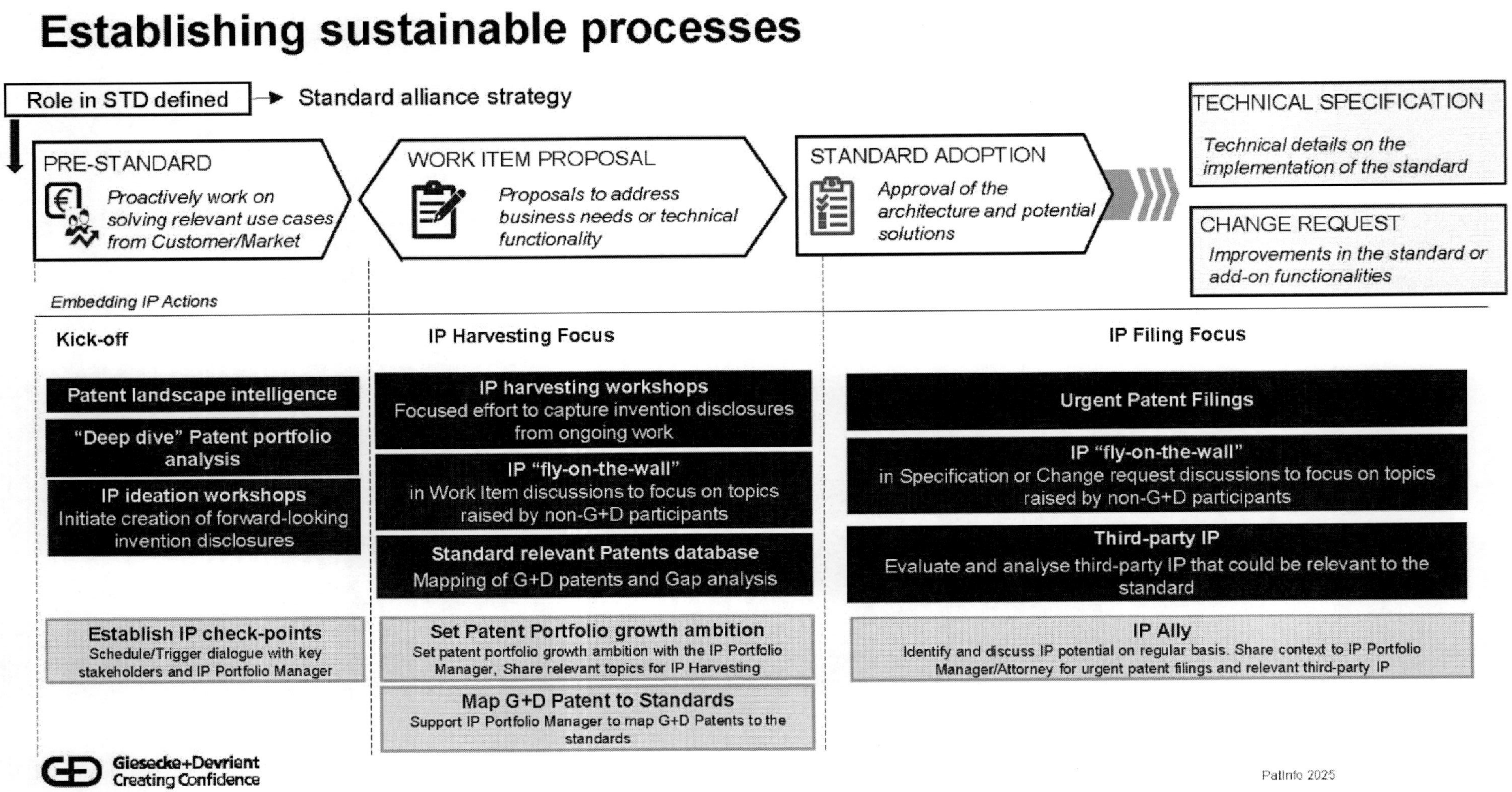

Establishing sustainable processes
Role in STD defined
Standard alliance strategy
PRE-STANDARD
Proactively work on solving relevant use cases from Customer/Market
WORK ITEM PROPOSAL
Proposals to address business needs or technical functionality
STANDARD ADOPTION
Approval of the architecture and potential solutions
TECHNICAL SPECIFICATION
Technical details on the implementation of the standard
CHANGE REQUEST
Improvements in the standard or add-on functionalities
Embedding IP Actions
Kick-off
IP Harvesting Focus
IP Filing Focus
Patent landscape intelligence
"Deep dive" Patent portfolio analysis
IP ideation workshops
Initiate creation of forward-looking invention disclosures
IP harvesting workshops
Focused effort to capture invention disclosures from ongoing work
IP "fly-on-the-wall"
in Work Item discussions to focus on topics raised by non-G+D participants
Standard relevant Patents database
Mapping of G+D patents and Gap analysis
Urgent Patent Filings
IP "fly-on-the-wall"
in Specification or Change request discussions to focus on topics raised by non-G+D participants
Third-party IP
Evaluate and analyse third-party IP that could be relevant to the standard
Establish IP check-points
Schedule/Trigger dialogue with key stakeholders and IP Portfolio Manager
Set Patent Portfolio growth ambition
Set patent portfolio growth ambition with the IP Portfolio Manager, Share relevant topics for IP Harvesting
Map G+D Patent to Standards
Support IP Portfolio Manager to map G+D Patents to the standards
IP Ally
Identify and discuss IP potential on regular basis. Share context to IP Portfolio Manager/Attorney for urgent patent filings and relevant third-party IP
Giesecke+Devrient
Creating Confidence
PatInfo 2025

Standards in SIM tech: What comes first?

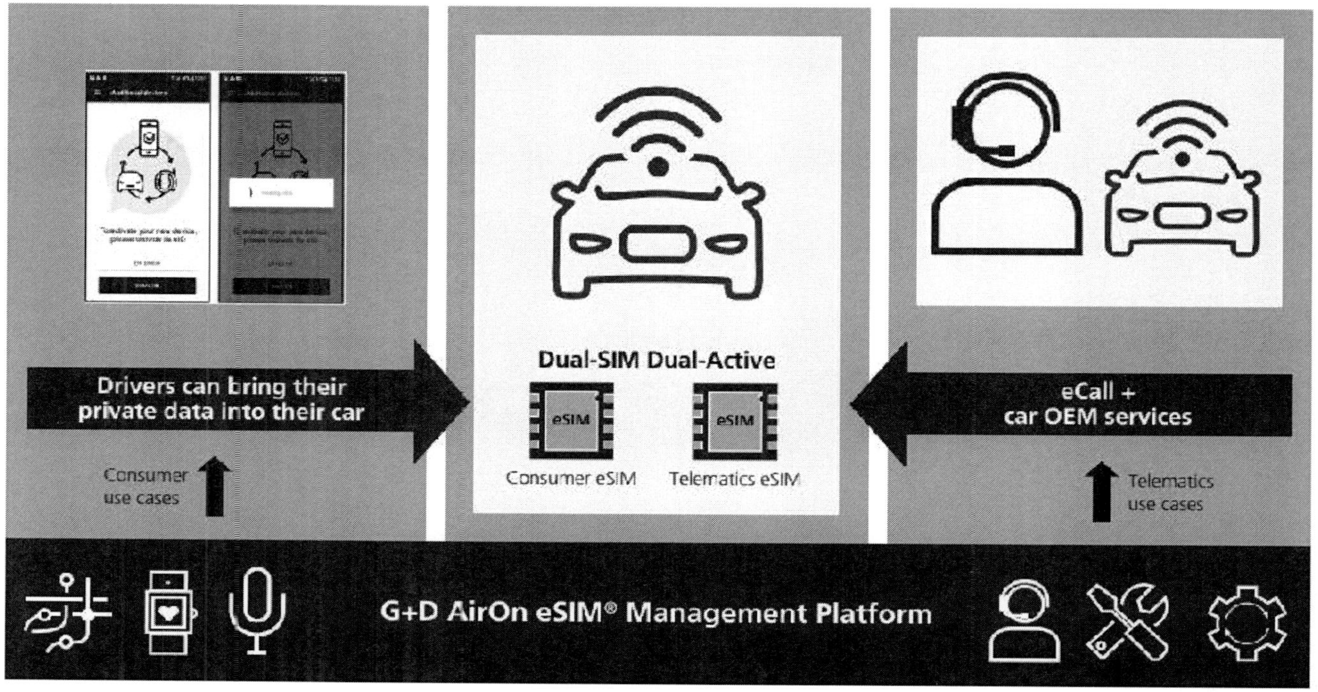

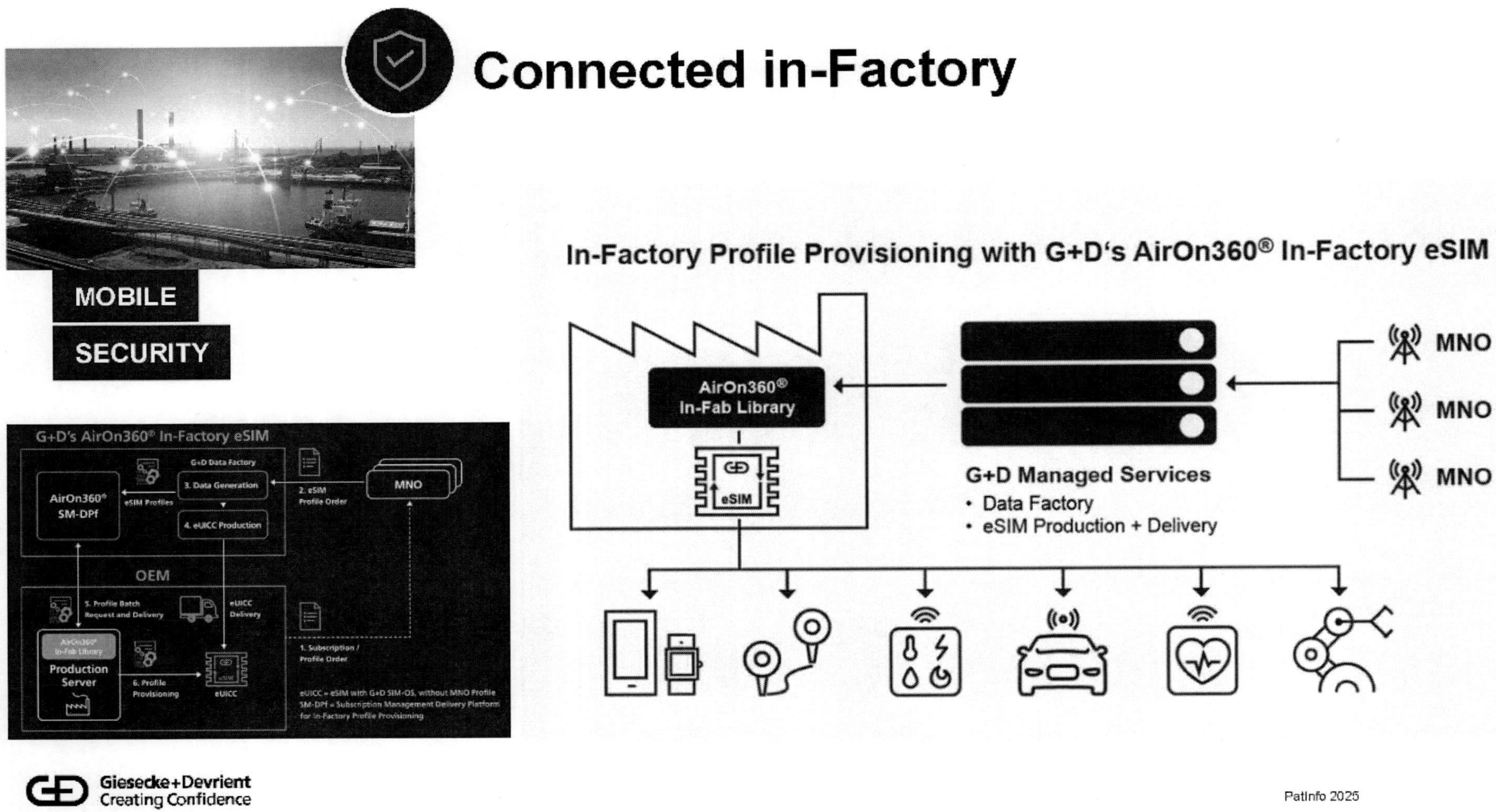
Connected in-Factory
MOBILE
SECURITY
In-Factory Profile Provisioning with G+D's AirOn360® In-Factory eSIM
AirOn360®
In-Fab Library
eSIM
G+D Managed Services
• Data Factory
• eSIM Production + Delivery
MNO
MNO
MNO
G+D's AirOn360® In-Factory eSIM
G+D Data Factory
AirOn360®
SM-DPf
eSIM Profiles
3. Data Generation
4. eUICC Production
2. eSIM
Profile Order
MNO
OEM
5. Profile Batch
Request and Delivery
eUICC
Delivery
AirOn360®
In-Fab Library
Production
Server
6. Profile
Provisioning
eUICC
1. Subscription /
Profile Order
eUICC = eSIM with G+D SIM-OS, without MNO Profile
SM-DPf = Subscription Management Delivery Platform
for In-Factory Profile Provisioning
Giesecke+Devrient
Creating Confidence
PatInfo 2025

Pioneers of trusted secure devices

in physical, digital and mobile settings.

SIM evolution towards an all-in-one connectivity solution

1991

Classical SIM card (plug in)

Pluggable SIM card

Dedicated smartcard controller

Typically, fixed and preconfigured MNO/connectivity profile

G+D provides complete product, smartcard incl. operating system (OS)

2012

Embedded SIM (eSIM)

Solderable surface-mounted device (SMD)

Dedicated smartcard controller

Supports flexible connectivity via eSIM management

G+D provides an end-to-end solution incl. hardware, smartcard OS and eSIM management

2021

Integrated SIM (iSIM)

Tamper-resistant element (TRE) implemented within a system on chip (SoC)

All-in-one connectivity solution for IoT, baseband chipset incl. Integrated SIM (iSIM)

Secure production concept for IoT available

G+D provides smartcard OS (license) + remote SIM management

Innovative
since 1852

1852
Founded in Leipzig, Germany

1968
Co-development of Eurocheque system

1975
First systems for banknote automation

1981
First chipcards produced

1991
First commercial SIM card worldwide

1999
Printing of Euro banknotes

2012
Introduction of the eSIM

2016
First Mobile Driver's License solution

2019
Solution for a Central Bank Digital Currency (CBDC)

2021
World's first commercial iSIM/iUICC

We are a global SecurityTech company

DIGITAL SECURITY

Internet of Things

14 billion devices will be connected to cellular operator networks in 2027.

Identities

The global government ID market is expected to grow to almost 4bn EUR until 2027.

Cybersecurity

By 2026, annual cybercrime costs worldwide could exceed $20 trillion.

FINANCIAL PLATFORMS

Payment Cards

The number of newly issued contactless payment cards keeps increasing at 5% a year.

Digital Wallet

Two thirds of the world's population is predicted to have a digital wallet by 2029.

Financial Software

The global financial industry services market is expected to grow at 6.2% annually until 2030.

CURRENCY TECHNOLOGY

Cash

55% of consumer payments worldwide are made in cash.

Cash cycle

There are currently almost 750 billion banknotes in circulation globally.

CBDC Central Bank Digital Currency

134 countries and currency unions, representing 98% of the global GDP, are exploring a CBDC.

Giesecke+Devrient
Creating Confidence

QPIP Certification of Patent Information Professionals / QPIP Zertifizierung für Patentinformationsspezialisten

Bettina Töpfer

PATON | Landespatentzentrum Thüringen, Technische Universität Ilmenau

Bettina de Jong

ISBQPIP | Amsterdam, NL

Abstract

Die kompetente Suche nach Patenten und gewerblichen Mustern erfordert Patentinformationsspezialisten, die zum einen Kenntnisse über das Patentsystem, Ontologien und Klassifizierungsschemata haben sowie zum anderen wissen, welche Datenplattformen zu verwenden sind und wie sie durchsucht werden können.

Das Ziel der QPIP-Zertifizierung ist es, für Patentinformationsspezialisten Berufsstandards festzulegen, eine Qualitätssicherung zu bieten und damit die Anerkennung des Berufs zu verbessern.

Patentinformationsspezialisten mit der Zertifizierung als QPIP (Qualified Patent Information Professional) verfügen über das Fachwissen, um die in Patenten beschriebene Technologie zu verstehen, zu analysieren und extrahieren die wichtigsten Informationen, um Auftraggeber bei Ihrer Entscheidungsfindung zu unterstützen.

Auch nach der Zertifizierung müssen sich die QPIP- Patentinformationsspezialisten jährlich weiterbilden und dies nachweisen.

Der Beitrag liefert eine Übersicht über die Historie der Zertifizierung, die Zertifizierungsarten, die Voraussetzungen zur Prüfungszulassung und den Ablauf der Prüfungen.

Einleitung

Warum braucht es eine Zertifizierung für Patentinformationsspezialisten? Diese Fragestellung taucht immer wieder auf, wenn über die QPIP-Zertifizierung gesprochen wird. Reicht es nicht aus, wenn man eine Ausbildung auf einem naturwissenschaftlich-technischen Gebiet hat und eine Weiterbildung zum Patentingenieur, Patentmanager, Patentreferenten, Patentinformationsvermittler oder Patent Information Broker absolviert hat? [1]

Es ist nicht immer einfach zu erkennen, welche Kompetenzen sich hinter den Berufsbezeichnungen des Patentinformationsspezialisten verbergen. Gerade in der heutigen Zeit, in welcher viele Menschen glauben, dass jeder alles suchen kann und mit einem Klick auch findet, dass (fast) alles kostenlos im Internet verfügbar ist und – wenn man mal nicht weiter weiß – einem die KI hilft. In dieser Zeit ist es wichtig, die Kompetenzen des Patentinformationsspezialisten zu stärken und **Berufsstandards** festzulegen: Standards, die aufzeigen, welche Kenntnisse vorhanden sind und die durch ein Anerkennungsverfahren oder eine hochwertige Prüfung nachgewiesen werden müssen.

Das Ziel der QPIP-Zertifizierung ist es, eine **Qualitätssicherung** zu bieten, denn bei der Vielzahl der Suchdienstunternehmen ist es nicht leicht zu beurteilen, welche Qualität sich hinter der angebotenen Recherchedienstleistung verbirgt. Natürlich ist bekannt, dass es wie bei jeder Prüfung keine 100%ige Garantie dafür gibt, dass alle, die sie bestehen, das gewünschte Qualitätsniveau auch haben. Aber die Teilnahme am Zertifizierungsverfahren erfordert von jedem Prüfling eine hohe Fachkompetenz im Patentwesen und zudem eine sehr gute Vorbereitung, um sich dieser Zertifizierung zu stellen, sich an zwei Tagen „unter Beobachtung“ prüfen zu lassen und die bestmöglichen Lösungen so zu dokumentieren, dass die Prüfer eine Einschätzung der Kenntnisse in den verschiedenen Prüfungsteilen vornehmen können.

Zudem ist bekannt, dass es viel Zeit, stetige Weiterbildung und Rechercheerfahrung braucht, um ein Allround-Patentinformationsspezialist zu werden. Diese verantwortungsvolle Tätigkeit wird jedoch nicht immer entsprechend wertgeschätzt.

Die Ergebnisse der Arbeit der Patentinformationsspezialisten, die Recherchen in der Patent- und Nichtpatentliteratur, bilden die Grundlage für Entscheidungsfindungen, für nationale und internationale Schutzrechtsanmeldungen, für Einsprüche und Nichtigkeitsverfahren, ja letztendlich für monetäre Gewinne oder Verluste.

Die Erkenntnisse aus den Recherchen können richtungsweisend sein, wenn es um die innovative Weiterentwicklung des Firmenportfolios, die Aufrechterhaltung von Marktführungspositionen oder auch das Verlassen eingefahrener Wege geht.

Das Ziel der QPIP-Zertifizierung ist es, die **Anerkennung des Berufs** zu verbessern und ihn dadurch für Interessierte attraktiver zu machen. Viele Firmen, Institute oder Kanzleien suchen Patentinformationsspezialisten, da ist es von Vorteil, wenn man bei Bewerbungen

[1] Alle Personen- und Funktionsbezeichnungen gelten für alle Geschlechter in gleicher Weise.

neben der Fachkompetenz und dem Erfahrungswissen auch eine geprüfte Zertifizierung vorweisen kann.

Bettina de Jong, Vorsitzende des ISBQPIP (International Standards Board for Qualified Patent Information Professionals) von 2018 bis 2023, formulierte es folgendermaßen:

„*Wir sind fest davon überzeugt, dass die Zertifizierung von QPIPs den Beruf des Patentinformationsberaters aufwerten wird. Deshalb investieren so viele Freiwillige Zeit und Mühe in die ISBQPIP-Aktivitäten.*"

Historie der Zertifizierung

Blickt man zurück, erkennt man den langen Weg von der Idee bis zur QPIP-Zertifizierung.

Bereits im Jahr 2002 wurde während einer Diskussionsrunde auf dem EPIDOS[2] Treffen die Idee der Zertifizierung für Patentinformationsspezialisten angesprochen.

Fünf Jahre später, 2009, folgte dann der Beginn der Zusammenarbeit der Patent Documentation Group (PDG), der Confederacy of European Patent Information User Groups (CEPIUG) und der Patent Information User Group (PIUG) zur geplanten Zertifizierung.

Im Jahr 2011 fanden die ersten Probeklausuren in London (GB), München (DE), Den Haag (NL), Stockholm (SE) und New Brunswick NJ (US) statt, die nachfolgend ausgewertet wurden. Man sammelte Erfahrungen, spezifizierte die Anforderungen und feilte an den Aufgabenstellungen.

Das ISBQPIP[3]-Gremium, bestehend seit 2015, erarbeitete das Verfahren zur Anerkennung früherer Erfahrungen PER (Prior Experience Recognition), welches als zeitlich einmalige Möglichkeit pro Region gelten sollte.

Weiterhin wurden die ersten „echten" Prüfungsunterlagen sowie das Benotungsschema entworfen, die Liste der erforderlichen Fähigkeiten und Kenntnisse festgelegt und nützliche Quellen zur Erweiterung des Wissens identifiziert.

Die zweite Version der Regularien wurde 2017 erarbeitet, veröffentlicht und somit zur öffentlichen Diskussion gestellt. Das eintreffende Feedback wurde gesichtet, bewertet und eingearbeitet.

Im Ergebnis wurde beschlossen, dass es zwei Möglichkeiten der Qualifizierung gibt, um ein qualifizierter QPIP-Patentinformationsspezialist zu werden: zum einen die **Anerkennung früherer Erfahrungen PER** und zum anderen das erfolgreiche **Bestehen der QPIP-Prüfung**.

[2] EPIDOS – European Patent Information and Documentation System

[3] ISBQPIP – International Standards Board for Qualified Patent Information Professionals

Schon frühzeitig wurde auch auf den PATINFO-Tagungen in Ilmenau das Thema der Qualifizierung aufgegriffen und diskutiert. So wurde auf der PATINFO2015 auf Anregung des QPIP Boards die Deutsche Patent Information Nutzer Gruppe PING gegründet [4].

Auch auf der PATINFO2017 war die Zertifizierung ein wichtiges Thema, insbesondere beim Treffen der PING-Nutzergruppe, wie im Tagungsbericht von Arndt Mecke „PATINFO 2017 – „Europäische Schutzrechtssysteme im Wandel“ beschrieben [5].

Gründung des ISBQPIP

Am 31. August 2018, 16 Jahren nach der ersten Ideen-Diskussionsrunde, wurde ISBQPIP (International Standards Board for Qualified Patent Information Professionals), die Organisation, die für die Prüfung und Zertifizierung von Patentinformationsfachleuten zuständig ist, dann offiziell gegründet und bei der Handelskammer in Den Haag (NL) registriert.

Der Hauptzweck des ISBQPIP besteht darin, berufserfahrene Patentinformationsfachleute durch Anerkennung früherer Erfahrungen PER oder durch eine Prüfung zu zertifizieren.

Das ISBQPIP besteht aus einem Aufsichtsrat und mehreren Ausschüssen.

ISBQPIP

(International Standards Board for Qualified Patent Information Professionals)

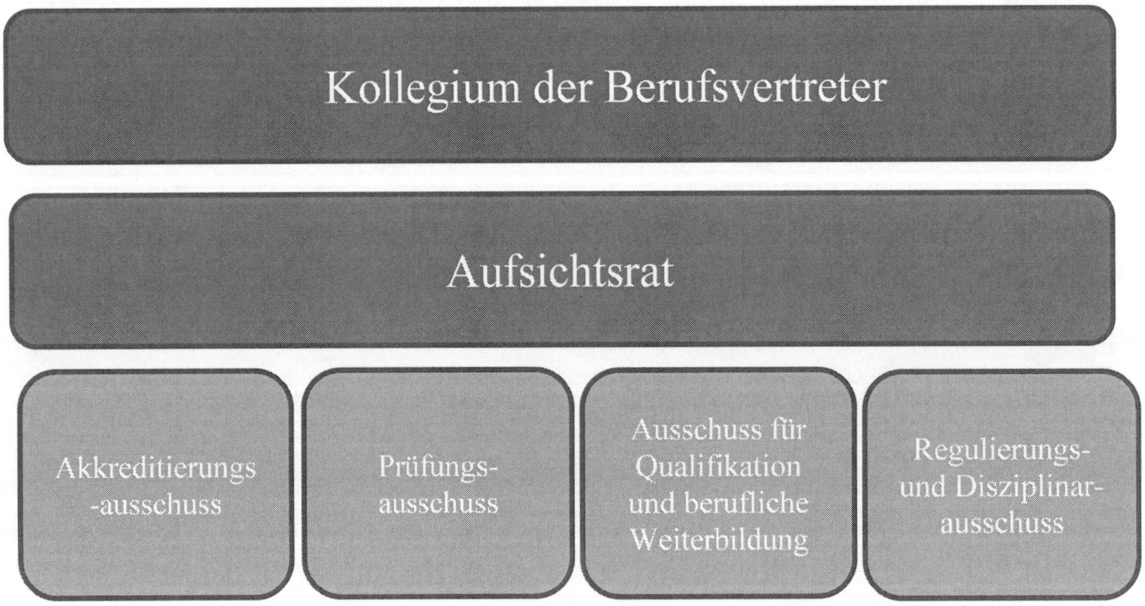

[4] Aalt van de Kuilen 37th PatInfo Conference (2015), 10–12 June 2015, Ilmenau, Germany https://doi.org/10.1016/j.wpi.2015.09.002

[5] Information. Wissenschaft & Praxis 2017; 68(4): 291–294, https://doi.org/10.1515/iwp-2017-0054

Der Aufsichtsrat (Supervisory Council) ist für die Kontrolle und Verwaltung der Aktivitäten und Finanzen des ISBQPIP verantwortlich.

- Der Akkreditierungsausschuss (Accreditation Committee) überprüft die Anträge auf Akkreditierung von Schulungs- und Kursprogrammen durch das ISBQPIP.
- Der Prüfungsausschuss (Examination Committee) bereitet die Prüfungsunterlagen vor und überprüft die Prüfungsunterlagen der Kandidaten.
- Der Ausschuss für Qualifikationen und berufliche Weiterbildung (Qualifications and Continued Professional Development Committee) prüft Anträge auf Anerkennung früherer Erfahrungen und auf Anmeldung zur Prüfung und bewertet vorgeschlagene Aktivitäten, für die Fortbildungspunkte erworben werden können. Darüber hinaus überwacht der Ausschuss die Entwicklungen im Berufsfeld, um sicherzustellen, dass die Anforderungen an die berufliche Weiterbildung aktuell bleiben.
- Der Regulierungs- und Disziplinarausschuss (Regulatory and Disciplinary Committee) bewertet die Einhaltung der Fortbildungsanforderungen durch QPIPs und prüft alle schriftlichen Beschwerden gegen einen QPIP. Der Ausschuss prüft weiterhin Beschwerden bzw. Einsprüche gegen Handlungen oder Entscheidungen des ISBQPIP oder innerhalb des ISBQPIP.

Das Kollegium der Berufsvertreter (Professional Representatives Collegium) ernennt die Mitglieder des Aufsichtsrats und überwacht die Aktivitäten des ISBQPIP.

Die Satzung ist das Rechtsinstrument, durch welche der ISBQPIP eingerichtet wurde, und die Geschäftsordnung sind die Durchführungsverfahren, die vom ISBQPIP zur Erfüllung seiner Aufgaben verwendet werden. Weitere Informationen zur Satzung und der Geschäftsordnung sind auf der Webseite www.qpip.org im Bereich Dokumentationen zu finden.

Zertifizierung durch PER

Nachdem die rechtlichen Grundlagen geschaffen waren, konnte 2018 dann auch die erste PER-Runde der Anerkennung früherer Erfahrungen starten, diese stand Patentinformationsspezialisten mit Wohnsitz in Europa und den USA vom Dezember 2018 bis März 2019 offen.

Die zweite PER-Runde, vom Juli 2020 bis Oktober 2020, stand all den Patentinformations-spezialisten offen, die keine Bewohner der USA und Europas waren. Zudem konnten u.a. die Bewohner aus China, Indien, Japan, Südkorea und der Demokratischen Volksrepublik Korea noch nicht am PER-Verfahren teilnehmen, aufgrund der begrenzten Kapazität des ISBQPIP für die Entgegennahme von Bewerbungen und der Notwendigkeit, bei den Bewertungen Unterstützung vor Ort zu erhalten.

Die dritte PER-Runde, vom September 2023 bis November 2023, stand Einwohnern Indiens offen, die vierte PER-Runde, im Zeitraum November 2024 bis Januar 2025, war für

Einwohner Japans geöffnet.

Zu gegebener Zeit wird auch Patentinformationsspezialisten in China, Südkorea und der Demokratischen Volksrepublik Korea eine PER-Möglichkeit geboten werden.

Folgende Voraussetzungen müssen erfüllt sein, um QPIP über PER zu werden:

1. Zum Zeitpunkt der Bewerbung um eine PER müssen mindestens zehn Jahre Berufserfahrung nachgewiesen werden, wobei in jedem Jahr des Zeitraums von zehn Jahren vor dem Datum der Bewerbung mindestens 60% dieser Zeit mit der Recherche von Patentinformationen oder einer Kombination aus Recherche und Mentoring oder einer Recherche und Outsourcing oder Recherche und Überwachung der Recherchearbeit anderer gemäß den Definitionen in Regel 4.2[6] verbracht werden musste UND
2. Man muss die technischen Mindestanforderungen erfüllen, wie z. B. einen Universitätsabschluss oder Berufserfahrung in einem wissenschaftlichen oder technischen Bereich gemäß Definition in Regel 18.3e UND
3. Man muss zum Zeitpunkt der Beantragung der PER mindestens fünf Punkte für die kontinuierliche berufliche Weiterbildung (CPD) gemäß Definition in Regel 23.7 erworben haben, die in den zwölf Monaten vor der Beantragung des PER-Status gesammelt werden mussten UND
4. die Antragsgebühr in Höhe von 175 Euro musste entrichtet werden, die nicht erstattungsfähig ist UND
5. Man muss als PER-Bewerber bestätigen, dass man bereit ist, auf Anfrage des ISBQPIP in einem ISBQPIP-Ausschuss mitzuwirken oder an der Entwicklung akkreditierter Schulungen oder Kurse im Zusammenhang mit den Kernkompetenzen der Zertifizierungsprüfung gemäß Regel 18.3b mitzuwirken oder an öffentlichen Schulungen teilzunehmen und diese zu bewerten. (weitere Informationen in Regel 18.3a.) UND
6. Man muss als PER-Bewerber bestätigen, dass man entweder unterrichtet oder anderweitig Wissen austauscht, indem man einen Kurs hält oder entwickelt oder man muss an einem oder mehreren Kursen teilnehmen, die auf jede der drei Kernkompetenzen der Zertifizierungsprüfung gemäß Regel 18.3b ausgerichtet sind, und zwar zu einem Zeitpunkt innerhalb von drei Jahren ab dem Datum der Registrierung als QPIP UND
7. Man muss als PER-Bewerber bestätigen, dass man sich an den Verhaltenskodex halten wird.

[6] Regeln des Internationalen Normenausschusses für qualifizierte Patentinformationsfachleute (ISBQPIP), im Folgenden die Regeln, beginnend am 31. August 2018

Detaillierte Informationen zu den Verfahren sind in den Artikeln und Regeln sind auf der Webseite unter https://qpip.org/documentation, insbesondere in der Rubrik „ISQPIP rules" zu finden.

Die Regeln 17 bis 21 sind für diejenigen wichtig, die eine Anerkennung früherer Erfahrungen beantragen möchten. Zudem sind die Regeln 4 bis 16 für diejenigen relevant, die sich für die Prüfungen anmelden möchten.

Zur Vorbereitung auf die Bewerbung als PER-Experte können eine Vorschau des Bewerbungsformulars, die Vorlage für den Lebenslauf und die Vorlage für das Arbeitszeugnis, welches die Berufserfahrung bestätigt, von der Webseite des QPIP heruntergeladen werden.

Aktuelle Information zu zukünftigen PER-Möglichkeiten sind auf der Website https://qpip.org/ nachzulesen, sie werden zudem auch auf der ISBQPIP-LinkedIn-Seite, im QPIP-Diskussionsforum und im PIUG-Diskussionsforum publiziert.

Zertifizierung durch Prüfung

In denjenigen Ländern, in denen die einmalige Gelegenheit des PER-Verfahrens bereits verstrichen ist, können Patentinformationsspezialisten nur durch erfolgreiches Bestehen der **Prüfung** zertifiziert werden.

Das ISBQPIP organisiert die Prüfungen mindestens alle zwei Jahre Ende Februar bis Anfang März in einem Online-Format. Seit 2019 fanden die Prüfungen jährlich Ende Februar statt.

Die Prüfungen stehen Patentinformationsspezialisten aus allen Ländern offen, sie werden für fünf Zeitzonen auf der ganzen Welt angeboten und erstrecken sich über zwei volle Tage.

Zum Zeitpunkt der Anmeldung zur Zertifizierungsprüfung muss der Kandidat über folgende Qualifikationen verfügen:

- mindestens einen Bachelor-Abschluss in einem naturwissenschaftlichen, ingenieurwissenschaftlichen oder technischen Fach mit einer Studiendauer von drei oder vier Jahren in einem technischen Bereich, z. B. wie in einer öffentlich zugänglichen Ausgabe des Patentklassifikationssystems enthalten, das vom Weltamt für geistiges Eigentum, dem Europäischen Patentamt, dem Patent- und Markenamt der Vereinigten Staaten, dem Japanischen Patentamt oder einem anderen nationalen Patentamt verwaltet wird ODER
- mindestens eine technische Qualifikation in einem technischen Bereich, z. B. wie in einer Ausgabe eines Patentklassifizierungssystems gemäß Definition in Regel 4.4a enthalten, wobei die technische Qualifikation von einer Universität, technischen Universität, technischen Hochschule, Berufsschule, höheren technischen Lehranstalt

oder einem Institut, einer Ingenieurschule oder einer ähnlichen Einrichtung verliehen wurde und die Qualifikation von der Niederländischen Organisation für internationale Zusammenarbeit im Hochschulwesen als einem Bachelor-Abschluss gleichwertig angesehen wird ODER

- mindestens zehn Jahre Berufserfahrung in einem technischen Bereich, wie in einer beliebigen Ausgabe eines Patentklassifizierungssystems gemäß der Definition im ersten Aufzählungspunkt (Regel 4.4a) enthalten.

Die folgenden Voraussetzungen müssen für die Anmeldung zur Prüfung erfüllt sein:

1. Man muss die Mindestanforderungen an die Berufserfahrung erfüllen, d.h. zum Zeitpunkt der Zertifizierungsprüfung muss man mindestens drei Jahre Berufserfahrung vorweisen. In jedem Jahr des Zeitraums von drei Jahren vor dem Datum der Bewerbung muss man mindestens 60 % dieser Zeit mit der Recherche von Patentinformationen oder einer Kombination aus Recherche und Mentoring oder aus Recherche und Outsourcing oder aus Recherche und Überwachung der Recherchearbeit anderer gemäß den Definitionen in Regel 4.2 verbracht haben UND
2. Zum Zeitpunkt der Anmeldung zur Prüfung muss man innerhalb der letzten drei Jahre vor der Anmeldung mindestens fünfundvierzig Suchprojekte gemäß der Definition in Regel 4.3 abgeschlossen haben, wobei die Suchprojekte im Rahmen der Geschäftstätigkeit (nicht aus persönlichem Interesse) durchgeführt wurden. Ein einzelnes Suchprojekt kann mehrere einzelne Suchen umfassen, die alle darauf abzielen, die Frage(n) zu beantworten, die durch dieses Suchprojekt aufgeworfen werden UND
3. Man muss über die erforderlichen technischen Mindestqualifikationen verfügen, wie z. B. einen Universitätsabschluss oder Berufserfahrung in einem wissenschaftlichen oder technischen Bereich gemäß Regel 4.4. UND
4. Man muss die Anmeldegebühr von 100 Euro entrichten (die nicht erstattungsfähig ist) nachdem die Anmeldung geprüft wurde und man zur Anmeldung für die Prüfung zugelassen wurden UND
5. Man muss bestätigen, dass man sich an den QPIP-Verhaltenskodex halten wird.

Die Regeln und der Verhaltenskodex für die Teilnahme an den Prüfungen können von der Seite https://www.qpip.org/documentation heruntergeladen werden.

Jeder, der diese Anforderungen erfüllt, kann sich von überall auf der Welt für die Prüfung anmelden. Aus diesem Grund wurden fünf verschiedene Zeitzonen eingerichtet, in denen die Prüfung abgelegt werden kann.

Aus- und Weiterbildung

Ein wichtiger Bestandteil der Ausbildung zum zertifizierten Patentinformationsspezialisten ist die Aus- und Weiterbildung. Für diese wurden Lehrpläne entwickelt.

Um die erforderlichen Fähigkeiten und Kenntnisse zu fördern, die von QPIPs verlangt werden, sind auf der Webseite des QPIP einige nützliche Ressourcen zusammengestellt.

Das Dokument „Education & Training“ (Bildung und Ausbildung) bietet einen Einblick in die erforderlichen Fähigkeiten und Kenntnisse für QPIPs und enthält Vorschläge bzw. Empfehlungen für die Ausbildung und Weiterbildung. Es dient nicht nur als Nachschlagewerk für Kandidaten, die sich auf die Zertifizierung als Patentinformationsspezialist vorbereiten, sondern kann sich auch für andere Patentinformationsfachkräfte als nützlich erweisen, die im Rahmen ihrer kontinuierlichen beruflichen Weiterentwicklung spezifische Anleitungen benötigen.

- Teil I: Lehrplan für Recherchefähigkeiten
- Teil II: Lehrplan für Fähigkeiten im Bereich Patentrecht und -analyse

Darüber hinaus wird eine Kursstufen-Kompetenzmetrik verwendet, die wie folgt gekennzeichnet ist:

- (1) Ein Anfängerkurs, der sich auf Kenntnisse bezieht, die der Teilnehmer bereits im Rahmen seiner beruflichen Tätigkeit erworben haben sollte.
- (2) Das mittlere Niveau ist erforderlich, um sich auf die Prüfung vorzubereiten.
- (3) Das fortgeschrittene Niveau ist erforderlich, um die Prüfungen zu bestehen.

Als Beispiel wird nachfolgend der Inhalt des Grundkurses für Patentinformationen (BPIC Basic patent information course) aufgeführt. Er wird in englischer Sprache durchgeführt und dauert 12 Tage, die über mehrere Wochen verteilt sind.

- Patentdokumente und ihre Zugänglichkeit
- Patentklassifizierung
- Rechtliche Aspekte von Patenten und Patentrecht
- Recherche in Nichtpatentliteratur
- Freitextsuche und Zitatsuche
- Abruf und Verteilung von Patentliteratur
- Patent Landscaping
- Ansätze für verschiedene Arten von Patentrecherchen

Der Akkreditierungsausschuss stellte in den letzten Jahren eine Liste mit verfügbaren Schulungen zusammen, die bei der Vorbereitung auf die Prüfung helfen oder zur kontinuierlichen beruflichen Weiterbildung beitragen können. Diese Akkreditierungskursliste bietet einen Überblick über die dem Ausschuss bekannten Bildungsveranstaltungen und wird bedarfsorientiert erweitert.

Alle aufgeführten Kurse sind vom QPIP-Akkreditierungsausschuss akkreditiert, sie finden in deutscher, englischer oder französischer Sprache statt, teilweise in Präsenz, teilweise virtuell.

Eine Übersicht der aktuell angebotenen Kurse sind unter https://qpip.org/training zu finden.

2019 wurde ein neues Pilotprogramm zur Unterstützung von QPIP-Kandidaten bei der Vorbereitung auf ihre Zertifizierung gestartet. Mentoren stellen bis zu fünf Stunden pro Kandidat für die Prüfungsvorbereitung zur Verfügung.

Die Rolle des Mentors besteht darin, das Selbststudium und die Prüfungsvorbereitung durch Anleitung, Feedback und Unterstützung bei der Problemlösung zu erleichtern, nicht jedoch darin, direkten Unterricht zu erteilen. Die Mentees sind selbst dafür verantwortlich, alle Prüfungsinhalte zu erlernen.

Jeder Mentor konzentriert seine Unterstützung auf einen Prüfungsfachbereich: Neuheits-/Einspruchs-/Rechtsbeständigkeitsrecherche, Recherche zu Patentverletzungsrisiken, Kategorisierung oder Patentlandschaft.

Interessierte Kandidaten sollten den Themenbereich auswählen, bei dem sie die meiste Hilfe benötigen. Die Termine und Formate der Treffen (z. B. Videochat, Telefon) können dann direkt zwischen den einzelnen Mentor-Mentee-Paaren vereinbart werden.

Die Bewerbung für dieses Projekt wird geprüft und Mentoren/Mentees werden auf der Grundlage der thematischen Übereinstimmung und der Verfügbarkeit zusammengebracht. Am Ende des Programms werden sowohl Mentoren als auch Mentees gebeten, eine Umfrage auszufüllen, um die Erfahrungen und Möglichkeiten zur Verbesserung des Programms in Zukunft zu bewerten.

Wenn Sie daran interessiert sind, als Mentor oder Mentee teilzunehmen, wenden Sie sich gerne an das ISBQPIP-Sekretariat (secretariat@qpip.org).

Ablauf der Prüfungen

Im Februar 2021 fanden die ersten QPIP-Prüfungen statt, die seitdem jährlich online in fünf verschiedenen Zeitzonen (von Japan bis zur Westküste der USA) angeboten werden.

Die QPIP-Prüfung und findet über zwei Tage in englischer Sprache statt. Während der Prüfung muss eine Webcam eingeschaltet sein, die in zufälligen Abständen Fotos macht. Ohne diese Fotos werden die Prüfungsteile nicht bewertet.

Prüfungen können wiederholt werden, sofern man an einer oder mehreren der vorherigen Prüfungen teilgenommen hat und nichtbestandene Teile erneut ablegen möchte.

Die QPIP-Prüfung ist in sechs Themenkomplexe unterteilt, die sich wie folgt auf die beiden Tage verteilen:

Tag 1:

1. Recherche zu Neuheit/Rechtsbeständigkeit/Einspruch (Opposition/validity/novelty search) (4 Stunden)
2. Allgemeine theoretische Fragen zum Patentrecht und zur Patentinformation (General theory questions) (30 min)
3. Kategorisierung einer Fallstudien (Categorisation analysis) (3 Stunden)

Tag 2:

4. Recherche zum Patentverletzungsrisiko (Infringement search) (4 Stunden)
5. Theoretische Fragen zu Patentlandschaften (Patent landscape theory) (1 Stunde)
6. Analyse einer Patentlandschaft (Patent landscape analysis) (3 Stunden)

Der Themenkomplex mit den Fragen allgemeiner Art zu **Patentrecht und Patentinformation** besteht aus offenen und multiple-choice Fragen, die von der Online-Prüfungsplattform nach dem Zufallsprinzip aus den folgenden sechs Kategorien ausgewählt werden:

(i) Klassifizierung und Dokumentenartencodes

(ii) Szenarien zum Stand der Technik

(iii) Recherchesyntax, Methodik oder Recherchedatenbanken

(iv) Auslegung von Ansprüchen

(v) Prioritätsansprüche und

(vi) patentbezogene Vorschriften einschließlich des Rechtsstands.

Aus jeder der Kategorien werden 2-3 Fragen nach dem Zufallsprinzip ausgewählt.

Bei der **Kategorisierung** im Rahmen einer Fallstudie geht es darum, anhand von vorgegebenen (beispielsweise fünf) Patentschriften eine Einteilung vorzunehmen, ob diese Schriften hinsichtlich einer Patentanmeldung EPXXXX

(i) von Interesse sind oder

(ii) von Interesse sein könnten oder

(iii) nicht von Interesse sind.

Hierbei muss erläutert werden, warum jedes der vorgegebenen (fünf) Dokumente im Hinblick auf jeden unabhängigen Anspruch der Patentanmeldung EPXXXX in eine der drei oben genannten Kategorien einzuordnen ist. Dazu sind vorgegebene Tabellen in einem Word- oder Excel-Dokument auszufüllen.

Der **Theorieteil der Prüfung zu Patentlandschaften** besteht aus sechs Fragen, die von der Online-Prüfungsplattform nach dem Zufallsprinzip aus den folgenden Kategorien ausgewählt werden:

(i) Datenverarbeitung: Data;

(ii) Datenverarbeitung: Zurücknahme (Recall) / Präzision

(iii) Analysieren: Werkzeuge / Zitierungen

(iv) Analysieren: Konzepte / Klassifikationen

(v) Berichterstattung und geschäftsbezogene Fragen: A und

(vi) Berichterstattung und unternehmensbezogene Fragen: B.

Die **Fallstudie zur Analyse der Patentlandschaft** besteht aus drei Teilen:

1. Verarbeitung der Daten
2. Analyse der Daten
3. Berichterstattung

Es wird eine Excel-Datei mit Veröffentlichungsnummern bereitgestellt, auf die sich die Analyse stützen soll und die zum Hochladen in verschiedene Datenbanken geeignet sind (Derwent Innovation, PatBase, Orbit und PatentSight). Die vorgegebenen Daten müssen gesichtet werden, ggf. ist eine Zusammenführung von Patentfamilien erforderlich. Beispielhaft ist die Harmonisierung von Anmeldernamen darzustellen.

Zur Analyse der Daten sind geeignete grafische Darstellungen auszuwählen, diese Auswahl ist zu begründen und die Ergebnisse sind zu erläutern.

Bei der **Einspruch- bzw. Neuheitsrecherche** und der **Verletzungsrisikorecherche** werden die meisten Punkte für die Planung und Durchführung der Suche vergeben, wobei die endgültige Auswahl der relevanten Dokumente nur begrenzt berücksichtigt wird.

Um detaillierte Kenntnisse über die Suchprozesse zu erkennen, wird von den Kandidaten erwartet, dass sie erläutern,

- wie sie den eigentlichen Antrag verstanden haben (einschließlich aller Punkte, die in einer realen Situation möglicherweise einer weiteren Klärung bedurft hätten),

- wie sie bei der Planung geeigneter Suchstrategien vorgehen und dabei notieren, welche Begriffe, Klassifikationen bzw. Namen in welchen Quellen gesucht werden sollten und welche zusätzlichen Hilfsmittel nützlich sein könnten,
- wie sie die Suche in einer (oder mehreren) geeigneten Quellen vornehmen, wobei die Gründe für die Auswahl bestimmter Kriterien und die Suchlogik im Detail zu erörtern sind,
- welche Suchanfragen oder Quellen ggf. nicht geeignet sind und
- welche potenziell interessanten Dokumente zum Recherchegegenstand ermittelt wurden (insb. bei der Verletzungsrisikorecherche).

Für die Recherchen sollten vorzugsweise eigene Tools oder Datenbanken verwendet werden, solange diese über eine englische Benutzeroberfläche verfügen. Da die Fallstudie zur Patentlandschaft Analysen und Visualisierungen erfordert, wird empfohlen, mindestens eines der folgenden Tools zu verwenden:

- Orbit.com – einschließlich des vollständigen Orbit Intelligence-Moduls
- PatSnap – Vollzugriff
- PatSeer – Pro-Zugriff mit allen Analysetools
- PatBase – einschließlich Analytics v3
- PatentSight – Vollzugriff
- Derwent Innovation – Analyst-Level

Diese Liste, die unter https://qpip.org/examination einsehbar ist, wird bedarfsgerecht angepasst, sodass ggf. auch andere Tools zur Durchführung der Fallstudie akzeptiert werden. Dies ist im Einzelfall rechtzeitig vor der Prüfung mit dem ISBQPIP zu klären.

QPIP-Register

Die zertifizierten Patentinformationsspezialisten (Qualified Patent Information Professionals) sind im QPIP-Register auf der Webseite unter https://qpip.org/qpips aufgeführt und können eingesehen werden.

Gegenwärtig sind dort 298 QPIPs verzeichnet, die sowohl über die Anerkennung früherer Erfahrungen als auch über die Prüfung die Zertifizierung erhielten.

Damit die Registrierung als QPIP im Register aufrechterhalten bleibt, müssen in jedem Jahr nach dem PER oder dem erfolgreichen Bestehen der Prüfung

1) die Jahresgebühr zum Beginn des Kalenderjahres (gegenwärtig 100 €) entrichtet UND

2) mindestens die erforderliche Mindestanzahl von 10 Punkten für die kontinuierliche berufliche Weiterbildung im persönlichen QPIP-Dashboard registriert werden.

Einige Weiterbildungsarten sind beispielhaft ausgeführt:

- Teilnahme an einem Webinar oder einer Präsentation eines Patentinformationsanbieters von bis zu 1 Stunde
- Teilnahme an einem Treffen einer Patentinformations-Benutzergruppe mit mehr als 3 Stunden und bis zu 6 Stunden Inhalt.
- Teilnahme an Online-Webinaren zum Thema Patentinformation mit einer Dauer von bis zu 1 Stunde (z. B. Webinare von Anbietern, EPA, WIPO).
- Teilnahme an einer Online-Konferenz mit einem Inhalt von mehr als 6 Stunden (z. B. EPO Search Matters, usw.), oder das Ansehen von Aufzeichnungen
- Persönliche oder Fernteilnahme an einer internen Schulung/Sitzung zum Thema Patentinformation
- Bewertung und Vorbereitung eines Berichts oder einer Präsentation über neue Patentinformationswerkzeuge für die Suche oder Analyse.
- Interne Peer-Review von patentbezogenen Rechercheberichten.
- Teilnahme (oder Remote-Review) an einem nationalen Treffen einer Patentanwendergruppe mit 3-6 Personen
- Lesen von Artikeln/Büchern/Blogs über die Suche nach Patentinformationen oder deren Analyse.

Alle QPIPs dürfen zur Kennzeichnung Ihrer Qualifikation den Begriff QPIP oder Qualified Patent Information Professional in Kombination mit ihrem Namen verwenden, zum Beispiel in ihrer E-Mail-Signatur, auf LinkedIn usw.

DIN 77006 - Erfahrungen zur Einführung eines normierten IP-Managements

Wolfgang Berres

Altracon Consulting SARL Echternach, LU

Abstract

Was ist die DIN 77006?

Die DIN 77006 ist ein wegweisender Leitfaden für die Implementierung eines normierten Intellectual Property (IP)-Managementsystems in Unternehmen. Diese Norm, die im Juni 2020 erstmals veröffentlicht wurde, bietet einen strukturierten Rahmen, um IP-Prozesse systematisch zu optimieren und in bestehende Unternehmensstrukturen zu integrieren.

Die DIN 77006 markiert einen Meilenstein im IP-Management. Sie legt erstmals Anforderungen an einen Standard zur Gestaltung eines IP-Managementsystems im Unternehmen fest. Dies ermöglicht es Unternehmen, geistiges Eigentum ganzheitlich und systematisch in die existierenden Managementsystemprozesse ihrer Organisation zu integrieren.

Die DIN 77006 definiert Anforderungen an ein Intellectual Property-Managementsystem (IPMS). Sie basiert auf dem PDCA-Zyklus (Plan-Do-Check-Act) und ist kompatibel mit anderen Managementstandards wie der ISO 9001. Die Norm adressiert zentrale IP-Prozesse wie IP-Strategie, Risikomanagement, Generierung, Durchsetzung und Reporting.

Ein wesentlicher Aspekt der DIN 77006 ist ihre Ausrichtung am Qualitätsmanagement des Unternehmens. Dies ist besonders wichtig, da die größte Herausforderung des betrieblichen IP-Managements oft die richtige Positionierung des Themas IP im Unternehmen ist. Eine falsche Positionierung kann zu Missverständnissen und im schlimmsten Fall zu ernsthaften Schäden für das Unternehmen führen.

Struktur und Inhalte der DIN 77006

Die DIN 77006 folgt der High-Level-Struktur (HLS) anderer Managementsystemnormen, was die Integration in bestehende Systeme erleichtert.

Der PDCA-Zyklus bildet das Herzstück des kontinuierlichen Verbesserungsprozesses:

- Plan: Festlegen von Zielen und Ressourcen, Ermitteln von Risiken und Chancen
- Do: Umsetzen des Geplanten
- Check: Überwachen und Messen von Prozessen und Ergebnissen
- Act: Ergreifen von Verbesserungsmaßnahmen

Die Kapitel 0-2 der Norm sind vergleichbar zur ISO 9001 formuliert und enthalten Ergänzungen, um die Übertragbarkeit auf die unterschiedlichen IP-Organisationsformen zu ermöglichen. Kapitel 3 definiert alle notwendigen Begriffe, wobei viele Begriffe aus der DIN EN ISO 9000 (Qualitätsmanagement, Grundsätze und Begriffe) übernommen und teilweise modifiziert wurden. Die Kapitel 4-10 beschreiben die wesentlichen Anforderungen für die Einführung, Verwirklichung und Aufrechterhaltung eines IP-Managementsystems.

In der HLS werden die folgenden Schwerpunkte des IP-Managements abgebildet:

1. IP-Strategie
2. IP-Risikomanagement
3. IP-Bewusstsein
4. IP-Administration
5. IP-Generierung
6. IP-Durchsetzung und -Verteidigung
7. IP-Transaktionen
8. IP-Reporting

Vorteile der DIN 77006

Die Einführung der DIN 77006 bietet zahlreiche Vorteile:

1. Risikominimierung durch systematische Identifikation und Bewältigung von IP-Risiken
2. Effizienzsteigerung durch Optimierung der IP-Prozesse
3. Compliance-Nachweis der Einhaltung von Sorgfaltspflichten
4. Wettbewerbsvorteile durch verbesserte Innovationsrendite

Ein IP-Managementsystem nach DIN 77006 trägt dazu bei, produktiv und rechtssicher zu handeln, Risiken zu erkennen und Chancen zu ergreifen. Es führt zu einer effizienten Aufbau- und Ablauforganisation, Standardisierung von Prozessen und erhöhter Akzeptanz bei Kunden.

Vergleich mit anderen Normen

Es ist interessant, die DIN 77006 mit der ISO 56005 zu vergleichen, die sich auf das Innovationsmanagement bezieht. Beide Normen sind relativ neu und ergänzen sich in ihrem Fokus:

- ISO 56005 gibt eine Leitlinie für den richtigen Umgang mit IP im Rahmen des Innovationsmanagements
- DIN 77006 definiert Anforderungen für ein qualitätsgesichertes IP-Managementsystem im Unternehmen

Während die ISO 56005 sich eher auf die Effektivität der Instrumente im Umfeld Innovationsmanagement bezieht ("Die richtigen Dinge tun"), setzt die DIN 77006 eher auf die Effizienz der Prozesse im Umgang mit den Chancen und Risiken des IP-Managements ("Dinge richtig tun").

Warum eine Qualitätsnorm im IP-Management gerade jetzt?

Die zunehmende Digitalisierung, Industrie 4.0 und künstliche Intelligenz stellen neue Anforderungen an das IP-Management. Bei digitalen Objekten ist es nahezu unmöglich, Patentfähigkeit oder Freiheit von Rechten Dritter rückwirkend zu implementieren. Daher muss bereits beim Design digitaler Business-Objekte die IP-Qualität berücksichtigt werden.

Dies erfordert einen Paradigmenwechsel: Nicht erst entwickeln und dann prüfen, sondern in jedem Entwicklungsschritt die IP-Qualität sicherstellen. Dies entspricht dem Ansatz des Total Quality Managements im IP Bereich.

Die Implementierung der DIN 77006

Die Implementierung erfolgt in mehreren Schritten:

1. IST-Zustand erfassen: Analyse der aktuellen IP-Prozesse
2. Handlungsplan erstellen: Projektplan zur Umsetzung der Anforderungen
3. SOLL-Zustand definieren: Anpassung der Managementsysteme
4. Überprüfung und Verbesserung: Kontinuierliche Optimierung

Fazit und Ausblick

Die DIN 77006 bietet Unternehmen einen klaren Rahmen, um IP-Prozesse systematisch zu strukturieren und zu optimieren. Sie hilft, Risiken zu minimieren, Effizienz zu steigern und Wettbewerbsvorteile zu schaffen. In der zunehmend digitalisierten Welt wird ein proaktives und qualitätsorientiertes IP-Management immer wichtiger.

Die Implementierung der DIN 77006 ist ein wichtiger Schritt, um diesen Herausforderungen zu begegnen und langfristigen Unternehmenserfolg zu sichern. Sie ermöglicht es Unternehmen, ihre IP-Strategie eng mit ihrer Geschäftsstrategie zu verknüpfen und so den maximalen Wert aus ihrem geistigen Eigentum zu schöpfen.

Abschließend möchte ich betonen, dass die DIN 77006 nicht als zusätzliche bürokratische Hürde verstanden werden sollte, sondern als Chance, das IP-Management auf eine neue Qualitätsstufe zu heben. Sie bietet einen strukturierten Ansatz, um IP-Prozesse zu optimieren, Risiken zu minimieren und Innovationen effektiv zu schützen.

IP-Bewertung im Rahmen der internationalen Rechnungslegung nach IFRS/IAS

Martin Tettenborn

HS Heilbronn

Abstract

Die Bewertung immaterieller Vermögenswerte, insbesondere geistiger Eigentumsrechte (IP-Rechte), spielt aufgrund ihrer großen Bedeutung für den wirtschaftlichen Erfolg eines Unternehmens eine zentrale Rolle in der internationalen Rechnungslegung nach den International Financial Reporting Standards (IFRS/IAS). Der Vortrag gibt einen Überblick über die verschiedenen Ansatz- und Bewertungsvorschriften für IP-Rechte. Ein Schwerpunkt liegt dabei auf der Bewertung zum beizulegenden Zeitwert (Fair Value) nach IFRS 13. Neben markt- und kostenorientierten Bewertungsverfahren wird insbesondere das kapitalwertorientierte Verfahren am Beispiel der Lizenzpreisanalogiemethode, bei der eine fiktive Lizenzersparnis als Maßstab für den wirtschaftlichen Wert eines IP-Rechts dient, näher beleuchtet.

IRiT Institut für Recht der innovativen Technologien

HOCHSCHULE HEILBRONN Reinhold-Würth-Hochschule Campus Künzelsau

Referent

Prof. Dr. Martin Tettenborn
Fakultät für Technik und Wirtschaft

Hochschule Heilbronn
Besucheradresse:
Daimlerstraße 22
74653 Künzelsau
Tel.: +49 (0)7940 – 1306 445
E-Mail: martin.tettenborn@hs-heilbronn.de

Berufliche Erfahrung

- **Technische Universität Bergakademie Freiberg**
  Lehrstuhl für Rechnungswesen und Controlling
- **BDO AG Wirtschaftsprüfungsgesellschaft**
  Wirtschaftsprüfung und Accounting Advisory
- **KION GROUP AG**
  IFRS Competence Center
- **Hochschule Heilbronn**
  Professur für Finanz- und Rechnungswesen und Controlling

Veröffentlichungen mit Bezug zum Vortrag

- Gawenko, Wladislav/ Tettenborn, Martin: Die anlassabhängige Bilanzierung von Marken, in Zeitschrift für internationale und kapitalmarktorientierte Rechnungslegung (KoR), 03/2024, S. 132-136.
- Rogler, Silvia/ Tettenborn, Martin: Anlässe und Bewertungsmaßstäbe zur Ermittlung von Wertminderungen, in Zeitschrift für internationale und kapitalmarktorientierte Rechnungslegung (KoR), 05/2022, S. 203-207.
- Rohleder, Stephan/ Schmidt, Marco/ Tettenborn, Martin: Bewertungsannahmen des IFRS 13 für nicht-finanzielle Vermögenswerte, in: Zeitschrift für internationale und kapitalmarktorientierte Rechnungslegung (KoR), 03/2017, S. 110-117.
- Tettenborn, Martin/ Straub, Sandro/ Rogler, Silvia: Bestimmung der Nutzungsdauer für im Rahmen von Unternehmenszusammenschlüssen erworbene immaterielle Vermögenswerte, in: Zeitschrift für internationale Rechnungslegung (IRZ) 05/2013, S. 185-190.

EINFÜHRUNG

- Marketingbezogene und technologiebezogene immaterielle Vermögenswerte sind häufig Anlass für Unternehmensübernahmen und müssen nach IFRS zum Fair Value bewertet werden
- Die in diesem Zusammenhang notwendige Bilanzierung ist nach IFRS mit zahlreichen Herausforderungen verbunden
- Die Ermittlung des Fair Value im Rahmen der Erstbilanzierung gestaltet sich aufgrund der Einzigartigkeit von Marken und Technologien und deren fehlenden direkt beobachtbaren Marktdaten als schwierig

IR§T Institut für Recht der innovativen Technologien

HHN HOCHSCHULE HEILBRONN
Reinhold-Würth-Hochschule
Campus Künzelsau

› WANN MUSS EIN (PATENTIERTER) IMMATERIELLER VERMÖGENSWERT NACH IFRS/IAS BEWERTET WERDEN?

IP-Bewertung nach IFRS | Prof. Dr. Martin Tettenborn | 22. Mai 2025 | 4

IAS 38 ANSATZ & ERSTMALIGE BEWERTUNG

Definitionskriterien für immaterielle Vermögenswerte (nicht monetäre Vermögenswerte ohne physische Substanz) müssen erfüllt sein (IAS 38.18a)
- Identifizierbarkeit (IAS 38.11); Verfügungsmacht beim Unternehmen (IAS 38.13); Künftiger wirtschaftlicher Nutzen (IAS 38.17)

Grundsätzliche Ansatzvoraussetzungen müssen erfüllt sein (IAS 38.18b)
- Wahrscheinlichkeit, dass künftiger wirtschaftlicher Nutzen dem Unternehmen zufließt (IAS 38.21a)
- AHK müssen verlässlich ermittelt werden können (IAS 38.21b)

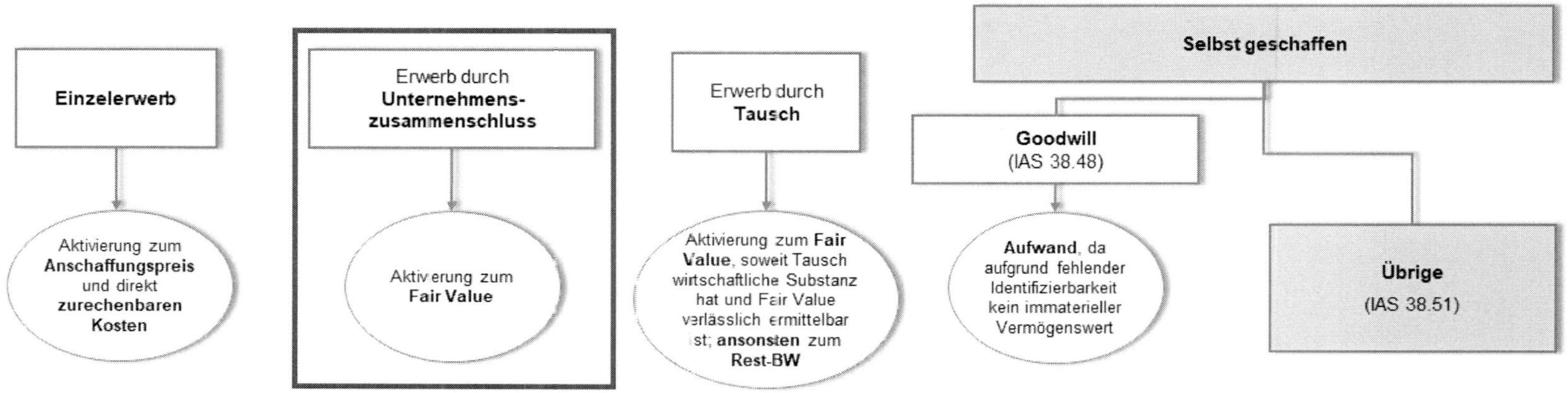

IR§T Institut für Recht der innovativen Technologien

HOCHSCHULE HEILBRONN Reinhold-Würth-Hochschule Campus Künzelsau

IAS 38 ANSATZ & ERSTMALIGE BEWERTUNG SELBSTERSTELLTE IMMATERIELLE WERTE

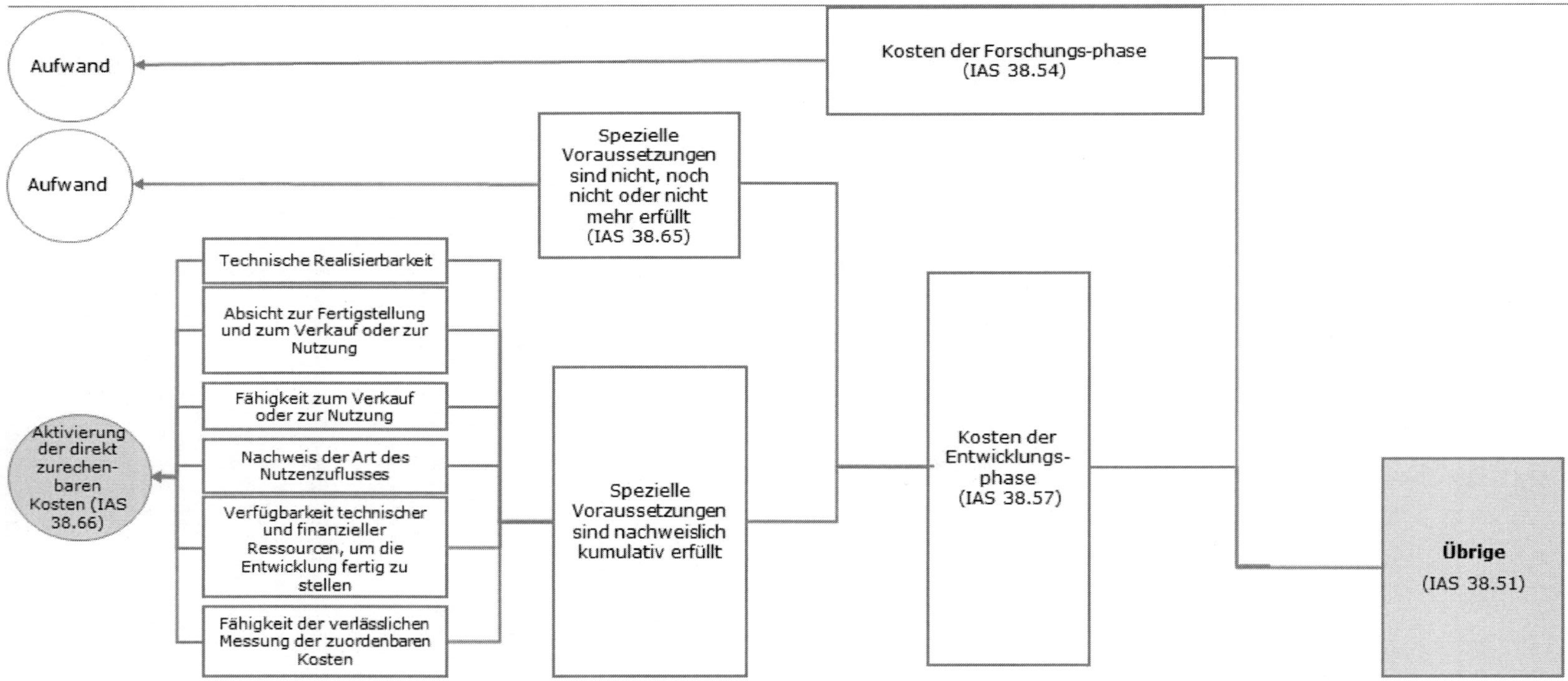

SONDERFALL: MARKETINGBEZOGENE IMMATERIELLE VERMÖGENSWERTE

IAS 38.63

„Selbst geschaffene Markennamen, Drucktitel, Verlagsrechte, Kundenlisten sowie ihrem Wesen nach ähnliche Sachverhalte dürfen nicht als immaterielle Vermögenswerte angesetzt werden."

IRiT Institut für Recht der innovativen Technologien

HOCHSCHULE HEILBRONN
Reinhold-Würth-Hochschule
Campus Künzelsau

› WIE WIRD EINE UNTERNEHMENSAKQUISITION BILANZIELL ABGEBILDET?

IP-Bewertung nach IFRS | Prof. Dr. Martin Tettenborn | 22. Mai 2025 | 8

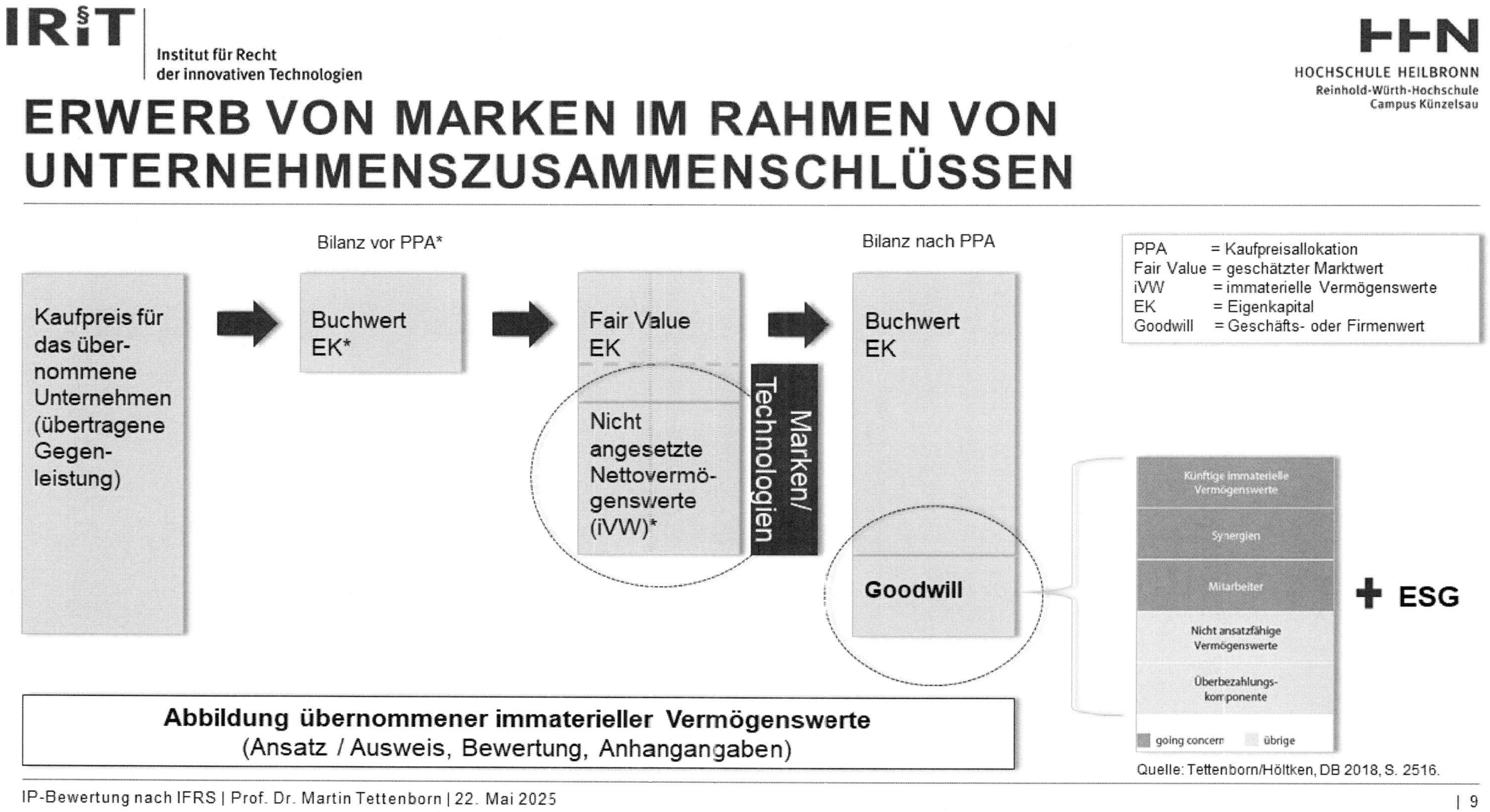
IRiT
Institut für Recht
der innovativen Technologien
HHN
HOCHSCHULE HEILBRONN
Reinhold-Würth-Hochschule
Campus Künzelsau
ERWERB VON MARKEN IM RAHMEN VON UNTERNEHMENSZUSAMMENSCHLÜSSEN
Kaufpreis für das über-nommene Unternehmen (übertragene Gegen-leistung)
Bilanz vor PPA*
Buchwert EK*
Fair Value EK
Nicht angesetzte Nettovermö-genswerte (iVW)*
Marken/ Technologien
Bilanz nach PPA
Buchwert EK
Goodwill
PPA = Kaufpreisallokation
Fair Value = geschätzter Marktwert
iVW = immaterielle Vermögenswerte
EK = Eigenkapital
Goodwill = Geschäfts- oder Firmenwert
Künftige immaterielle Vermögenswerte
Synergien
Mitarbeiter
Nicht ansatzfähige Vermögenswerte
Überbezahlungs-komponente
going concern
übrige
+ ESG
Quelle: Tettenborn/Höltken, DB 2018, S. 2516.
Abbildung übernommener immaterieller Vermögenswerte
(Ansatz / Ausweis, Bewertung, Anhangangaben)
IP-Bewertung nach IFRS | Prof. Dr. Martin Tettenborn | 22. Mai 2025
| 9

IR§T Institut für Recht der innovativen Technologien

HHN HOCHSCHULE HEILBRONN Reinhold-Würth-Hochschule Campus Künzelsau

› INWIEFERN HABEN (PATENTIERTE) IMMATERIELLE VERMÖGENSWERTE EINEN EINFLUSS AUF DEN WERT EINES UNTERNEHMENS?

IP-Bewertung nach IFRS | Prof. Dr. Martin Tettenborn | 22. Mai 2025 | 10

VORTEILE IMMATERIELLER VERMÖGENSWERTE AM BSP. VON PATENTEN

Vorteile eines Schutzrechts

- Verbietungsrecht von USPs als Wettbewerbsvorteil
- Verbietungsrecht als „Sperrpatent“
- Marketing (Innovativ)
- Möglichkeit von Lizenzeinnahmen
- Verkauf des Schutzrechts
- Cross-Lizenz

IRiT Institut für Recht der innovativen Technologien

HOCHSCHULE HEILBRONN
Reinhold-Würth-Hochschule
Campus Künzelsau

BEWERTUNG IMMATERIELLER VERMÖGENSWERTE

IP-Bewertung nach IFRS | Prof. Dr. Martin Tettenborn | 22. Mai 2025 | 12

Institut für Recht der innovativen Technologien

HOCHSCHULE HEILBRONN
Reinhold-Würth-Hochschule
Campus Künzelsau

BEWERTUNG IMMATERIELLER WERTE (1/4)

Methoden:

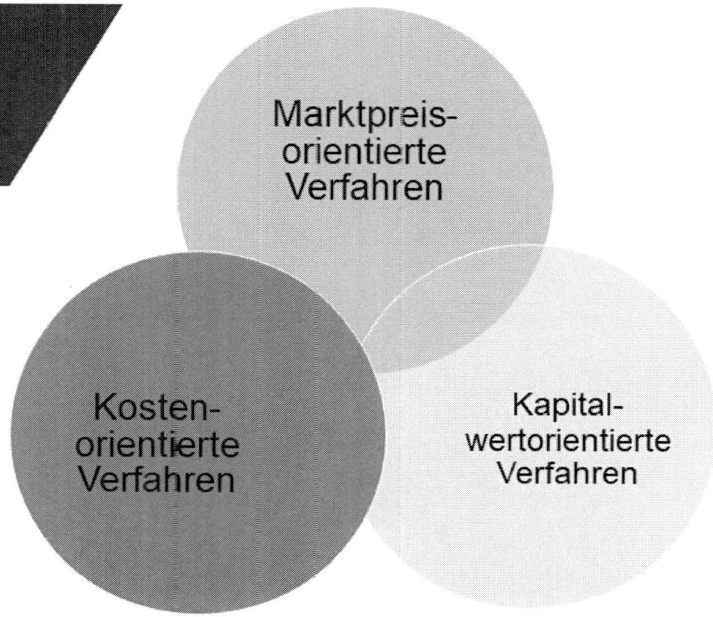

Weder marktpreisorientierte noch kostenorientierte Verfahren sind für die Bewertung von Patenten/Marken geeignet. Dementsprechend werden regelmäßig kapitalwertorientierte Methoden empfohlen.

BEWERTUNG IMMATERIELLER WERTE (2/4)

Kapitalwertorientierte Methoden

- Mehrgewinnmethode
- Lizenzpreisanalogie

$$K_0 = \underbrace{\sum_{t=1}^{n} (E_t - A_t) \cdot (1+i)^{-t} + L_n \cdot (1+i)^{-n}}_{\text{Zukunftserfolgswert}} - A_0$$

$$K_0 = \text{Zukunftserfolgswert} - A_0$$

BEWERTUNG IMMATERIELLER WERTE (3/4)

Prämisse für die Bestimmung der Nutzungsdauer

Ziel: Konsistenz in der Rechnungslegung wahren & Annahmen des IFRS 13 erfüllen

→ Die Nutzungsdauer muss aus Sicht der ‚Market Participants' (Marktteilnehmersicht) bestimmt werden (IFRS 13.9 & 22f.)

- „Ein Unternehmen bemisst den beizulegenden Zeitwert eines Vermögenswerts oder einer Schuld anhand der Annahmen, die Marktteilnehmer bei der Preisbildung für den Vermögenswert bzw. die Schuld zugrunde legen würden."
- „Die Ausarbeitung dieser Annahmen erfordert nicht, dass ein Unternehmen bestimmte Marktteilnehmer benennt."
  → Benennung allgemeiner Unterscheidungsmerkmale für Marktteilnehmer genügt

BEWERTUNG IMMATERIELLER WERTE (4/4)

Bestimmung der Nutzungsdauer

Klassifizierung immaterieller Vermögenswerte IAS 38.88:

a) Bestimmbare Nutzungsdauer:
Eine begrenzte Zeit des Nutzenzuflusses an das Unternehmen. → Planmäßige Abschreibung

b) Unbestimmte Nutzungsdauer:
Keine absehbare Begrenzung der Zeit, über die der Vermögenswert erwartungsgemäß einen Nutzenzufluss an das Unternehmen generieren wird. → Wertminderungstest: jährlich + anlassbezogen

KONZEPT: LIZENZPREISANALOGIE-METHODE (1/7)

Zugrundeliegender Gedankengang

Wäre das patentbesitzende Unternehmen nicht Eigentümer des Patents, müsste es dieses bei bestehender Verwendungsabsicht lizenzieren

→ Unternehmen spart sich Lizenzzahlungen

Diese (fiktiv) eingesparten Lizenzzahlungen dienen als Ersatz für einen Zahlungsstrom.

KONZEPT: LIZENZPREISANALOGIE-METHODE (2/7)

Ermittlung der (fiktiv) gesparten Lizenzzahlungen

Die sich daraus ergebenden Lizenzzahlungen bilden die Basis aus der Kapitalwertmethode bekannten Diskontierung.

- Schätzen der jährlichen Umsatzerlöse, die aufgrund des Patents während dessen wirtschaftlicher Nutzungsdauer erzielt werden
- Multiplikation der jährlichen Umsatzerlöse mit den marktüblichen Lizenzsätzen (Ableitung anhand von Datenbanken)

Institut für Recht der innovativen Technologien

HOCHSCHULE HEILBRONN
Reinhold-Würth-Hochschule
Campus Künzelsau

KONZEPT: LIZENZPREISANALOGIE-METHODE (3/7)

Ermittlung der (fiktiv) gesparten Lizenzzahlungen

https://www.royaltystat.com/ als Beispiel:

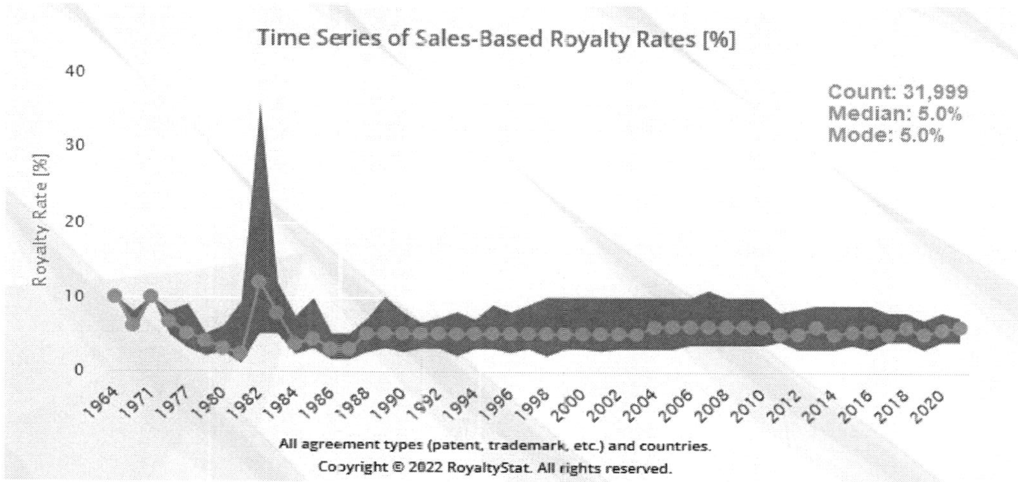

KONZEPT: LIZENZPREISANALOGIE-METHODE (4/7)

Diskontierung

Bestimmung des patentspezifischen Diskontierungssatzes

- Kapitalkosten des gesamten Unternehmens sind mit einem Zuschlagssatz an das Risiko des zu bewertenden Patents anzupassen

Bestimmung der Kapitalkosten

- Empfohlen wird die Verwendung des Kapitalisierungszinssatzes

Die sich daraus ergebenden Lizenzzahlungen bilden die Basis aus der Kapitalwertmethode bekannten Diskontierung.

KONZEPT: LIZENZPREISANALOGIE-METHODE (5/7)

Grundlagen

- Herangezogener Zahlungsstrom muss nicht über die rechtliche Laufzeit des Patentschutzes anfallen
- Bewerter muss einen risikoadäquaten und laufzeitäquivalenten Diskontierungszinssatz festlegen
- Summe der diskontierten Zahlungsströme entspräche dem Wert (fair value) der patentgeschützten Technologie

KONZEPT: LIZENZPREISANALOGIE-METHODE (6/7)

Praktische Umsetzung gemäß IDW S 5 (Grundsätze zur Bewertung immaterieller Vermögenswerte)

Technologien sind grundsätzlich einzeln zu bewerten. In Abhängigkeit von dem Bewertungszweck und unter Berücksichtigung der Besonderheiten des Einzelfalls können mehrere Technologien vereinfachend zu einem Bewertungsobjekt zusammengefasst werden.

Eine **Zusammenfassung von Technologien** kann bspw. angezeigt sein

- bei einer überschaubaren Anzahl weitgehend homogener Technologien
- bei einer zahlenmäßig großen Grundgesamtheit von einzeln nicht signifikanten Technologien (z.B. Rezepturen), bei denen eine Einzelbewertung aus Gründen der Praktikabilität ausscheidet
- bei Technologien, deren wirtschaftlicher Wert in der gemeinsamen Nutzung liegt und bei denen eine Schlüsselung auf die einzelnen Bestandteile nur artifiziell möglich wäre (z.B. patentierte und nicht patentierte Technologien, die gemeinsam zur Herstellung eines Produkts genutzt werden oder eine Anzahl von Einzelpatenten zur Absicherung eines Produkts).

zur Erinnerung!

$$K_0 = \sum_{t=1}^{n} (E_t - A_t) \cdot (1+i)^{-t} + L_n \cdot (1+i)^{-n} \quad - A_0$$

$$K_0 = \underbrace{\qquad}_{\textbf{Zukunftserfolgswert}} \quad - A_0$$

Quelle: Wöhe/Döring/Brösel, Einführung in die Allgemeine Betriebswirtschaftslehre, 26. Aufl., München 2016, S. 513.

BEWERTUNG EINER TECHNOLOGIE MITTELS LIZENZPREISANALOGIE (7/7)

Bewertung Technologie zum 1.1.2019

T€		2019	2020	2021	2022	2023
Umsatzerlöse		200,0	190,0	180,5	171,5	162,9
Lizenzrate	9%	9%	9%	9%	9%	9%
Lizenzzahlung		18,0	17,1	16,2	15,4	14,7
Steuern	30%	5,4	5,1	4,9	4,6	4,4
Lizenzzahlungserparnis nach Steuern		**12,6**	**12,0**	**11,4**	**10,8**	**10,3**
Diskontierungsperiode		1	2	3	4	5
Vermögenswertspezifischer Zinssatz		8,5%	8,5%	8,5%	8,5%	8,5%
Barwertfaktor		0,922	0,849	0,783	0,722	0,665
Barwerte		11,6	10,2	8,9	7,8	6,8
Summe der Barwerte = Wert der Technologie		**45,3**				

Zukunftserfolgswert

FAZIT

- Die Bewertung von IP ist nach IFRS/IAS anlassbezogen
- Die Bewertung von IP kann nach verschiedenen Methoden erfolgen, wobei die kapitalwertorientierten Methoden zu bevorzugen sind
- Die Bewertung von IP ist stark ermessensbehaftet

IRiT Institut für Recht der innovativen Technologien

HHN HOCHSCHULE HEILBRONN Reinhold-Würth-Hochschule Campus Künzelsau

Vielen Dank für Ihre Aufmerksamkeit

Prof. Dr. Martin Tettenborn
Professor für ABWL, insb. Finanz- und Rechnungswesen und Controlling
Hochschule Heilbronn am Campus Künzelsau
E-Mail: Martin.Tettenborn@hs-heilbronn.de

IP-Bewertung nach IFRS | Prof. Dr. Martin Tettenborn | 22. Mai 2025 | 26

Ergebnistransfer durch Normung – Wie Standardisierung die Verwertung unterstützt

Christian Goroncy

DIN e. V., Berlin

Abstract

Normung und Standardisierung werden oft bei der strategischen Verwertung von Innovationen übersehen, obwohl sie eine Schlüsselrolle im Innovationsprozess spielen. Der Beitrag von DIN und anderen Institutionen zur Erschließung zukunftsweisender Themen durch Normen und Standards ist unverzichtbar, da sie nicht nur den internationalen Handel fördern, sondern auch der Qualitätssicherung, dem gesellschaftlichen Schutz und der Effizienzsteigerung dienen. Verschiedene Arten von Standardisierungsdokumenten, wie Normen und Spezifikationen, bieten unterschiedliche Zugänge und Vorteile je nach Entwicklungsstand und Bedarf. Der erfolgreiche Transfer einer Innovation, wie im Fall der DIN SPEC 4885 zum internationalen Standard ISO 20337, zeigt die Wirksamkeit dieser Instrumente. Zur Erhaltung eines Wissensvorsprungs ist es entscheidend, das Bewusstsein und die Kenntnisse über Normung und Standardisierung weiter auszubauen und in strategische Entscheidungen der Forschung und Wirtschaft einzubinden. Das Verankern von Normierungswissen in Bildungseinrichtungen und die aktive Beteiligung an Normungsprozessen trägt dazu bei, die internationale Führungsrolle Deutschlands in diesem Bereich zu sichern.

Im Rahmen des Vortrags sollen zum einem die Grundlagen von Normung und Standardisierung sowie die unterschiedliche Standardisierungsdokumente erläutert sowie Möglichkeiten und Beispiele für die erfolgreiche Umsetzung gezeigt werden.

Bei Überlegungen zur strategischen Verwertung von Erfindungen oder Innovationen rücken Normung und Standardisierung oft nicht in den Vordergrund. Das Wissen über diese Themen ist unter Studierenden, Doktorand*innen, wissenschaftlichen Mitarbeiter*innen und Professor*innen weniger verbreitet. Auch in den Transferbüros der Universitäten liegt der Schwerpunkt meist auf Patenten und Lizenzierung, während das Potenzial der Normung und Standardisierung oft ungenutzt bleibt.

Warum ist dieses Thema dennoch von Bedeutung?

- **Zugang und Information zum Stand der Technik:** Normen und Standards spiegeln den Stand der Technik wider. Ihre Anwendung verhindert die Entwicklung von Insellösungen sowie Doppelarbeiten und Ressourcenverschwendung.
- **Einhaltung der Marktbedingungen:** Die frühzeitige Berücksichtigung von Normen und Standards stellt sicher, dass Innovationen den bestehenden Marktbedingungen entsprechen. Zum Beispiel muss gewährleistet sein, dass neuartige, künstliche Kraftstoffe den normativen Anforderungen an Kraftstoffe (EN 590 und EN 228).
- **Erhöhung des Vertrauens:** Um die Akzeptanz neuer Technologien zu fördern, ist der Vertrauensaufbau bei Industriepartnern sowie Endanwender*innen entscheidend. Innovationen, die mit bestehenden Qualitäts- und Sicherheitsstandards übereinstimmen, genießen größeres Vertrauen. Auch die Entwicklung neuer Standards, wie beispielsweise die DIN SPEC 91489 für Brandbegrenzungsdecken bei Elektrofahrzeugen, kann die Verbreitung von Innovationen fördern.
- **Transfer von Wissen und Projektergebnissen:** Normung und Standardisierung bieten einen zusätzlichen Weg, den Transfer von Forschungsergebnissen zu sichern. Der Normungs- und Standardisierungsprozess ist durch offene Teilnahme und öffentliche Ankündigungen einem Peer-Review-Prozess ähnlich, der über die wissenschaftliche Prüfung hinausgeht und auch die Anforderungen von Industrie und Gesellschaft berücksichtigt. Dieser Input kommt wiederum den Forschenden und Innovator*innen zugute.
- **Expertennetzwerk:** Für Forschende und Innovator*innen eröffnet die Teilnahme an Normungs- und Standardisierungsaktivitäten die Möglichkeit, ihr Netzwerk über klassische Veranstaltungen wie Konferenzen und Messen hinaus zu erweitern. Auch aus Sicht der Bundesrepublik und der EU ist die frühzeitige Beteiligung von Forschenden an Standardisierungsaktivitäten sinnvoll, um nationale Interessen zu vertreten und frühzeitig in Normungsprozesse eingebunden zu sein. Durch die Einbindung von Standardisierungsaktivitäten in Förderaufrufe können diese Schwerpunkte gezielt adressiert werden.
- **Internationalisierung von Innovationen:** Normen und Standards bieten eine einzigartige Möglichkeit, Innovationen direkt auf ein europäisches oder internationales Niveau zu heben. Wenn eine Innovation in solchen Normen verankert

ist, kann sie weltweit angewendet werden, was ihre Verbreitung erheblich begünstigt. Der Urheber der Innovation hat dabei einen Wissensvorsprung gegenüber anderen Marktteilnehmern, den er nutzen kann, um die ursprünglich investierten Innovationskosten auszugleichen.

DIN betätigt sich auf vielfältige Weise, um in diesem Bereich für mehr Aufklärung zu sorgen. Bevor diese Aktivitäten jedoch detaillierter betrachtet werden, sollen einige Grundlagen zur Normung und Standardisierung erläutert werden.

DIN – Normung und Standardisierung Made in Germany

DIN Deutsches Institut für Normung e. V. (DIN) ist die unabhängige Instanz für Normung und Standardisierung in Deutschland und weltweit. Gemeinsam mit Partnern aus Wirtschaft, Wissenschaft, öffentlichem Sektor und Zivilgesellschaft trägt DIN entscheidend zur Erschließung zukunftsweisender Themenfelder bei. Als Schlüsselakteur im digitalen und ökologischen Wandel unterstützt DIN maßgeblich bei der Bewältigung aktueller Herausforderungen und ermöglicht die erfolgreiche Markteinführung neuer Technologien, Produkte und Verfahren.

Etwa 37.500 Expert*innen aus Wirtschaft und Wissenschaft, Verbraucherorganisationen sowie der öffentlichen Hand bringen ihr Fachwissen in den Normungsprozess ein, den DIN als privatwirtschaftlich organisierter Projektmanager leitet. Die resultierenden Normen und Standards fördern den internationalen Handel und dienen der Effizienzsteigerung, Qualitätssicherung, dem Schutz von Gesellschaft und Umwelt sowie der Sicherheit und Verständigung.

Arten von Standardisierungsdokumenten

Zu Beginn werden die verschiedenen Typen von Normungs- und Standardisierungsdokumenten sowie die damit verbundenen Begriffe erläutert. Ein Standard ist im Allgemeinen ein technisches Dokument, das Anforderungen an Produkte, Dienstleistungen oder Verfahren definiert. Es bestehen jedoch Unterschiede in der Art und Weise ihrer Erstellung, die im Folgenden näher beschrieben werden. Abbildung 1 veranschaulicht verschiedene Arten von Standardisierungsdokumenten in Abhängigkeit von ihrer Entwicklungszeit und dem Grad des Konsenses, der bei ihrer Erstellung erzielt wurde.

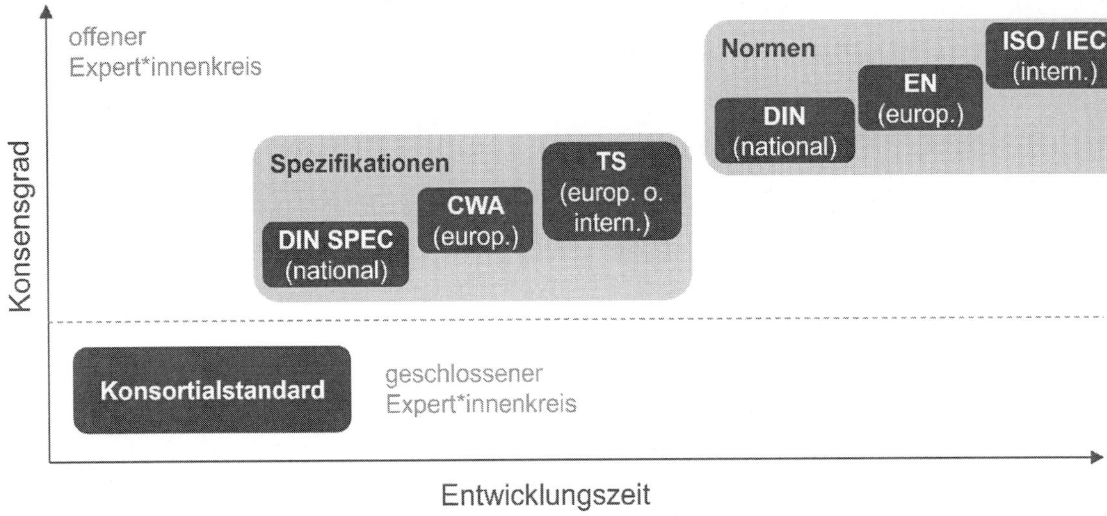

Abbildung 1 - Überblick über die verschiedenen Arten von Standardisierungsdokumenten

Konsortialstandards

Die in Abbildung 1 gezeigten Konsortialstandards werden üblicherweise von einem geschlossenen Kreis von Expert*innen erarbeitet. Diese Standardisierungsdokumente sind dadurch charakterisiert, dass nicht alle interessierten Parteien in den Entwicklungsprozess einbezogen werden müssen. Die involvierten Expert*innenkreise bestehen oft aus branchenspezifischen Konsortien, die sich aus verschiedenen Unternehmen zusammensetzen. Obwohl die daraus resultierenden Dokumente bestimmte Merkmale von Standards aufweisen können, wie beispielsweise eine festgelegte Vorgehensweise oder Dokumentationsregeln, sind Konsortialstandards unter Umständen nicht frei zugänglich und werden oftmals auch unter Ausschluss der Öffentlichkeit erstellt.

Normen

Die Arbeit von DIN konzentriert sich ausschließlich auf die transparente Erstellung von Normungs- und Standardisierungsdokumenten durch einen offenen Kreis von Expert*innen. Dazu gehören auch die in Abbildung 1 dargestellten Normen. Gemäß DIN EN 45020 [1] wird eine Norm definiert als ein:

> „Dokument, das mit Konsens erstellt und von einer anerkannten Institution angenommen wurde und das für die allgemeine und wiederkehrende Anwendung Regeln, Leitlinien und Merkmale für die Tätigkeiten oder deren Ergebnisse festlegt, wobei ein optimaler Ordnungsgrad in einem gegebenen Zusammenhang angestrebt wird.“

In diesem Zusammenhang bedeutet Konsens die allgemeine Zustimmung der beteiligten Interessengruppen, ohne anhaltenden Widerspruch gegen wesentliche Inhalte. Ziel des Konsensprozesses ist es, die Ansichten aller betroffenen Interessengruppen zu berücksichtigen und eventuelle Einwände aus dem Weg zu räumen. Der Entstehungsprozess einer Norm ist in Abbildung 2 dargestellt.

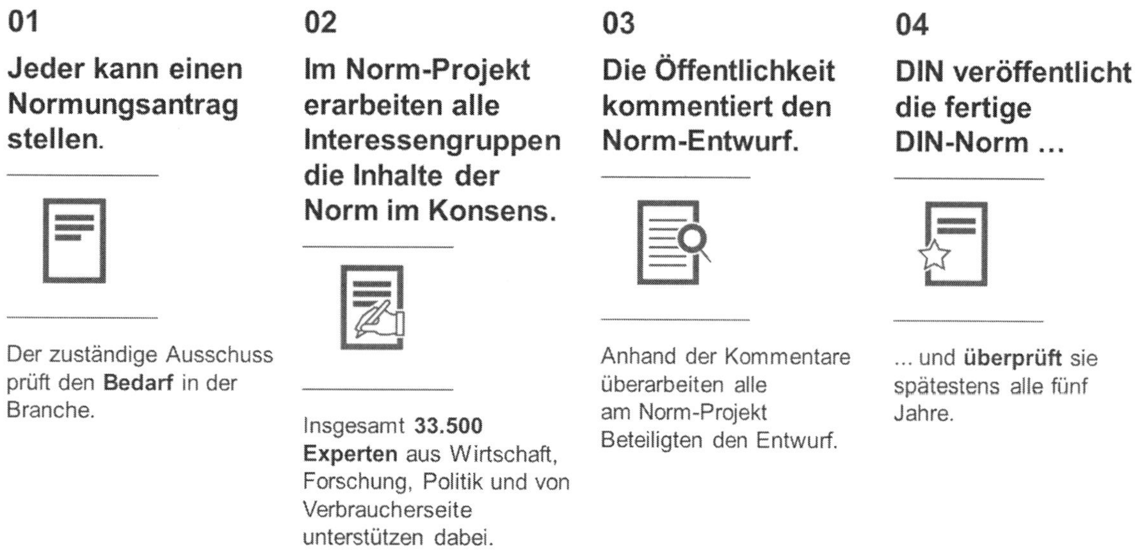

Abbildung 2 - Entwicklungsprozess einer Norm

Jede Person oder Organisation mit Bedarf an einer Norm kann einen Normungsantrag einreichen. Der zuständige Normenausschuss prüft diesen Antrag, bewertet den Bedarf und überprüft, ob bereits Normungsaktivitäten laufen oder vorhandene Normungsdokumente existieren. Bei positivem Ergebnis wird eine neue Norm entwickelt. Dabei stellt DIN sicher, dass der Normenausschuss ausgewogen besetzt ist und alle relevanten Interessengruppen wie Wirtschaft, Wissenschaft, Politik und Verbraucher*innen einbezieht, um die Neutralität der Dokumente zu gewährleisten. Nach der Verabschiedung eines Entwurfs durch den Normenausschuss wird dieser zur öffentlichen Kommentierung freigegeben. Die eingehenden Kommentare werden abschließend diskutiert, und bei Einigung wird die Norm im Konsens veröffentlicht. Zwar verlängert die hohe Transparenz und Beteiligung der Öffentlichkeit die Entwicklungsdauer auf in der Regel 18 Monate für nationale Normen, jedoch garantieren der umfassende Konsens und die breite Akzeptanz in der Gesellschaft die Qualität des Endergebnisses. Die so entwickelten Normen werden als DIN-, EN-, ISO- oder IEC-Normen (z. B. DIN EN ISO 9001) gekennzeichnet.

Spezifikationen

Im Gegensatz zu den durch Konsens erarbeiteten Normen konzentrieren sich die Standardisierungsaktivitäten in Forschungsprojekten oder in innovativen Themenfeldern häufig auf die Entwicklung von Spezifikationen. Eine Spezifikation ist ein öffentlich zugängliches Dokument, das Produkte, Systeme oder Dienstleistungen beschreibt, indem es Merkmale definiert und Anforderungen festlegt. Im Unterschied zu Normen erfordert eine Spezifikation nicht zwingend einen Konsens noch die umfassende Einbindung aller interessierten Parteien. Der Prozess der Erstellung einer Spezifikation, wie etwa einer DIN SPEC, ist in Abbildung 3 dargestellt.

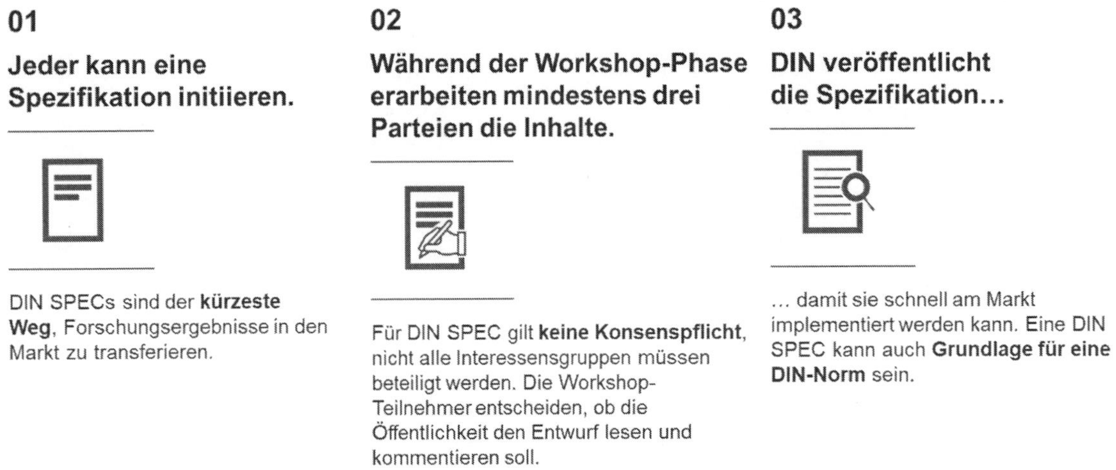

Abbildung 3- Entstehungsprozess einer Spezifikation am Beispiel einer DIN SPEC

Auch in diesem Fall kann jede Person oder Organisation einen Antrag zur Erstellung einer Spezifikation einreichen. DIN überprüft zunächst intern, ob dem Antrag widersprechende Normen bestehen oder Normungsaktivitäten laufen. Sollte dies nicht der Fall sein, veröffentlicht DIN den Geschäftsplan zur öffentlichen Kommentierung und lädt alle interessierten Organisationen zur Mitarbeit ein. Im Gegensatz zu Normen wird die Spezifikation in einem Workshop, einem temporären Konsortium, unter der Koordination von DIN erarbeitet. Dieses Konsortium entscheidet auch, ob ein Entwurf zur Kommentierung veröffentlicht werden soll oder nicht. Nach der erfolgreichen Verabschiedung innerhalb des Konsortiums wird die Spezifikation von DIN veröffentlicht. Eine national entwickelte Spezifikation wird als DIN SPEC bezeichnet (z. B. DIN SPEC 91392). Auf europäischer Ebene können ebenfalls Spezifikationen innerhalb solcher temporären Gremien erstellt werden, die als CEN Workshop Agreement (CWA) bekannt sind. Auch in Normenausschüssen können technische Spezifikationen (TS) entwickelt werden, wenn beispielsweise kein vollständiger Konsens erreicht werden kann. Diese Dokumente werden dann als DIN TS, CEN TS oder ISO TS bezeichnet.

Normen und Standards als Unterstützung für den Technologietransfer über den gesamten Innovationszyklus

Bei vielen Forschenden besteht die Auffassung, dass Normung und Standardisierung erst am Ende des Innovationsprozesses relevant werden. Diese Annahme ist jedoch falsch, wie im Folgenden anhand von Beispielen verdeutlicht wird.

Bereits in der Grundlagenforschung spielen Normen und Standards eine entscheidende Rolle. Viele Forschende haben die Erfahrung gemacht, wie wichtig eine einheitliche Terminologie in gemeinsamen Projekten ist. Besonders in interdisziplinären Bereichen können unterschiedliche Definitionen existierender Begriffe zu Missverständnissen führen, die im Laufe der Projektarbeit auftreten und Verzögerungen oder Kostenerhöhungen verursachen können. Terminologiestandards sind daher von großer Bedeutung, da sie über das jeweilige Projekt hinaus als gemeinsamer Sprachfundus dienen. Ein Beispiel hierfür ist die zweisprachige DIN SPEC 91458 - *Nutzung von Kohlenstoffdioxid – Begriffe* aus dem BMBF-geförderten Projekt CO2WIN-Connect, die erstmals Begriffe im Kontext von Carbon Dioxide Capture and Utilization (CCU) definiert.[1]

Auch in der angewandten und experimentellen Forschung können Standardisierungsaktivitäten nützlich sein. Frühzeitige Festlegungen über Schnittstellen oder notwendige Kompatibilitäten können die Verbreitung von Innovationen erheblich fördern. Ein Beispiel hierfür sind die Ladestecker im PKW- und LKW-Bereich. Die Firma Mennekes zeigte, dass durch den bewussten Verzicht auf Patentierung und gleichzeitige Förderung der Standardisierung ebenfalls Innovationsinvestitionsschutz betrieben werden kann.[2]

In der Endphase der Entwicklung spielen Qualitäts- oder Sicherheitsstandards, wie bspw. die im Rahmen des BMWK-geförderten Projekts ELSTA und bereits erwähnte DIN SPEC 91489 - *Anforderungen an Brandbegrenzungsdecken für den Einsatz bei Elektrofahrzeugen* eine entscheidende Rolle bei der Verbreitung von Innovationen. Auch die Gesellschaft kann von einer frühzeitigen Standardisierung profitieren. So ermöglicht beispielsweise die im selben Projekt entwickelte DIN SPEC 91504 - *Barrierefreie Ladeinfrastruktur für Elektrofahrzeuge* die Berücksichtigung der Bedürfnisse von Menschen mit Behinderungen. Beim aktuellen Hochlauf der Elektromobilität ermöglicht die schnelle Entwicklung der DIN SPEC, dass die Anforderungen von Menschen mit Behinderungen adressiert werden können, noch bevor der länger andauernde Normungsprozess im Rahmen der DIN 18040-3 abgeschlossen ist. Um dabei dennoch eine ausreichende Transparenz sicherzustellen, wurde ein Entwurf der DIN SPEC zur öffentlichen Kommentierung veröffentlicht.

DINs Unterstützung im Innovationsprozess

DIN engagiert sich seit vielen Jahren für die Förderung von Normung und Standardisierung im Innovationsumfeld. Die Gruppe *Forschung und Transfer* (FuT) ist aus diesem Grund aktiv an nationalen und europäischen Forschungsprojekten beteiligt. Dadurch wird nicht nur das Wissen über Normung und Standardisierung unter den Projektpartner*innen verbreitet, sondern es werden auch Standardisierungsbedarfe und -potenziale während der Projektlaufzeit identifiziert. Um diese Erkenntnisse in konkrete Normen und Standards umzusetzen, nutzt DIN alle verfügbaren Mittel, sei es durch direkte Mitarbeit in Normungsgremien, das Kommentieren von Normenentwürfen oder das Einreichen von Normungsanträgen. Besonders im Innovations- und Forschungsbereich spielen Spezifikationen eine entscheidende Rolle. Diese gelten als eine Art "kleiner Bruder" der Norm, ähnlich dem Gebrauchsmuster im Vergleich zum Patent, und bieten wie bereits gezeigt zahlreiche Vorteile im Innovationsumfeld.

[1] Am Beispiel von CCU, welches häufig auch als Carbon Capture and Uttilizaion bezeichnet wird, zeigt sich exemplarisch, wie schwer es ist, einmal fehlerhaft etablierte Begriffe wieder aus dem Sprachgebrauch zu entfernen, da bei CCU nicht Kohlenstoff, sondern Kohlenstoffdioxid eingefangen und gespeichert wird.

Seit über zehn Jahren wird an der Technischen Universität Berlin das Vorlesungsmodul *Strategische Normung* angeboten. Die Studierenden lernen nicht nur die Prozesse der Normung und Standardisierung kennen, sondern auch die deregulierte Funktion von Normen und Standards, insbesondere im Zusammenspiel mit harmonisierten Normen und EG-Richtlinien, sowie deren Abgrenzung zu Patenten und den Einsatz als Transferwerkzeug.[3]

Zusätzlich organisiert DIN Veranstaltungen wie die DIN/DKE-Innovationskonferenz oder "Durchstarten mit Normung – Interaktive Konferenz zur Normungslehre",[4] um das Bewusstsein und Wissen über Normung und Standardisierung weiter zu verbreiten.

Um eine rasche Bearbeitung von Spezifikationsanfragen zu ermöglichen, hat DIN eine eigene Gruppe eingerichtet, die die dafür erforderlichen Ressourcen außerhalb der Normenausschüsse bereitstellt.[5]

Patentierung oder Standardisierung – immer eine Einzelfallentscheidung

Ob die Patentierung oder Standardisierung die richtige Entscheidung für den Innovationstransfer ist, hängt von zahlreichen Faktoren ab und sollte sorgfältig abgewogen werden. Leider verhindert das mangelnde Wissen über Normung und Standardisierung oft, dass alle strategischen Optionen berücksichtigt werden. Abbildung 4 bietet einen Überblick über mögliche Fragestellungen, die im Verlauf des Transfers beachtet werden sollten. Aufgrund einer Vielzahl weiterer Faktoren, die nicht in Abbildung 4 betrachtet werden, ist eine endgültige Entscheidung über den zu wählenden Transferweg immer mit Expert*innen abzusprechen.

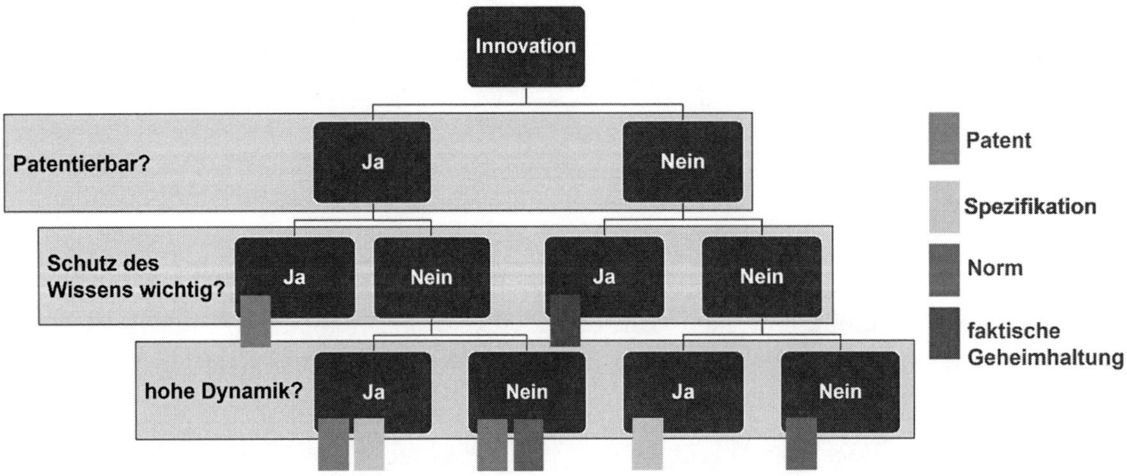

Abbildung 4 - Entscheidungsbaum für einen Innovationstransfer

Die generelle Frage ist zunächst, ob die Innovation überhaupt patentierbar ist. Wenn dies der Fall ist, dann stellt sich als nächstes die Frage, ob der Schutz des Wissens essentiell für eine erfolgreiche Verwertung der Innovation ist. Beantwortet man diese Frage für sich mit ja, dann ist ein Patent wahrscheinlich die sinnvollste Lösung. Ist der Schutz des Wissens nicht wichtig oder möglich, da zum Beispiel durch die Offenlegung im Patentierungsprozess das Risiko der Nachahmung in anderen, nicht durch ein Patent geschützten Wirtschaftsräumen erhöht, so kann man je nach Dynamik im Innovationsumfeld entscheiden, ob man die Norm oder Spezifikation als Transfer wählt. Aber auch ein Patent ist unter diesen Umständen weiterhin noch möglich.

Ist die Innovation nicht patentierbar und der Schutz des Wissens essentiell, so bleibt einem als einziges Werkzeug nur die faktische Geheimhaltung, was jedoch in einer zunehmend vernetzten Welt immer schwerer sicherzustellen ist. Je nach Dynamik im Innovationsumfeld kann man dann sich für die Norm oder Spezifikation entscheiden.

Es sei auch angemerkt, dass eine Kombination der beiden Standardisierungsdokumente sinnvoll sein kann. Das heißt, dass mittels einer Spezifikation zunächst erste Festlegungen definiert werden, welche dann als Grundlage für eine Norm genutzt werden können. So wird zunächst der Rahmen mit einer Spezifikation festgelegt. Diese kann dann beispielsweise schon für Interaktionen mit Wirtschaftspartnern genutzt werden. Anschließend wird diese Spezifikation in die Normungsprozesse, möglicherweise auch direkt auf europäischen oder internationalen Level, eingebracht.

Wie bereits erwähnt, können solche strategischen Entscheidungen nur getroffen werden, wenn die entsprechenden Möglichkeiten bekannt sind. Das Beispiel von Mennekes zeigt zudem, dass der bewusste Verzicht auf ein Patent zugunsten der Verbreitung der Innovation durch Normung und Standardisierung eine effektivere Lösung für den Innovationstransfer sein kann.

DIN SPEC 4885 – von der deutschen Spezifikation in die internationale Normung

Expert*innen der Grasse Zur Ingenieurgesellschaft mbH in Berlin entwickelten ein optimiertes Schubprüfsystem für faserverstärkte Kunststoffe (FVK), das präzisere Messwerte mit geringerer Streuung liefert. Ursprünglich an der Bundesanstalt für Materialforschung und -prüfung (BAM) entwickelt, führte diese Innovation 2013 zur Initiierung der DIN SPEC 4885 durch das Unternehmen, einer Ausgründung der BAM. Die Umsetzung wurde von DIN begleitet. Durch das Verfahren gewannen die Entwickler neue Projektpartner wie die BMW Group, BASF SE und den Industrieverband Carbon Composites e.V. Innerhalb von nur sechs Monaten wurde die zweisprachige DIN SPEC von den Expert*innen erarbeitet und fand breite Marktakzeptanz. DIN brachte das Thema als Normungsvorschlag bei der Internationalen Organisation für Normung (ISO) ein und betreute das Projekt weiter. In drei Jahren wurde die DIN SPEC 4885 zur internationalen Norm ISO 20337 weiterentwickelt und 2020 als DIN EN ISO 20337 auf nationaler Ebene übernommen. Die Norm wird sowohl national als auch international angewendet, unter anderem im automobilen Leichtbau, in der Flugzeugindustrie und in der Windenergie. Darüber hinaus wurde die DIN SPEC 4885 in den DNV GL Standard ST-0376 für die Zulassung von Rotorblättern in Windenergieanlagen aufgenommen.[6] Der gewählte Ansatz ermöglichte es den Initiator*innen, ihre Innovation schnell auf den Markt zu bringen und ihren Wissensvorsprung optimal zu nutzen. Die Grasse Zur Composite Testing bleibt weiterhin in der Normung aktiv und nutzt kontinuierlich die Instrumente der Standardisierung.[7]

Ausblick

Angesichts der aktuellen Entwicklungen ist es entscheidend, die strategische Normung und Standardisierung als Transferinstrument in innovativen Themenfeldern weiterhin zu nutzen und dabei auch Impulse aus Deutschland zu setzen. Das Wissen über die Möglichkeiten von Normung und Standardisierung muss kontinuierlich erweitert werden. Zudem sollte die Wertschätzung für die beteiligten Mitarbeiter*innen in deren Forschungseinrichtungen und Unternehmen sowie die Beteiligung von Unternehmen an Normungs- und Standardisierungsaktivitäten in für Deutschland strategisch wichtigen Bereichen gesteigert werden. Um den derzeit bestehenden Vorsprung in der internationalen Normung zu halten, ist es zudem unerlässlich, das Wissen über Normung und Standardisierung stärker in Lehrplänen von Studiengängen und in Transferbüros zu verankern.

[1] DIN EN 45020:2007-03; https://dx.doi.org/10.31030/9832912

[2] https://www.faz.net/aktuell/wirtschaft/elektroautos-der-mennekes-stecker-ist-europaeische-norm-12049549.html (abgerufen am 03.03.2025)

[3] https://www.tu.berlin/inno/studium-lehre/studienangebot/sommersemester/strategische-normung (abgerufen am 03.03.2025)

[4] https://www.din.de/de/mitwirken/young-professionals/durchstarten-mit-normung (abgerufen am 03.03.2025)

[5] https://www.din.de/de/forschung-und-innovation/din-spec (abgerufen am 03.03.2025)

[6] https://www.din.de/resource/blob/859274/7c6d2d9dcb2d7cb121f27ac91e977ff2/din-flyer-erfolgsgeschichte-din-spec-4885-wird-din-en-iso-20337-web-data.pdf (abgerufen am 03.03.2025)

[7] https://grassezur.de/de/unternehmen (abgerufen am 03.03.2025)

Mit Robotern unterwegs auf dem Acker sowie zwischen Leber und Milz

Christoph Engel

Kanzlei PATENTSCHUTZengel, Suhl

Abstract

Robotertechnik ist seit Jahrzehnten im Einsatz und KI eröffnet für solche Techniken neue Einsatzfelder.

Was braucht es aber konkret, um den Bauern bei der Fruchtpflege auf dem Feld und den Chirurgen bei komplizierten Operationen an Patienten durch moderne Roboter zu unterstützen? Die praktische Umsetzung von Anwendungen, die noch vor wenigen Jahrzehnten als utopisch galten, benötigt innovative Ideen aber auch rechtlichen Schutz von Investitionen. Anhand von zwei konkreten Beispielen aus der start-up-Szene (E-TERRY; Gentle Robotics) wird gezeigt, welche Rolle die rechtzeitige und erfolgreiche Patentierung für die praktische Umsetzung von Ideen in verkaufsfähige Innovationen spielt.

Robotertechnik
seit Jahrzehnten im
industriellen Einsatz

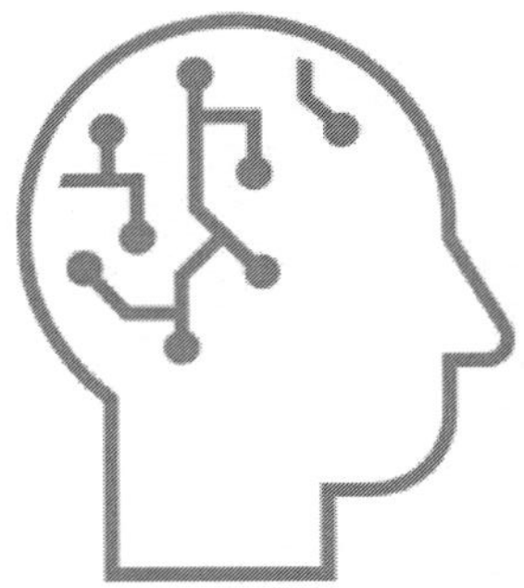

neue Einsatzgebiete
wünschenswert

start-up-Unternehmen
für Verwertung?

AUSGANGSLAGE

Sogenannte PIONIER-Erfindungen, die Quantensprünge in der technologischen Entwicklung darstellen, sind selten. Im Regelfall schließen sich an solche Sprünge jahrzehntelange Entwicklungen an, in denen Weiterentwicklungen und neue Anwendungsfälle entstehen. Erst dadurch werden grundlegende Neuerungen in praktische Anwendungen überführt und damit wirtschaftlich wertvoll. Es stellt sich dabei häufig die Frage, ob neue Anwendungen früherer, grundlegender Erfindungen durch neue Patente weiter gesichert werden können, insbesondere wenn die Basispatente aufgrund Zeitablaufs keinen Bestand mehr haben. Nur wenn dies gelingt, finden sich Investoren, die beispielsweise in Start-Ups investieren, die auf einem solchen neuen Anwendungsfall gründen.

ENTWICKLUNG NEUER ROBOTERANWENDUNGEN

Medizintechnik

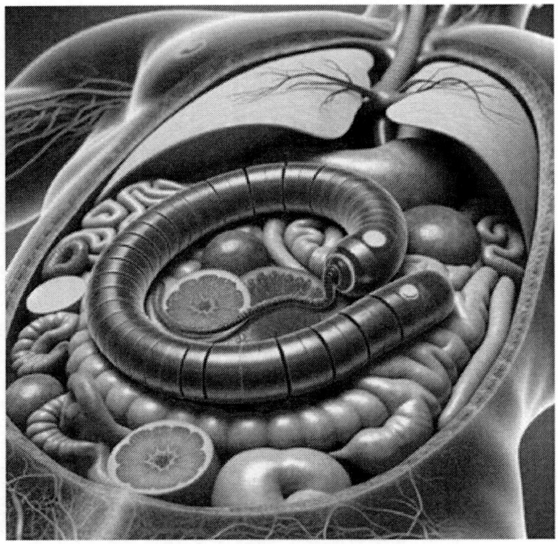

Landmaschinen

Am Beispiel von zwei scheinbar weit entfernten Anwendungsfällen soll hier dargelegt werden, wie Robotertechnik heutzutage in der Medizintechnik und im Bereich der Landwirtschaft Einzug hält und welche Rolle dabei die umfangreiche patentrechtliche Absicherung spielt.

HOHE INVESTITIONEN ERFORDERLICH

Wie lassen sich diese für längeren Zeitraum gegen Übernahme sichern?

Anfängliche Entwicklungsphase

- Recherche nach vorbekannten Lösungen zur Vermeidung von Doppelentwicklungen
- Ideenfindung, erste Versuchsmuster unter Zurückstellung von Veröffentlichungen
  - im Wissenschaftsbereich nur zeitlich eingeschränkt möglich, insbesondere wenn z.B. Promotionsstudenten eingebunden sind, die auf die Veröffentlichung angewiesen sind
- Geheimhaltungsvereinbarungen mit externen Beteiligten
  - wirksam, solange sich ALLE daran halten

Finanzierungsrunden

Pilotprojekte, Anwendungen, Skalierung

- Geheimhaltung nicht mehr möglich,
- Wettbewerber werden aufmerksam

- KOPIEREN IST (GENERELL) ERLAUBT
- NUR SCHUTZRECHTE GEWÄHREN ZEITLICH BESCHRÄNKTE MONOPOLSTELLUNG FÜR ERFINDUNGEN

Auch bei neuen Anwendungen, die auf an sich bekannten Basisentwicklungen aufsetzen, muss geprüft werden, ob bereits Schutzrechte für Dritte existieren, selbst wenn am Markt entsprechende Produkte nicht bekannt sind.

Bis zur patentrechtlichen Absicherung der eigenen Ideen sollte großer Wert auf Geheimhaltung gelegt werden. Speziell, wenn größere finanzielle Unterstützung benötigt wird, ist diese Geheimhaltung kaum dauerhaft sicherzustellen. Daher muss die Patentanmeldung zum richtigen Zeitpunkt eingereicht werden. Erforderlich dafür ist die möglichst frühe Einbindung der Patentprofis.

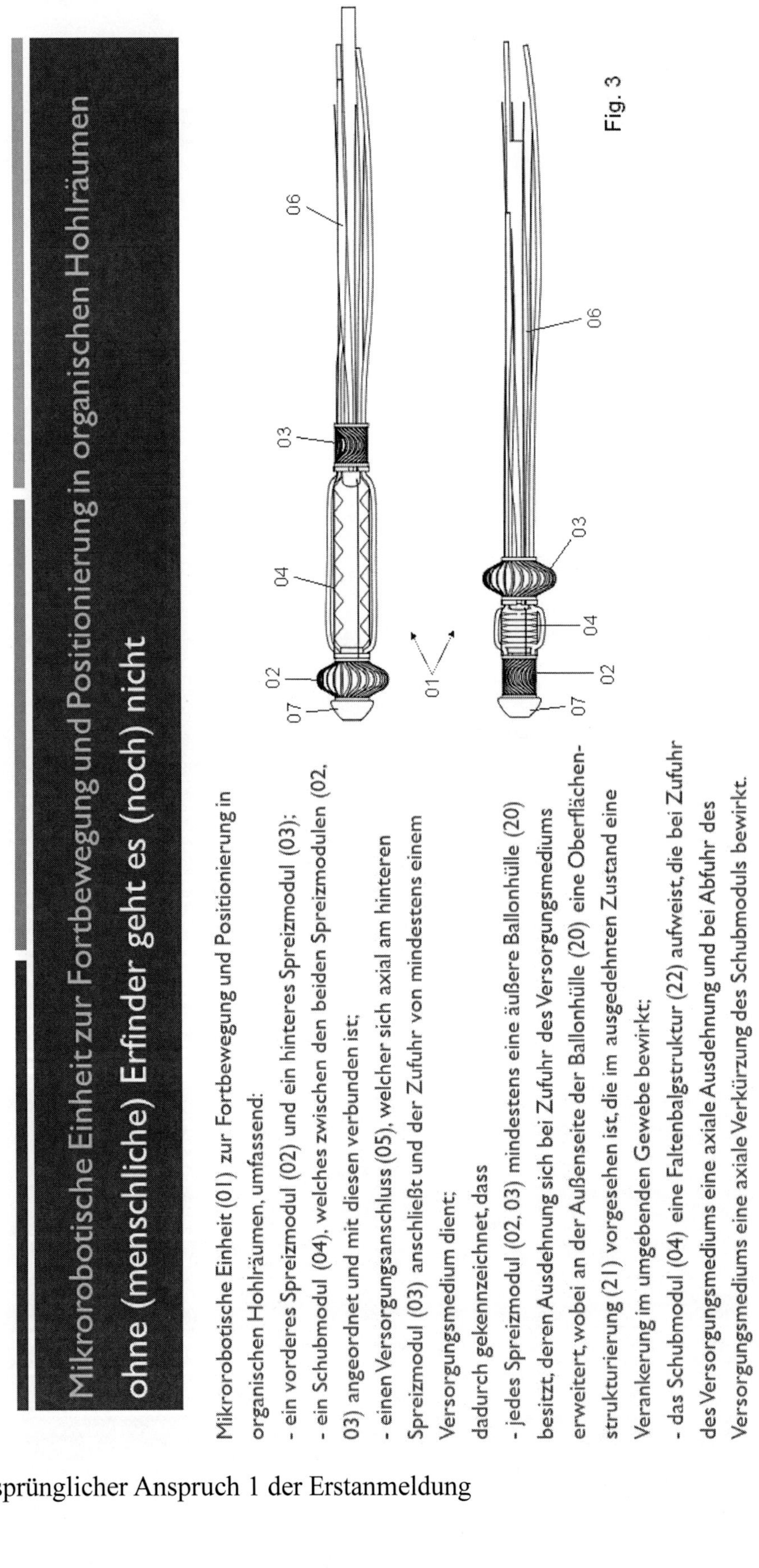

Ursprünglicher Anspruch 1 der Erstanmeldung

TIMELINE ZUM PATENTSCHUTZ – MIKROROBOTISCHE EINHEIT

- Feb 2021 – erste Besprechung über die Erfindung
- Mai 2021 – detaillierte Recherche zum Erfindungsgegenstand
- März 2022 – Fertigstellung der grundlegenden Erfindung
- Juli 2022 – deutsche Erstanmeldung für Basiserfindung
- Mai 2023 – Auswertung des 1. Bescheids des DPMA
- Juli 2023 – prioritätswahrende PCT-Anmeldung für Basiserfindung
- Nov 2023 – deutsche Anmeldung für 1. Weiterentwicklung
- Jan 2024 – Veröffentlichung der Patentanmeldungen zur Basiserfindung
- Jan 2024 – frühzeitige Einleitung reg. Phase EP für Basiserfindung
- Juni 2024 – Mitinhaberschaft an Patentanmeldungen durch Investor
- Juni 2024 – deutsche Anmeldung für II. Weiterentwicklung
- Okt 2024 – prioritätswahrende PCT-Anmeldung für I. Weiterentwicklung
- Jan 2025 – Einleitung nat. Phase US für Basiserfindung

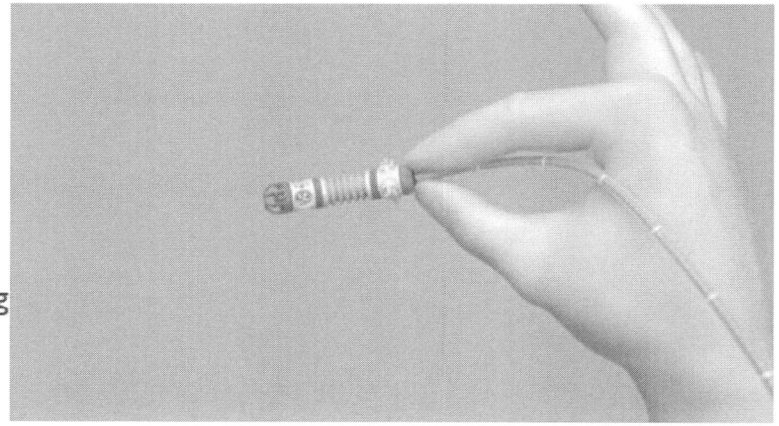

Mikrorobotische Einheit zur Fortbewegung und Positionierung in organischen Hohlräumen

Stand der Technik bei Mikrorobotern

US 4,176,662 – 1977 Gerät zur endoskopischen Untersuchung

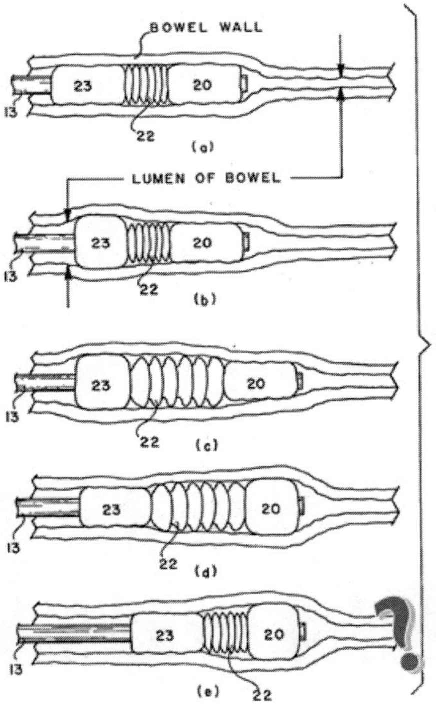

FIG. 3

US 2011/00542536 A1 – 2011

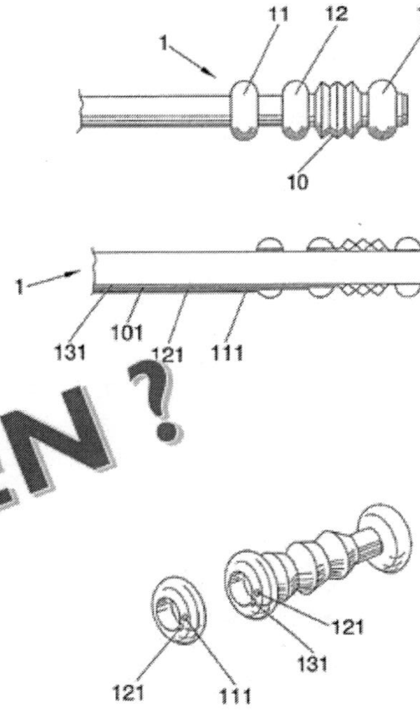

FIG. 1a

FIG. 1b

FIG. 1c

FIG. 1

? AUFGEBEN ?

Mit hoher Wahrscheinlichkeit findet sich Stand der Technik, der ähnliche Lösungen zeigt, die manchmal auf den ersten Blick eine patentrechtliche Absicherung aussichtslos erscheinen lassen können. Wichtig ist die frühe Kenntnis, um Abgrenzung und ggf. Spezifizierung der eigenen Schutzrechte zu ermöglichen.

Zusammenspiel von Patentverfahren und Weiterentwicklung

- das Schubmodul (04) eine Faltenbalgstruktur (22) aufweist, die bei Zufuhr des Versorgungsmediums eine axiale Ausdehnung und bei Abfuhr des Versorgungsmediums eine axiale Verkürzung des Schubmoduls bewirkt, wobei die Faltenbalgstruktur (22) eine äußere, sich axial erstreckende Stützstruktur aufweist, um eine Änderung ihrer Ausdehnung in radialer Richtung zu verhindern oder zu begrenzen, wobei die sich axial erstreckende Stützstruktur in der Art mehrerer aneinandergereihter Kniehebelstrukturen geformt ist.

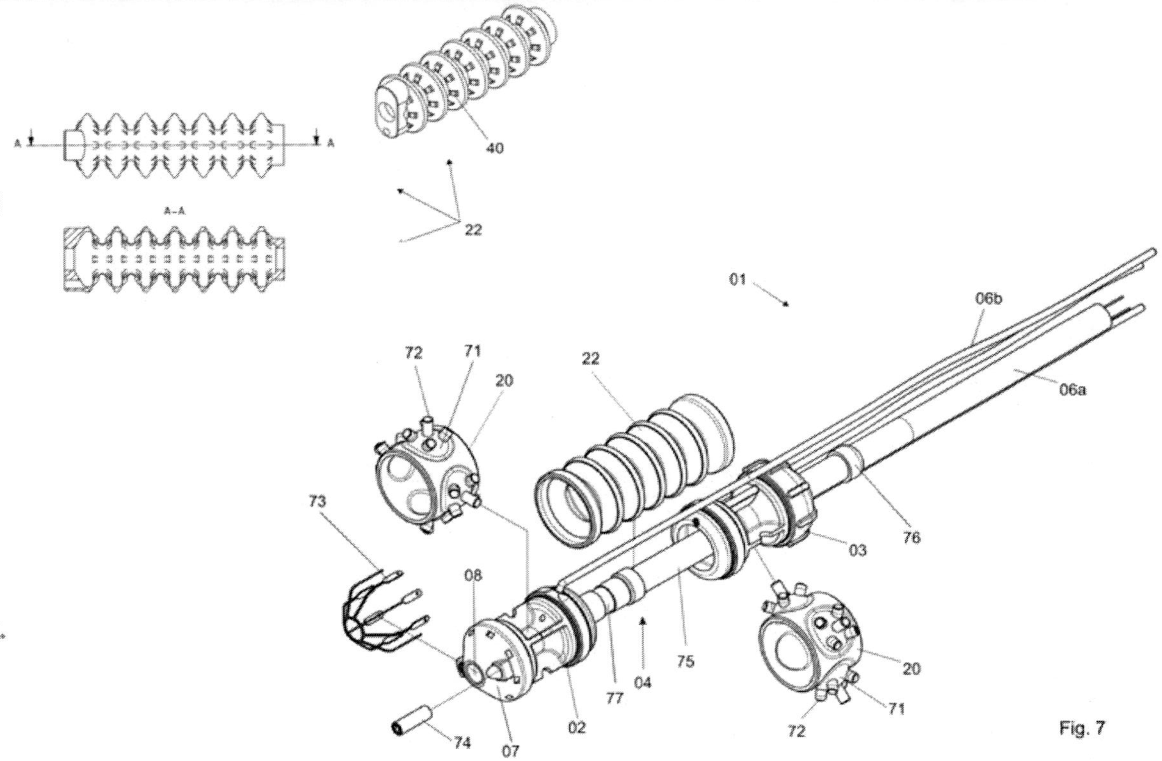

Fig. 7

Die Beschränkung eines ursprünglich breit formulierten Anspruchs 1 auf konkrete Ausführungsformen, die in der Patentanmeldung offenbart sein müssen, stellt eine sinnvolle Vorgehensweise dar, soweit die eigene Entwicklungsrichtung dadurch noch abgedeckt ist.

SELBSTFAHRENDES ARBEITSGERÄT
Verwertung der Erfindung durch Universität / PATON durch Patentanmeldung abgesichert

- 2018: Kooperation freie Erfinder + Universität
  - Dr. A. Karguth + Bauhaus-Universität Weimar
- frühzeitige Einbindung Verwertungsagentur (PATON)
- 2019: PCT Nachanmeldung
  - Anmelder Bauhaus-Universität Weimar
- 2023: Entscheidung Validierung durch Start-Up
  - E-TERRY GmbH

(19) Deutsches Patent- und Markenamt
(10) DE 10 2018 117 935 A1 2020.01.30
(12) Offenlegungsschrift
(21) Aktenzeichen: 10 2018 117 935.9
(22) Anmeldetag: 25.07.2018
(43) Offenlegungstag: 30.01.2020
(51) Int Cl.: B62D 61/06 (2006.01)
(71) Anmelder: Bauhaus-Universität Weimar, Karguth, Andreas, Dr., 99869

(12) NACH DEM VERTRAG ÜBER DIE INTERNATIONALE ZUSAMMENARBEIT AUF DEM GEBIET DES PATENTWESENS (PCT) VERÖFFENTLICHTE INTERNATIONALE ANMELDUNG
(19) Weltorganisation für geistiges Eigentum
WIPO | PCT
(10) Internationale Veröffentlichungsnummer
WO 2020/020885 A1
(72) Erfinder; und
(71) Anmelder: KARGUTH, Andreas [DE/DE]; Auf der Enthütte 25, 99869 Tüttleben (DE).
(72) Erfinder: RIEKE, Michael; Pfälzer Straße 22, 06108 Halle (DE). MÜHLENBEREND, Andreas; Schubertstraße 22, 99423 Weimar (DE). WILLMANN, Jan Sebastian; Lessingstraße 20, 99425 Weimar (DE).
(74) Anwalt: ENGEL, Christoph K.; PATENTSCHUTZengel, Marktplatz 6, 98527 Suhl (DE).
(81) Bestimmungsstaaten (soweit nicht anders angegeben, für jede verfügbare nationale Schutzrechtsart): AE, AG, AL, AM, AO, AT, AU, AZ, BA, BB, BG, BH, BN, BR, BW, BY, BZ, CA, CH, CL, CN, CO, CR, CU, CZ, DE, DJ, DK, DM, DO, DZ, EC, EE, EG, ES, FI, GB, GD, GE, GH, GM, GT, HN, HR, HU, ID, IL, IN, IR, IS, JO, JP, KE, KG, KH, KN, KP, KR, KW, KZ, LA, LC, LK, LR, LS, LU, LY, MA, MD,

(19) Europäisches Patentamt / European Patent Office / Office européen des brevets
(11) EP 3 826 901 B1
(12) EUROPÄISCHE PATENTSCHRIFT
(45) Veröffentlichungstag und Bekanntmachung des Hinweises auf die Patenterteilung: 19.10.2022 Patentblatt 2022/42
(21) Anmeldenummer: 19755810.9
(22) Anmeldetag: 23.07.2019
(51) Internationale Patentklassifikation (IPC): B62D 7/04 (2006.01) B62D 61/06 (2006.01) B62D 7/15 (2006.01) B62D 63/02 (2006.01)
(52) Gemeinsame Patentklassifikation (CPC): B62D 63/02; B62D 7/04; B62D 7/1509; B62D 61/06
(86) Internationale Anmeldenummer: PCT/EP2019/069795
(87) Internationale Veröffentlichungsnummer: WO 2020/020885 (30.01.2020 Gazette 2020/05)

MIKROROBOTISCHE EINHEIT

Langfristige Projektpartnerschaft durch Patentanmeldung abgesichert

- 2021: Interdisziplinäres Kompetenz-Team
  - Dr. A. Karguth, GentleRobotics
    robotics, precision mechatronics
  - Prof. M.S. Fischer, FSU Jena
    specialised zoology and evolutionary biology
  - Prof. S. Gorb, CAU Kiel
    zoology, morphology and biomechanics, especially of insects
  - Prof. A. Mühlenberend, Bauhaus-Uni Weimar
    art and design, Industry design
  - Prof. H. Witte, TU Ilmenau
    biomechatronics
  - Prof. L. Zentner, TU Ilmenau
    mechanics of compliant systems
- 2022: Anmelder + Projektleitung GentleRobotics
- 2024: Einbindung Investor Festo SE & Co. KG

(19) Deutsches Patent- und Markenamt

(10) DE 10 2022 117 389 A1 2024.01.18

(12) Offenlegungsschrift

(21) Aktenzeichen: 10 2022 117 389.5
(22) Anmeldetag:
(43) Offenlegungs

(51) Int Cl.: A61M 25/082 (2006.01)

(71) Anmelder:
Karguth, An

(74) Vertreter:
PATENTSCH

(72) Erfinder:
Erfinder glei

(12) NACH DEM VERTRAG ÜBER DIE INTERNATIONALE ZUSAMMENARBEIT AUF DEM GEBIET DES PATENTWESENS (PCT) VERÖFFENTLICHTE INTERNATIONALE ANMELDUNG

(19) Weltorganisation für geistiges Eigentum
Internationales Büro

(43) Internationales Veröffentlichungsdatum
18. Januar 2024 (18.01.2024)

WIPO | PCT

(10) Internationale Veröffentlichungsnummer
WO 2024/013035 A1

(51) Internationale Patentklassifikation:
A61B 34/00 (2016.01) A61B 1/00 (2006.01)
A61B 34/30 (2016.01) A61B 17/00 (2006.01)

(21) Internationales Aktenzeichen: PCT/EP2023/068941

(22) Internationales Anmeldedatum: 07. Juli 2023 (07.07.2023)

(25) Einreichungssprache: Deutsch

(26) Veröffentlichungssprache: Deutsch

(30) Angaben zur Priorität:
10 2022 117 389.5 12. Juli 2022 (12.07.2022) DE

(72) Erfinder; und
(71) Anmelder: KARGUTH, Andreas [DE/DE]; Auf der Enthütte 25, 99869 Tüttleben (DE).

(74) Anwalt: PATENTSCHUTZENGEL; Marktplatz 6, 98527 Suhl (DE).

(81) Bestimmungsstaaten (soweit nicht anders angegeben, für jede verfügbare nationale Schutzrechtsart): AE, AG, AL, AM, AO, AT, AU, AZ, BA, BB, BG, BH, BN, BR, BW, BY, BZ, CA, CH, CL, CN, CO, CR, CU, CV, CZ, DE, DJ, DK, DM, DO, DZ, EC, EE, EG, ES, FI, GB, GD, GE, GH, GM, GT, HN, HR, HU, ID, IL, IN, IQ, IR, IS, IT, JM, JO, JP, KE, KG, KH, KN, KP, KR, KW, KZ, LA, LC, LK, LR, LS, LU, LY, MA, MD, MG, MK, MN, MU, MW, MX, MY, MZ, NA, NG, NI, NO, NZ, OM, PA, PE, PG, PH, PL, PT, QA, RO, RS, RU, RW, SA, SC, SD, SE, SG, SK, SL, ST, SV, SY, TH, TJ, TM, TN, TR, TT, TZ, UA, UG, US, UZ, VC, VN, WS, ZA, ZM, ZW.

(84) Bestimmungsstaaten (soweit nicht anders angegeben, für jede verfügbare regionale Schutzrechtsart): ARIPO (BW, CV, GH, GM, KE, LR, LS, MW, MZ, NA, RW, SC, SD,

Parallel zu den Patentverfahren müssen die richtigen Weichen für die wirtschaftliche Verwertung gestellt werden. Dazu gehört regelmäßig die Einbindung externer Partner oder Investoren, um die Entwicklung voranzutreiben und die Kosten der Patentverfahren decken zu können.

Selbstfahrendes Arbeitsgerät – EP 3 826 901 B1

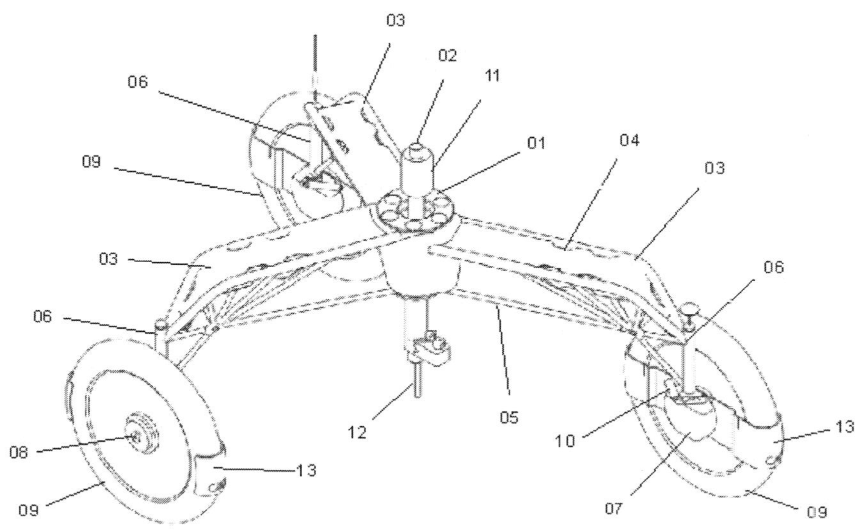

Fig. 1

Anderes Anwendungsfeld für Robotertechnik:
Einfache Anpassung des Roboters an die Feldgestaltung und die jeweilige Anwendung. Veränderliche Spurbreite und Anbau unterschiedlicher Geräte möglich; Hacken, Düngen, Unkrautbekämpfung

Selbstfahrendes Arbeitsgerät – EP 3 826 901 B1
Ohne Abgrenzung zum Stand der Technik - kein Patent

Selbstfahrendes Arbeitsgerät zum Einsatz auf bepflanzten landwirtschaftlichen Nutzflächen mit:

- einem Tragrahmen (01);
- genau drei Gestellarmen (03), die sich ausgehend vom Tragrahmen (01) in unterschiedlichen Winkelrichtungen erstrecken, wobei mindestens ein erster Gestellarm gegenüber den beiden anderen Gestellarmen schwenkbar ist;
- drei um Radachsen (08) drehbaren Rädern (09), die jeweils an einem der Gestellarme (03) angeordnet und jeweils von einem eigenen Radantrieb angetrieben sind;
- mindestens zwei Steuerachsen (06), über welche jeweils eines der Räder an den zugehörigen Gelenkarm (03) angelenkt ist;
- mindestens zwei Steuerachsenantrieben zum Schwenken des jeweiligen Rads (09) um seine Steuerachse (06);
- eine Steuereinheit, welche die drei Radantriebe, den Armantrieb und die Steuerachsenantriebe ansteuert;
- mindestens einen Armantrieb (22), zum Schwenken des mindestens einen Gestellarms (03) gegenüber den andern Gestellarmen;

dadurch gekennzeichnet, dass

- alle drei Gestellarme (03) in einem vorbestimmten Winkelbereich um eine Zentralachse (02) schwenkbar sind;
- der Tragrahmen als ein Zentralgelenk (20) ausgebildet ist, welches die drei Gestellarme koppelt und das Schwenken von zwei Gestellarmen gegenüber dem dritten Gestellarm um jeweils mehr als 90° gestattet;
- die Räder (09) durch die Steuerachsenantriebe derart verschwenkbar sind, dass zwei der Räder in einer gemeinsamen ersten Spur (15) ausgerichtet sind und das dritte Rad in einer zweiten Spur (16), parallel zur ersten Spur ausgerichtet ist.

Auch in diesem Fall existiert Stand der Technik, von dem es sich abzugrenzen gilt.

TIMELINE ZUM PATENTSCHUTZ – Selbstfahrendes Arbeitsgerät

- März 2018 – Recherchen zum Stand der Technik
- April 2018 – erste Besprechung der Erfindung mit Erfindern
- Juni 2018 – ergänzte Erfindungsbeschreibung
- Juli 2018 – deutsche Erstanmeldung
  - Bauhaus Universität Weimar
- Mai 2019 – Auswertung des 1. Bescheids des DPMA
- Juli 2019 – prioritätswahrende PCT-Anmeldung - WO 2020/020885
- Jan 2021 – regionale Phase EPA
- Okt 2022 – Erteilung Europäisches Patent - EP 3 826 901 B1
  - Validierung in 9 europäischen Ländern
  - Juli 2023 – Übertragung auf Start Up – E-TERRY

FAZIT
Entwicklung / Patentierung / Verwertung – Hand in Hand

- Erfinder identifizieren und motivieren
- frühzeitige Einbindung von Patent-Profis (Rechercheure, Patentanwälte, Verwertungsstellen, Investoren)
- Punktgenaue Einreichung der Erstanmeldung (DE) + sofortiger Prüfungsantrag
- Nachanmeldung in Abhängigkeit vom amtlichen Rechercheergebnis
  - im Regelfall PCT
- gezielte Entscheidung zu Nationalisierung (hohe Kosten)
- stringente Verfahrensführung zur Erzielung eines breiten Schutzbereichs
- langfristiger Gleichlauf von Entwicklung, Patentierung und Verwertung ist maßgeblich für Erfolg

IP-Transfer durch SPRIND-Projekte

Andreas Zaby

Bundesagentur für Sprunginnovationen GmbH (SPRIND), Leipzig

Im Jahr 2019 wurde die Bundesagentur für Sprunginnovationen auf Betreiben der Bundesregierung gegründet, um bahnbrechende Innovationen mit hohem Marktpotential sowie gesellschaftlichem Nutzen zu identifizieren und zu unterstützen. SPRIND erfüllt diesen wichtigen Auftrag seitdem unter Berücksichtigung folgender Aspekte.

EINZIGARTIGKEIT IM INNOVATIONSSYSTEM: SPRIND adressiert ein wesentliches Alleinstellungsmerkmal, indem sie gezielt Sprunginnovationen identifiziert, validiert und fördert – ein Bereich, der von anderen Akteuren bisher kaum nennenswert abgedeckt wird.

THEMEN- UND TECHNOLOGIEOFFENER ANSATZ: SPRIND fördert ein breites Spektrum an Innovationen, ohne sich auf bestimmte Technologien oder Sektoren zu beschränken, um damit das gesamte Innovationspotential Deutschlands zu heben.

ZENTRALE MISSION: SPRIND fungiert als Brückenbauer zwischen wissenschaftlich-technischer Entwicklung und Markteinführung, mit Fokus auf disruptive Technologien, die erhebliches Marktpotential für volkswirtschaftliche Wertschöpfung und gesamtgesellschaftliche Lösungen bieten.

UNTERSTÜTZUNG FÜR STARTUPS: Deutsche Startups, insbesondere im Deeptech-Bereich, profitieren von SPRINDs Rolle als Förderin, Vermittlerin, Katalysatorin und Scout für Vorhaben mit Sprunginnovationspotential, da diese privates Kapital hebelt und Risiken für Investoren reduziert.

INNOVATIONSFREUNDLICHE ORGANISATIONSKULTUR: SPRIND bietet eine agile, flexible und unternehmerische Struktur, die speziell auf die Anforderungen von Deeptech Startups ausgerichtet ist und sich deutlich von etablierten staatlichen Institutionen unterscheidet

Zudem setzt sich SPRIND dafür ein, die Rahmenbedingungen für den Technologietransfer im Innovationssystem zu verbessern, damit die hervorragenden Ergebnisse der Grundlagenforschung ohne unnötige Hemmnisse zu Sprunginnovationen werden können.

Wenn Forschende aus einer Universität, einem Institut oder einer Forschungseinrichtung ausgründen wollen, ist das vielfach mit Hürden verbunden. Denn die Schutzrechte, auf denen das Start-up basiert, gehören in der Regel der Einrichtung und nicht dem Gründerteam. Wie kann der Transfer des geistigen Eigentums – des "Intellectual Property" – von der Universität zum Gründerteam erfolgreich gestaltet werden? SPRIND unterstützt sowohl Gründerteams als auch wissenschaftliche Einrichtungen, mit der Initiative "IP-Transfer 3.0".

Bisher ist es gängige Praxis, dass eine Einrichtung, wenn sie Schutzrechte in eine Ausgründung überträgt, ein Lizenzmodell wählt. Das bedeutet, die Einrichtung vereinbart mit dem Startup, dass es das Schutzrecht im Rahmen einer Lizenz nutzen darf und im Gegenzug Lizenzzahlungen verschiedener Art fällig werden. Diese Lizenzzahlungen und die damit verbundenen Zahlungsströme stellen für das Startup häufig ein Problem dar. Denn zu diesem Zeitpunkt verfügt das Unternehmen noch nicht über Einnahmen.

Statt eines Lizenzmodells kann die Einrichtung auch Gesellschaftsanteile an den Ausgründungen nehmen. Gesellschaftsanteile sind jedoch mit sehr vielen Verpflichtungen verbunden. Dieses Modell kommt daher meist nur eingeschränkt infrage, da die Hochschulen und andere wissenschaftliche Einrichtungen oft weder personell noch inhaltlich darauf ausgerichtet sind, solche Gesellschafterverantwortlichkeiten professionell und zeitgerecht wahrzunehmen.

Ein vielversprechender Lösungsansatz sind virtuelle Anteile. Virtuelle Anteile sind im Wesentlichen normale Gesellschaftsanteile mit der Besonderheit, dass sie kein Stimmrecht enthalten. Sie müssen auch – anders als stille Beteiligungen – nicht notariell eingetragen sein. Bei einem Verkauf des Unternehmens bekommt die wissenschaftliche Einrichtung – wie jeder andere Gesellschafter – gemäß ihrem prozentualen Anteil eine entsprechende Auszahlung. Theoretisch ist auch ein früherer Verkauf der virtuellen Anteile möglich, wenn dies vorab vertraglich festgehalten wurde.

SPRIND stellt wissenschaftlichen Einrichtungen sowie Gründerinnen und Gründern umfangreiche Materialien, einschließlich verschiedener Musterverträge und Bewertungstools zur Verfügung. Damit möchte SPRIND einen Beitrag leisten, damit noch mehr hochinnovative Ausgründungen möglichst ohne langwierige Verhandlungen ermöglicht werden können.

Unionsdesignreform: Was hat sich zum 1. Mai 2025 geändert?

Elisabeth Fink

Mitglied der Beschwerdekammern des EUIPO, Alicante; ES

Abstract

Mit der Verordnung (EU) 2024/2822 des Europäischen Parlaments und des Rates vom 23. Oktober 2024 zur Änderung der Gemeinschaftsgeschmacksmusterverordnung (Verordnung (EG) Nr. 2246/2002 der Kommission), die am 8. Dezember 2024 in Kraft getreten ist, wurde das bestehende Recht grundlegend überarbeitet. Für die Anwendbarkeit dieser Änderungen gilt ein zweistufiges Verfahren, da einige der neuen Vorschriften der Umsetzung im Rahmen einer Delegierten Verordnung oder einer Durchführungsverordnung bedürfen. Dargestellt werden verfahrensrechtliche und materiellrechtliche Vorschriften, die seit dem 1. Mai 2025 im Anmeldeverfahren vor dem EUIPO gelten.

Am 8. Dezember 2024 sind die Verordnung (EU) 2024/2822 des Europäischen Parlaments und des Rates zur Änderung der Verordnung (EG) Nr. 6/2002 des Rates über das Gemeinschaftsgeschmacksmuster und zur Aufhebung der Verordnung (EG) Nr. 2246/2002 der Kommission (im Folgenden „ÄnderungsVO“) [1] und die Richtlinie (EU) 2024/2823 des Europäischen Parlaments und des Rates über den rechtlichen Schutz von Designs (im Folgenden „Designrichtlinie“)[2], beide vom 23. Oktober 2024, in Kraft getreten. ÄnderungsVO und Designrichtlinie sind Ergebnis eines Reformprozesses, der im Jahr 2015 mit einer von der EU-Kommission in Auftrag gegebenen Studie begann, gefolgt von zwei öffentlichen Konsultationen, einem Evaluierungsbericht der Kommission und schließlich der Veröffentlichung eines Vorschlags für eine Neufassung der Richtlinie und eine Verordnung zur Änderung der Gemeinschaftsgeschmacksmusterverordnung im November 2022. Wesentliche Ziele der Reform sind die Modernisierung des Unionsdesignrechts, die Verbesserung des Zugangs zum Designschutz und eine weitere Harmonisierung zwischen nationalem und Unionsrecht, insbesondere in Bezug auf den Schutz von Ersatzteilen.

Gemäß Artikel 3 der ÄnderungsVO gilt für das Inkrafttreten ein abgestuftes Verfahren. Vorschriften, die keiner Umsetzung im Rahmen sekundärer Rechtsakte bedürfen, gelten seit dem 1. Mai 2025. Die übrigen Vorschriften der ÄnderungsVO kommen erst ab dem 1. Juli 2026 zur Anwendung, zeitgleich mit dem Inkrafttreten einer Delegierten Verordnung und einer Durchführungsverordnung, die derzeit noch in Vorbereitung sind. Für die Umsetzung der Designrichtlinie haben die Mitgliedsstaaten drei Jahre Zeit bis zum Dezember 2027. Die folgenden Ausführungen konzentrieren sich auf die seit dem 1. Mai 2025 geltenden Vorschriften, die das Verfahren vor dem EUIPO betreffen.

Terminologie

Ausdruck der Modernisierung ist zunächst die Änderung der Terminologie. Aus „Gemeinschaft“ wird „Union“, das „Harmonisierungsamt für den Binnenmarkt“ wird zum „EUIPO“. Leider ist es in der deutschen Fassung der ÄnderungsVO zunächst beim „Unionsgeschmacksmuster“ geblieben. Es besteht aber Hoffnung, dass die Änderung zum „Unionsdesign“ mit der für die zweite Hälfte des Jahres 2026 angekündigten Kodifizierung nachgeholt wird, zumal die Designrichtlinie als Richtlinie „über den rechtlichen Schutz von Designs“ betitelt ist. In dieser Zuversicht habe ich meinen Beitrag deshalb auch mit „Unionsdesignreform“ überschrieben.

Beginnen wir also zunächst mit einigen verfahrensrechtlichen Änderungen.

Gebührenstruktur

Die Verordnung (EG) Nr. 2246/2002 der Kommission vom 16. Dezember 2002 über die an das Harmonisierungsamt für den Binnenmarkt (Marken, Muster und Modelle) zu

[1] ABl. L, 2024/2822, 18.11.2024 - https://eur-lex.europa.eu/legal-content/EN/TXT/?uri=OJ:L_202402822

[2] ABl. L, 2024/2823, 18.11.2024 - https://eur-lex.europa.eu/legal-content/EN/TXT/?uri=OJ:L_202402823

entrichtenden Gebühren für die Eintragung von Gemeinschaftsgeschmacksmustern[3] wurde aufgehoben. Gebühren und Zahlungsmodalitäten sind nun in der Unionsgeschmacksmusterverordnung („im Folgenden: UGMV“[4]) in neuen Abschnitt 3 des Titels XI („Ergänzende Bestimmungen zum Amt“) und im Anhang zur UGMV geregelt. Das bedeutet, dass künftige Änderungen der Gebührensätze nur im Wege eines Gesetzgebungsverfahrens unter Beteilung des Rates und des Parlaments möglich sind.

Geändert wurde sowohl die Gebührenstruktur als auch die Höhe einiger Gebühren. Die Anmeldegebühr beträgt jetzt EUR 350, was der Summe aus bisheriger Anmeldegebühr (EUR 230) und Bekanntmachungsgebühr (EUR 120) entspricht. Die Bekanntmachungsgebühr entfällt. Bei Sammelanmeldungen entfällt die Gebührenermäßigung ab dem 11. Design. Die zusätzliche Anmeldegebühr für jedes zusätzliche in einer Sammelanmeldung enthaltene Design beträgt jetzt einheitlich EUR 125, die zusätzliche Gebühr für die aufgeschobene Bekanntmachung beträgt EUR 20 pro Design. Die Verlängerungsgebühren wurden deutlich angehoben (1. Verlängerung EUR, 150 je Design, 2. Verlängerung EUR 250, 3. Verlängerung EUR 400, 4. Verlängerung 700, für internationale Registrierungen wurden sie verdoppelt auf EUR 62 je Design). Dementsprechend erhöht sich auch die Nachzahlungsgebühr von 25 % der Verlängerungsgebühr.

Anmeldeverfahren

Wie auch im Unionsmarkenrecht ist seit dem 1. Mai 2025 die Zahlung der Anmeldegebühr Voraussetzung für die Zuerkennung eines Anmeldetags, wobei die Gebühr innerhalb eines Monats ab dem Tag der Einreichung der Anmeldung zu entrichten ist, Artikel 38 UGMV[5]. Unterbleibt die Zahlung, wird der Anmelder aufgefordert, innerhalb von zwei Monaten die Zahlung nachzuholen, Artikel 45 Absatz 3 UGMV. Unterbleibt die Zahlung, wird die Anmeldung nicht als Anmeldung eines Unionsdesigns behandelt. Bei fristgemäßer Nachholung der Zahlung nachgeholt, wird der Tag des Zahlungseingangs als Anmeldetag zuerkannt, Artikel 45 Absatz 4 UGMV.

Neu ist, dass auch die Gebühr für die aufgeschobene Bekanntmachung in Höhe von EUR 40 nun mit der Anmeldung zu entrichten ist, Artikel 36 Absatz 4 UGMV. Unterbleibt die Zahlung, erhält der Anmelder die Aufforderung, die Gebühr innerhalb von zwei Monaten zu entrichten, Artikel 45 Absatz 3 UGMV. Unterbleibt die Zahlung, wird die Anmeldung zurückgewiesen, Artikel 45 Absatz 5 UGMV.

Bei fristgemäßer Zahlung erfolgt die Bekanntmachung automatisch nach Ablauf der Aufschiebungsfrist von 30 Monaten oder, auf entsprechenden Antrag des Inhabers, zu einem

[3] ABl. L 341 vom 17.12.2002, S. 54–59 - https://eur-lex.europa.eu/legal-content/DE/ALL/?uri=CELEX%3A32002R2246

[4] Ich verwende im Folgenden, die vom EUIPO beschlossenen Akronyme.

[5] Da die Änderung in “Unionsdesignverordnung” noch aussteht, wird durchgehend das offizielle Akronym verwendet.

früheren Zeitpunkt. Verhindern kann der Inhaber die Bekanntmachung nur durch Verzicht auf das Design, und nicht, wie bisher, durch Nichtzahlung der Bekanntmachungsgebühr. Der Antrag auf Eintragung des Verzichts ist spätestens drei Monate vor Ablauf der Aufschiebungsfrist zu erklären, Artikel 50 Absatz 5 UGMV. Bei wirksam erklärten Verzicht wird das Design so behandelt, als habe es die in der UGMV festgelegten Wirkungen von Anfang an nicht gehabt, Artikel 51 Absatz 2 UGMV.

Bei Sammelanmeldungen entfällt das Erfordernis der einheitlichen Locarno-Klasse. Anmelder können also nunmehr auch Designs für unterschiedliche Erzeugnisse in einer Sammelanmeldung zusammenfassen. Angesichts des damit verbundenen erhöhten Prüfungsaufwandes wurde die Zahl der Designs, die in einer Sammelanmeldung zusammengefasst werden können, auf 50 beschränkt. Auch bei Sammelanmeldungen ist für jedes zusätzliche Design die Gebühr für die aufgeschobene Bekanntmachung mit der Anmeldung zu entrichten, Artikel 37 Absatz 2 UGMV. Unterbleibt die Zahlung, erhält der Anmelder eine Aufforderung, die Gebührenzahlung innerhalb einer Frist von zwei Monaten nachzuholen. Wird die Gebühr nicht oder nicht vollständig entrichtet, weist das EUIPO die Anmeldung für die zusätzlichen Muster zurück, Artikel 45 Absatz 6 UGMV.

Registerverfahren

Bei der Verlängerung der Schutzdauer eines eingetragenen Unionsdesigns ändert sich der für die Berechnung der Zahlungsfristen maßgebliche Stichtag. Fristbeginn ist jetzt, ebenso wie für Unionsmarken, der Tag, an dem die Schutzdauer abläuft, und nicht der letzte Tag des Monats, in dem die Schutzdauer endet. Die Frist für den Antrag auf Verlängerung und die Entrichtung der Verlängerungsgebühr beginnt sechs Monate vor dem Tag des Erlöschens der Eintragung, die Nachfrist für die Zahlung der Verlängerungsgebühr nebst Zuschlagsgebühr endet sechs Monate nach Erlöschen der Eintragung, Artikel 50d Absatz 3 UGMV. Für ein eingetragenes Unionsdesign, dessen Schutzdauer am 23. November 2025 endet, ist der Antrag auf Verlängerung daher innerhalb der 6-Monatsfrist vom 23. Mai 2025 bis 23. November 2025 zustellen und die Verlängerungsgebühr zu entrichten, anstatt wie bisher innerhalb einer 6-Monatsfrist vom 31. Mai bis zum 30. November, als dem letzten Tag des Monats, in dem die Schutzdauer endet, Artikel 13 Absatz 3 GGV.

Wurde die rechtzeitige Zahlung der Verlängerungsgebühr versäumt, beginnt die Jahresfrist für die Zulässigkeit eines Antrags auf Wiedereinsetzung in den vorigen Stand gemäß Artikel 67(2) UGMV erst nach Ablauf der Nachfrist für die Zahlung der Verlängerungsgebühr. Ist der Antrag erfolgreich, wird die Wiedereinsetzungsgebühr erstattet, Artikel 67 (3) UGMV.

Antrag auf Eintragung eines Rechtsübergangs kann nun auch der rechtmäßige Inhaber stellen, dessen Berechtigung durch rechtskräftiges Gerichtsurteil festgestellt wurde. Gemäß Artikel 14 UGMV steht das Recht auf das Design dem Entwerfer oder seinem Rechtsnachfolger zusteht. Wurde ein Unionsdesign zu Gunsten eines Nichtberechtigten eingetragen, kann der Entwerfer oder sein Rechtsnachfolger vor dem zuständigen Gericht die Anerkennung als rechtmäßiger Inhaber einklagen, Artikel 15 Absatz 1 UGMV. Bisher berechtigte ein solcher Titel den rechtmäßigen Inhaber nur dazu, gemäß Artikel 25 Absatz 1 Buchstabe c UGMV beim EUIPO die Nichtigerklärung des Unionsdesigns zu beantragen. Da die Nichtigerklärung unter Umständen nicht den Interessen des Berechtigten entspricht, gewährt Artikel 15 Absatz 4 UGMV die Möglichkeit, unter Vorlage des rechtskräftigen Gerichtsurteils die Eintragung als Inhaber zu beantragen.

Materiellrechtliche Änderungen

In materiellrechtlicher Hinsicht wurden die Definitionen der Begriffe „Design" und „Erzeugnis" erweitert. Artikel 3 Absatz 1 UGMV stellt klar, dass die dem Designschutz zugängliche Erscheinungsform eines Erzeugnisses auch Animationen umfasst, sonstige Bewegungen oder den Übergang zwischen verschiedenen Zuständen, also beispielsweise zwischen einem Cabrio mit geschlossenem und geöffnetem Verdeck. Der Begriff des Erzeugnisses gemäß Artikel 3 Absatz 2 UGMV schließt ausdrücklich nicht körperliche Gegenstände mit ein, also digitale Erzeugnisse jeglicher Art. Ausdrücklich gesetzlich verankert ist jetzt der Schutz grafischer Benutzeroberflächen (graphical user interfaces). Ebenfalls ausdrücklich vom Begriff des Erzeugnisses umfasst sind außerdem Sets von Gegenständen, etwa Essbestecke, und die Gestaltung von Innen- und Außenräumen, also etwa Ladeneinrichtungen oder gestaltete Außenflächen.

Eine weitere Klarstellung enthält Artikel 7 Absatz 2 UGMV in Bezug auf unschädliche Vorveröffentlichungen durch den Entwerfer oder seinen Rechtsnachfolger. Erfasst von der Neuheitsschonfrist von 12 Monaten sind ausdrücklich vorveröffentlichte Designs, die mit dem angegriffenen Unionsdesign identisch sind oder sich im Gesamteindruck nicht unterscheiden. Dies entspricht der langjährigen Spruchpraxis des Amtes und widerlegt endgültig das regelmäßig von Nichtigkeitsantragstellern vorgetragene Argument, die Neuheitsschonfrist gelte nur für identische Vorveröffentlichungen.

Artikel 18a UGMV bekräftigt darüber hinaus, dass ein eingetragenes Unionsdesign Schutz für alle Erscheinungsmerkmale gewährt, die in der eingetragenen Wiedergabe sichtbar sind. Abgesehen von der Ausnahmeregelung des Artikels 4 Absatz 2 UGMV für Bauteile eines komplexen Erzeugnisses ist die Frage der bestimmungsgemäßen Verwendung des Erzeugnisses für die Beurteilung des Schutzgegenstandes daher ohne Belang.

Ergänzend sei außerdem auf die seit 1. Mai 2025 geltenden Prüfungsrichtlinien des EUIPO[6] hingewiesen, die allen Gesetzesänderungen umfänglich Rechnungen tragen, sowie auf die vielen Hinweise zur Reform auf der Internetseite des Amtes[7].

[6] Geschmacksmusterrichtlinien - https://www.euipo.europa.eu/de/guidelines

[7] https://www.euipo.europa.eu/en/designs/design-reform-hub

Aktuelle und künftige Herausforderungen für einen effektiven Marken- und Produktschutz am Beispiel der Automobilindustrie

Robert Sterner
AUDI AG, Ingolstadt

Der Verfasser dieses Beitrags ist Leiter des Marken- und Designrechts bei der AUDI AG und befasst sich seit vielen Jahren intensiv mit dem Thema Produkt- und Markenpiraterie im Automobilsektor. Sein Beitrag will anhand praktischer Beispiele verdeutlichen, dass ein wirksamer Schutz vor Fälschungen weit über punktuelle Maßnahmen hinausgehen muss und eine strategisch ausgerichtete Gesamtplanung sowie ein professionell koordiniertes Vorgehen voraussetzt. Das gilt insbesondere für die Automobilbranche, die derzeit vor besonderen Herausforderungen steht: Die Umstellung auf Elektromobilität und die fortschreitende Digitalisierung von Geschäftsmodellen erhöhen die Komplexität der Bedrohungslage erheblich. Hinzukommen ein zunehmend intensiverer Wettbewerb, wachsender Kostendruck und die dadurch veranlasste Notwendigkeit, Einsparungen vorzunehmen. Gerade unter diesen Rahmenbedingungen ist es unerlasslich, den strategischen Nutzen und die Zukunftsrelevanz des Marken- und Produktschutzes deutlich herauszuarbeiten.

1. Marken- und Produktschutz im Wandel der Automobilindustrie

Immer kürzere Entwicklungszyklen, eine steigende Modellvielfalt und der technologische Fortschritt – vor allem im digitalen Bereich – prägen das Marktgeschehen in der Automobilindustrie. Gleichzeitig nimmt der Wettbewerbsdruck durch den Eintritt neuer Anbieter, insbesondere aus China und den USA, kontinuierlich zu.[1] Etablierte Hersteller wie Audi verfügen über starke Marken und charakteristische Designs, die eine klare Differenzierung ermöglichen – vorausgesetzt, sie werden aktiv geschützt. Ohne wirksame Schutzmechanismen drohen Verluste bei Markenwert, Wiedererkennbarkeit und rechtlicher

[1] Dabei ist festzustellen, dass sich gerade neue Wettbewerber mangels Bekanntheit gerne an bestehende Marken bekannter Hersteller anlehnen möchten. Audi führte deswegen bereits mehrere Verfahren, u. a. wegen der rechtswidrigen Nutzung ihrer S-Marken, vgl. OLG München, Urt. v. 11.04.2024 – 6 U 385/23e; GRUR-RS 2024, S. 2570 ff. mit Anm. Hackbarth, GRUR-Prax 2024, S. 674.

Durchsetzbarkeit. Der Marken- und Produktschutz muss daher strategisch verankert, zukunftssicher gestaltet und flexibel an neue Marktbedingungen angepasst werden.

2. Dimension des Problems

Die Bandbreite der von Fälschungen in der Automobilbranche betroffenen Produkte hat in den vergangenen Jahren erheblich zugenommen. Während sich Fälscher anfangs primär auf Verschleißteile oder häufig beschädigte Komponenten wie Stoßfänger konzentrierten, erstreckt sich ihre Aktivität heute nahezu auf das gesamte Spektrum an Ersatzteilen, Zubehör und Merchandisingartikeln einschließlich digitaler Produkte, insbesondere Software. Letztere wird u.a. für diverse Nachrüstlösungen angeboten, die zusätzliche Fahrzeugfunktionen ermöglichen sollen und dabei in die bestehenden IT-Systeme eingreifen. Bei der Installation solcher Softwareprodukte werden nicht selten die Marken der Originalhersteller bewusst eingesetzt, um den Eindruck zu erwecken, es handle sich um ein autorisiertes Produkt. Ähnlich gelagerte Fälle betreffen markenverletzende Updates für Audi Navigationssoftware. Zudem finden sich auch Angebote, die nicht unmittelbar im Zusammenhang mit dem Fahrzeug stehen und ohne Berechtigung auf Audi verweisen. Beispielhaft dafür ist ein besonders kreativer Versuch, eine vermeintliche Audi-Kryptowährung („AUDI E-TRON Token“) als attraktives Anlageprodukt einzuführen. Die Täter nutzten gefälschte Webseiten im Audi Design, nutzten offizielle Audi Werbespots, in die sie eigene Texte aufnahmen und verlinkten darüber sogar auf reale Audi Serviceeinrichtungen. Lediglich subtile Abweichungen bei Farbgebung und Typografie konnten als Indiz für eine Fälschung gewertet werden.

Bild 1: Upgrade-Seite für Audi Software (Navigation)

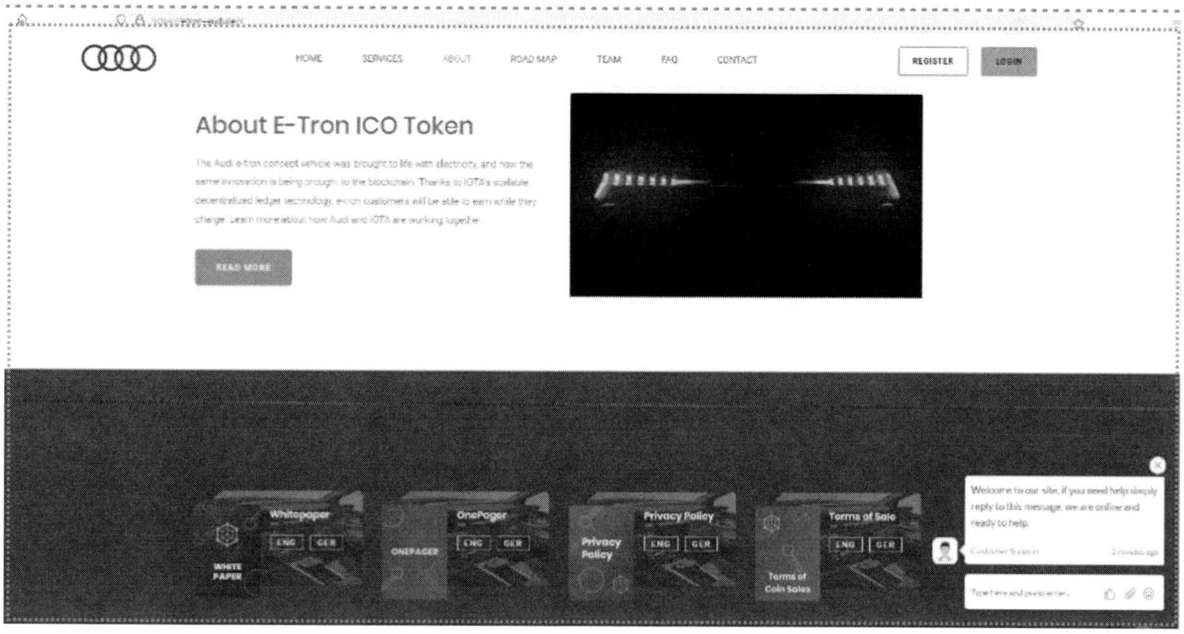

Bild 2: Internetauftritt: Audi Kryptowährung („AUDI E-TRON ICO TOKEN“)

3. Struktur und Strategie für einen effektiven Marken- und Produktschutz

3.1. Zentrale Ausrichtung und Priorisierung

Der Marken- und Produktschutz ist bei Audi zentral organisiert: Alle weltweit auftretenden Fälle werden durch das in Ingolstadt angesiedelte Audi Brand Protection Team koordiniert. Das Team ist so aufgestellt, dass dort die wesentlichen Aufgaben, von der Marktbeobachtung über die Feststellung von Marken- oder Designverletzungen bis zur rechtlichen Durchsetzung selbst abgedeckt bzw. fachlich kompetent koordiniert werden können. Entsprechend besteht es nicht nur aus Juristen, sondern zudem aus Markensachbearbeitern, einem Techniker und einem IT-Spezialisten. Die Einbettung des Teams in eine Abteilung, die zusätzlich für die Anmeldung von Marken und Designs sowie deren Lizenzierung zuständig ist, schafft optimale Schnittstellen zu diesen Bereichen.[2]

Über die zentrale Steuerung des Marken- und Produktschutzes ist es viel leichter möglich, eine einheitliche strategische Ausrichtung zu erzielen, einzelne Fälle und Akteure miteinander zu verknüpfen und schnell auf neue Entwicklungen zu reagieren. Darüber hinaus gewährleistet diese Struktur eine konsistente und systematische Dokumentation, die eine belastbare Grundlage für die kontinuierliche Weiterentwicklung des Schutzprogramms erzeugt.

[2] Die Schnittstelle zu Prosecution ist wichtig, um dort Erfahrungen aus der Durchsetzung einfließen lassen zu können und die Belege für die angemeldeten Marken- und Designs zu erhalten und die zum Lizenzteam ist hilfreich, um bei Bedarf schnell klären zu können, ob ein Händler ggf. eine Lizenz erhalten hat.

Angesichts der Vielzahl potenzieller Marken- und Designrechtsverletzungen sowie begrenzter Ressourcen ist eine klare Priorisierung bei Fällen und Maßnahmen unerlässlich. Neben quantitativen Kriterien – etwa der Anzahl gefälschter Produkte – sind dabei auch qualitative Aspekte von Bedeutung. Das gilt vor allem für die Rahmenbedingungen zur Durchsetzbarkeit von Ansprüchen aus dem Marken- und Designrecht in den jeweiligen Ländern und Regionen. Es muss möglich sein, mit vernünftigem Aufwand und guten Erfolgsaussichten den jeweiligen Fall ins Ziel zu führen.

3.2 Wirkung entfalten

Die Wirksamkeit von Markenschutzmaßnahmen lässt sich nur schwer in Zahlen messen. Zwar verbessert die Reduzierung des Fälscherangebotes unbestritten die eigene Marktposition, allerdings sollten konkrete Rückschlüsse auf einen gesteigerten Umsatz mit Vorsicht gezogen werden. Kunden, die sich bewusst auf eine günstige Fälschung einlassen wollen, werden mangels anderer Alternativen nicht zwingend das teurere Original kaufen. Darüber hinaus mag es auch sonstige Entwicklungen im Markt geben, die das ein oder andere Ergebnis bedingen. In Zeiten von aktuellen Sparzwängen und Stellenabbau kann die fehlende Messbarkeit durchaus unternehmensinterne Diskussionen zum Ob und Wie des Marken- und Produktschutzes auslösen. Das gilt dann umso mehr, wenn dieser bislang ohne klare strategische Ausrichtung und eher nach dem „Gießkannenprinzip" betrieben wurde. Solch undifferenziertes Vorgehen erschwert die Argumentation für die Effektivität des Schutzprogramms erheblich. Wer die ihm angezeigten oder von ihm aufgefundenen Verletzungssachverhalte relativ wahllos durch ein viel zu grobes Netz zieht, der wird keinen stattlichen „Fang" machen, sondern allenfalls Zahlen für die Statistik erzeugen. Leider zeigt sich dieses Vorgehen häufig bei den Unternehmen, für die der Marken- und Produktschutz nur eine Nebenrolle spielt.

Doch wie dann einen spürbaren Effekt erzeugen? Zunächst durch die Formulierung klarer, überprüfbarer Zielsetzungen, die über zwei zentrale Steuerungsgrößen eingestellt werden können: die Konzentration auf ein bestimmtes Produkt beziehungsweise eine klar definierte Produktgruppe sowie die Fokussierung auf einen spezifischen Markt, eine Region. Werden die verfügbaren Ressourcen gezielt auf diese beiden Parameter hin ausgerichtet, kann der dadurch auf kleinerer „Fläche" erzeugte Verfolgungsdruck in kurzer Zeit etwas bewegen. Die Fälscher müssen sich zurückziehen und der Originalhersteller erhält eine für ihn günstigere Marktposition.

Nach diesem Prinzip hat Audi bereits vor einigen Jahren das „Designschutzprojekt Felge" sowie das „Markenschutzprojekt Kühlergrill" jeweils mit Fokus auf die EU aufgesetzt. Beide

Projekte sind letztlich mit verschiedenen Fragestellungen vor dem Europäischen Gerichtshof gelandet.[3] Diese Entwicklung allein kann bereits als Beleg für die Reichweite einer solchen Herangehensweise gewertet werden.

Beim Projekt Kühlergrill lässt sich dessen Wirkung gut nachvollziehbar über das Anpassungsverhalten der Anbieter von rechtsverletzenden Kühlergrills darstellen. Audi hatte ihre Marke „Vier Ringe“ in zahlreichen Fällen in der EU zunächst erfolgreich gegen 1:1-Kopien der Kühlergrills durchgesetzt. Die Fälscherindustrie reagierte darauf durch Anpassung der Konstruktion für die Anbringung der Audi Ringe, beispielsweise in einer 2+2-Formation. Doch auch solche Änderungen vermochten – in einem Fall sogar vom BGH[4] bestätigt – die Markenverletzung nicht zu beseitigen, weil die Aufnahmevorrichtung selbst eine Marke darstellt und zu dieser Verwechslungsgefahr bestand. Am Ende boten viele Händler keine Audi Kühlergrills mehr an und einige nur noch solche ohne Ringe, ggf. mit der Möglichkeit, später die Original Audi Ringe über eine vorgesehene Halterung anbringen zu können.

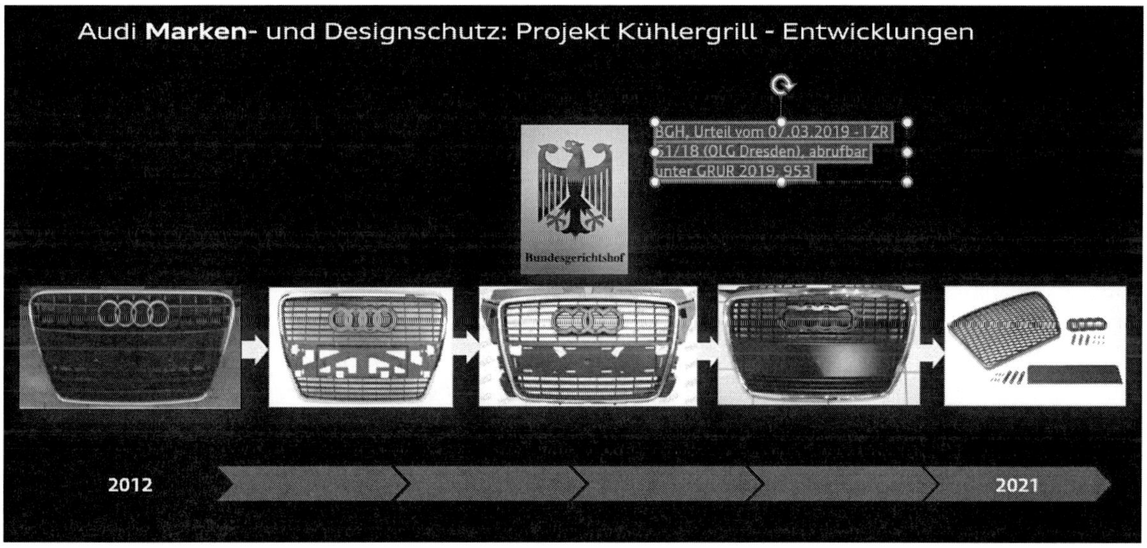

Bild 3: Entwicklung Audi Markenschutzprojekt Kühlergrill

Um die Effektivität von Marken- und Produktschutzmaßnahmen allgemein besser darstellen zu können, empfiehlt sich eine systematische Bestandsaufnahme vor und nach dem jeweiligen Projekt, bei längere Projektdauer gerne auch dazwischen. Dabei sollten insbesondere die Zahl und die Art der Anbieter sowie die Vielfalt gefälschter Produktvarianten dokumentiert werden.

[3] Im Projekt Felge der Fall Audi ./. Acacia: EuGH, Urt. v. 20.12.2017, C-397/16, C-435/16; GRUR 2018, 284 ff., GRUR-Prax 2018, S. 53; im Projekt Kühlergrill der Fall Audi ./. GQ: EuGH, Urt. v. 25.01.2024, C-334/22; GRUR 2024, S. 291 ff.

[4] BGH, Urt. v. 28.03.2019 – I ZR 132/17; GRUR 2019, S. 953 ff.

Visuelle Übersichten und strukturierte Fallbeschreibungen erhöhen die Nachvollziehbarkeit und stärken die interne wie auch die externe Kommunikation des Maßnahmenumfangs.

Weiterhin vermag der Vergleich von Suchergebnis-Listen vor und nach einer Markenschutzmaßnahme die Wirkung eines Projektes zu belegen. Wenn autorisierte Anbieter deutlich sichtbarer werden und die ersten Plätze auf den Ergebnislisten einnehmen, ist dies ein starkes Indiz für die Effektivität der Maßnahme. Zugleich sinkt das Risiko für Kunden, unbewusst eine Fälschung zu erwerben, was beiläufig zu einer höheren Kundenzufriedenheit und einer stärkeren Markenbindung beiträgt.

Ein weiteres, ökonomisch relevantes Argument zugunsten des Markenschutzes ergibt sich aus der Möglichkeit, Schadensersatzansprüche gegenüber Fälschern geltend zu machen. Darüber können entstandene Kosten zumindest teilweise kompensiert werden. Außerdem trägt die Abschöpfung des mit Fälschungen erzielten Gewinns dazu bei, weitere Investitionen in dieses illegale Geschäftsmodell zu unterbinden. Natürlich vermögen in diesem Zusammenhang am meisten die Fälle zu überzeugen, bei denen die erhaltenen Schadensersatzzahlungen den dafür erbrachten Aufwand möglichst deutlich übersteigen. Allerdings ist es in der Praxis häufig schwierig, vor Einreichung einer Klage auszuloten, ob der jeweilige Gegner am Ende auch wirklich bezahlen kann.

Bei der Vereinbarung sogenannter „Contingency-Fees“ – diese sind in einigen Ländern, beispielsweise in den USA, Großbritannien und auch in China[5], möglich – geht das Risiko auf die eingesetzte Anwaltskanzlei über. Dafür erhält sie die vereinbarte Quote aus der Zahlung, der Rest bleibt beim Rechteinhaber. Die Attraktivität des Modells hängt für Letzteren sehr an der vereinbarten Quote, wobei er grundsätzlich in diesen Fällen immer (etwas) „gewinnen“ wird.

Natürlich kann auch der Auskunftsanspruch auf die Wirksamkeit einer Maßnahme einzahlen. Über ihn ist es grundsätzlich möglich, die Dimension des jeweiligen Falles besser zu erfassen. Das gilt vor allem für die erzielten Umsätze sowie für die Verbindung des Auskunftspflichtigen zu sonstigen Dritten, insbesondere zu seinen Lieferanten. Auf dieser Grundlage kann der betroffene Schutzrechtsinhaber weitere Rückschlüsse ziehen und seine Maßnahmen gezielt ausdehnen. Dadurch besteht die Chance, vom Händler an den Hersteller und damit an die Quelle der Fälschungen zu gelangen.

[5] Audi nutzt diese Möglichkeit, allerdings abhängig von der jeweiligen Fallkonstellation.

3.3 Neue Herausforderungen für die strategische Ausrichtung

Nicht-autorisierte Softwarelösungen greifen regelmäßig in die IT-Infrastruktur der Fahrzeuge ein. Es ist dabei nicht auszuschließen, dass sie die Funktion der Sicherheitssysteme beeinträchtigen. Deshalb sollten, insbesondere bei deutlichen Anzeichen für so erzeugte Störungen, die jeweils zuständigen Entwicklungs- und IT-Abteilungen eingebunden werden, um den jeweiligen Fall mit ihren Mitteln zu analysieren und eventuell technische Gegenmaßnahmen einzuleiten.

Aus den Maßnahmen der Markenschützer können sich projekt- bzw. teilespezifisch weitere Vorteile ergeben. Die Hinzuziehung der für den Diebstahlschutz bei Audi verantwortlichen Mitarbeiter hat bei Fällen mit gefälschten Fahrzeugschlüssel zu einer Verbesserung der Schutzvorkehrungen geführt. Darüber hinaus vermag allein schon die Beratung zu den Fragen, wie und wo Marken am Produkt angebracht und für welche Produkte oder Teile davon sinnvollerweise ein Designschutz eingesteuert werden soll, zur Verbesserung der Marktposition des Rechteinhabers beizutragen. Die Abbildung markenrechtlich geschützter Zeichen in Fahrzeugdisplays oder in Leuchten vermag diesen Ansatz einer präventiven Schutzstrategie zu verdeutlichen. Gleichzeitig stärkt sie die visuelle Markenpräsenz im Wettbewerbsumfeld.

4. Ermittlungen und rechtliche Maßnahmen

4.1 Ermittlungsmethoden

Angesichts der zunehmenden Vielfalt und Professionalisierung von Fälschungen müssen auch die Methoden zu deren Aufdeckung kontinuierlich weiterentwickelt werden. Wie bereits aufgezeigt, kommt dem systematischen Internet-Monitoring dabei eine zentrale Bedeutung zu. Unter Einsatz moderner Ermittlungstechnologien konfigurieren IT-Experten in Zusammenarbeit mit Technikern gezielt abgestimmte Suchalgorithmen, um relevante Treffer möglichst effizient zu erzeugen. Dabei kommen besonders auffällige oder aktive Händler an die Spitze der jeweiligen Auswertungsliste. Zur Unterstützung nutzen die Analysten eine interne Datenbank, in der technische Details und bekannte Fälschungen, einschließlich Fotos, Videos und Zeichnungen, dokumentiert sind. Bei begründetem Verdacht und wenn dies zur Beweissicherung erforderlich ist, erfolgen Testkäufe. Diese können auch zur Ermittlung der Identität des Fälschers herangezogen werden, um gegen ihn weitere Maßnahmen – ggf. mit Unterstützung der Behörden - einleiten zu können. Ist eine Identifikation nicht möglich, bleibt in vielen Fällen lediglich die Entfernung der rechtswidrigen Angebote über die jeweiligen Plattformbetreiber – eine Maßnahme mit leider meist nur geringerer Durchschlagskraft. Die gelöschten Produkte werden oft schon kurz danach wieder eingestellt.[6]

Bestehen Zweifel an der Identität des Verletzers oder sind aufgrund der Fallkomplexität umfangreiche Maßnahmen geplant, bietet sich ergänzend eine Vor-Ort-Recherche an. Dies gilt insbesondere bei vorbereitenden Maßnahmen für Durchsuchungen, wie sie beispielsweise häufig in China im Rahmen von Maßnahmen gegen Hersteller und Großhändler durchgeführt werden.[7]

4.2 Rechtliche Maßnahmen und internationale Herausforderungen

Die Priorisierung von Fällen erfolgt nicht ausschließlich nach quantitativen Kriterien wie der Anzahl gefälschter Produkte, sondern berücksichtigt auch die rechtliche Durchsetzbarkeit in den betroffenen Ländern und Regionen. Ein umfangreicher Fall entfaltet nur dann Wirkung, wenn er juristisch effizient verfolgt werden kann. Die Auswahl rechtlicher Mittel wird dabei stets fallbezogen vorgenommen. Wo möglich und effizient[8], werden zivilrechtliche Ansprüche auf Unterlassen, Auskunft und Schadensersatz geltend gemacht.

Der Auskunftsanspruch dient vorrangig dazu, Lieferketten offenzulegen und Hintermänner zu identifizieren. In der Praxis zeigt sich jedoch, dass dieser Anspruch nicht immer durchsetzbar ist – entweder aufgrund mangelnder Mitwirkung der Auskunftspflichtigen oder infolge restriktiver Gerichtsentscheidungen. In diese letzte Rubrik fällt ein Fall, den Audi jüngst vor den BGH gebracht hat.[9] Der wegen des Vertriebs von gefälschten Audi Luftfiltern überführte Händler verweigerte die Auskunft über seine Bezugsquelle mit dem Hinweis, er habe für das angezeigte Produkt mehrere Lieferanten und könne nicht mehr klären, wer ihm die Fälschung verkauft habe. Der BGH entschied, dass keine Pflicht bestehe, in einer solchen Konstellation alle potenziellen Lieferanten zu benennen[10] – eine Entscheidung, die den Auskunftsanspruch praktisch ins Leere schickt und andere Händler zur Nachahmung anregen könnte.

Bei der Geltendmachung von Schadensersatzansprüchen gestaltet sich vor allem die Festlegung der Schadenshöhe nicht immer ganz einfach. Die Beklagten versuchen nachvollziehbarerweise, sich möglichst günstig aus der Affäre zu ziehen. Oft kommt es in diesem Punkt schon aus Effizienzgründen zur Lösung über einen Vergleich. Das gelingt jedoch nicht immer. So in

[6] Das ist der Grund, weshalb bei Audi sog. Take-Downs nicht als strategisches Mittel der Bekämpfung eingesetzt werden.

[7] Audi hat für diese Zwecke in China zusammen mit einer Agentur ein Team von Ermittlungsspezialisten aufgebaut.

[8] Die Schwellen für die Eröffnung eines Verfahrens hängen vom jeweiligen Land bzw. vom zu erwartenden Aufwand und von der betroffenen Menge an Produkten ab.

[9] BGH, Beschl. v. 7.11.2024 – I ZB 31/24 (OLG Düsseldorf), GRUR 2025, S. 187 – 192.

[10] BGH, Beschl. v. 7.11.2024 – I ZB 31/24 (OLG Düsseldorf), GRUR 2025, S. 188 und S.190 ff.; GRUR-Prax 2025, S. 139.

einem aktuellen Audi Fall in Mailand, zu dem aufgrund prozessualer Vorgaben mehrere Sachverständige und ein gerichtlich bestellter Gutachter hinzugezogen werden mussten, um über die Höhe des Schadensersatzes zu befinden. Das allein dafür vorgesehene Verfahren dauert nun schon fast zwei Jahre und wird sicher nicht zur Effizienzerhöhung der konkreten Maßnahme beitragen.

Sofern aufgrund der Schwere eines Falles oder weil es im konkreten Land das effizienteste Mittel ist, strafrechtliche Mittel eingesetzt werden, sind diese darauf ausgerichtet, den Sachverhalt über die Kompetenz der Behörden möglichst umfassend zu ermitteln und die Täter auf Grundlage der einschlägigen Tatbestände entsprechend zu verurteilen.
Audi unterstützt diese Maßnahmen aktiv, indem sie den Ermittlungsbehörden umfangreiche Unterlagen zur Verfügung stellt – darunter Bildmaterial, Analysen aus internen Recherchen, sowie bei Bedarf auch technische Gutachten. Auf diese Weise gelingt es beispielsweise in China, pro Jahr über 100 Razzien gegen Produzenten und Hersteller gefälschter Audi Ersatzteile und Merchandisingprodukte durchgeführt zu bekommen. Entsprechend groß ist dort zwischenzeitlich die Zurückhaltung bei der Verwendung von Audi Marken.[11]

Leider ist die Kooperationsbereitschaft von Behörden nicht in allen Ländern gleich stark ausgeprägt. So lehnten etwa polnische Polizeibeamte Ermittlungen gegen Händler gefälschter Kühlergrills mit dem Hinweis ab, derartige Produkte würden bereits seit Jahren gehandelt – was aus ihrer Sicht einem faktischen „Gewohnheitsrecht“ gleichkomme.

Auch in Deutschland sind die Verhältnisse ausbaufähig. Zwar ist das Problembewusstsein bei vielen Behörden grundsätzlich vorhanden, jedoch sind die personellen und organisatorischen Ressourcen dafür stark limitiert, weil die Beamten nach eigenem Bekunden im Schwerpunkt zur Terror- und Drogenbekämpfung eingesetzt werden. Eine enge Zusammenarbeit gelingt deshalb meist nur bei besonders schwerwiegenden Fällen, die durch konkrete Hinweise des betroffenen Unternehmens belegt werden können.

4.3 Rechtspolitische Dimensionen von Maßnahmen im Designschutz

Das bereits erwähnte Audi Projekt „Designschutz Felgen“ hat mit einer Vorlage an den Europäischen Gerichtshof nicht nur mediale Aufmerksamkeit erregt, sondern auch eine intensive rechtspolitische Debatte ausgelöst. Die Auseinandersetzung lässt sich grob als Konflikt zwischen Originalherstellern und der Replica-Industrie sowie als Spannungsfeld

[11] Die Strategie von Audi beruht in China darauf, möglichst einschneidende Maßnahmen gegen die Hersteller von Fälschungen zu erwirken. Das setzt intensive eigene Vorermittlungen und eine enge Zusammenarbeit mit den Behörden voraus.

zwischen gewerblichem Rechtsschutz und wettbewerbsrechtlicher Freiheit charakterisieren. Der durch die Entscheidung vermeintlich beabsichtigte Kompromiss hat in der Praxis zu einer deutlichen Einschränkung des Designschutzes für Felgen geführt. Ausschlaggebend dafür waren zum einen die Ausweitung der sogenannten Reparaturklausel auf Felgen – eine Regelung, die bestimmte Ersatzteile vom Designschutz ausnimmt – und zum anderen die erhöhten Anforderungen an die Beweisführung durch den Originalhersteller. Audi musste daraufhin das Felgenprojekt aufgrund der deutlich schlechteren Effizienzbewertung zurückfahren.[12]

Mit der Reform des EU-Designrechts wurde nun eine rechtliche Neubewertung vorgenommen.[13] Danach beschränkt sich die Reparaturklausel künftig auf formgebundene Bauteile komplexer Erzeugnisse, d.h. das Design des Bauelements muss von der Erscheinungsform abhängig sein. Bei Felgen ist das nicht der Fall. Ein Fahrzeug kann mit unterschiedlichen Felgen(designs) ausgestattet werden und wiederum kann eine bestimmte Felge an verschiedene Fahrzeuge angebracht werden. Damit wurde der Designschutz in diesem Punkt gestärkt und die frühere „Acacia“-Entscheidung des EuGH in der praktischen Wirkung revidiert.

4.4 Rechtspolitische Dimension von Maßnahmen im Markenschutz

Das Projekt „Kühlergrill“ hat nicht nur juristische, sondern auch rechtspolitische Relevanz entfaltet, da es die grundsätzliche Frage betraf, inwieweit Markenschutz für funktionale Bauteile eines Produkts – konkret für eine Aufnahmevorrichtung zur Anbringung eines Markenzeichens wie den „Vier Ringen“ – gewährt werden kann. Die rechtliche Kontroverse konzentrierte sich auf die Reichweite markenrechtlicher Schutzansprüche bei der unmittelbaren Verwendung der Marke am Produkt selbst. Die Generalanwältin beim Europäischen Gerichtshof (EuGH) wollte in dieser Konstellation dem Schutz der Marke Einhalt gebieten und war bereit, sich dafür sogar über methodische Grundsätze hinwegzusetzen. Das galt insbesondere für die Anwendbarkeit der Reparaturklausel, die als eine Art Ausgleichsprinzip in diesem Fall auch herangezogen werden sollte – wenigstens indirekt.[14] Entsprechend hoch war die Aufmerksamkeit in der IP-Szene. Der EuGH hat sich zum Glück nicht dieser Auffassung angeschlossen und klargestellt, dass die Reparaturklausel weder direkt noch

12 Die vom EuGH aufgestellten Vorgaben – Verkauf nur zu Reparaturzwecken und Hinweis auf den Ursprung der Felgen – lassen sich letztlich nur über sehr aufwendige Ermittlungen belegen, u. a. über den Testkauf ganzer Felgensets.

13 Vgl. Art. 19 Design-Richtlinie (als Neufassung der Richtlinie 98/71/EG) und Art. 20a Unionsdesignverordnung (UDV).

14 S. dazu Hackbarth, Aufnahmevorrichtung für markenrechtlich geschütztes Emblem bei Ersatzteil-Kühlergrill keine markenmäßige Benutzung (GA gegen BGH), GRUR-Prax 2023, S. 668.

indirekt im Markenrecht Anwendung findet. Eine andere Entscheidung hätte fatale Einschränkungen für die markenrechtlichen Ansprüche bedeutet.

5. Präventive Maßnahmen

Nach wie vor liegt ein wichtiger Schlüssel für den langfristigen Marken- und Produktschutz in der Reduzierung der Nachfrage nach Fälschungen. Neben repressiven Maßnahmen kommt der konsumentenorientierten Aufklärung dabei eine entscheidende Rolle zu. Ziel ist es, Verbraucher nicht nur für die Problematik zu sensibilisieren, sondern ihnen auch konkrete Hilfestellungen zur Vermeidung von Fälschungskäufen zu bieten. In diesem Zusammenhang haben sich multimediale Aufklärungskampagnen – etwa über Fernsehbeiträge, Onlinevideos oder Social-Media-Formate –als besonders wirkungsvoll erwiesen.[15] Audi unterstützt solche Maßnahmen aktiv und beteiligt sich regelmäßig an Presse- und TV-Anfragen.[16] Dabei werden nicht nur operative Einblicke in den Marken- und Produktschutz gewährt, sondern auch Anlaufstellen für Rückfragen oder zur Meldung verdächtiger Angebote aufgezeigt. Diese Form der proaktiven Öffentlichkeitsarbeit trägt dazu bei, das Vertrauen in die Marke zu stärken, potenzielle Konsumenten aufzuklären und langfristig die Nachfrage nach Plagiaten zu senken – ein wesentlicher Baustein im Rahmen einer ganzheitlichen Schutzstrategie.

6. Fazit: Markenschutz als strategische Managementaufgabe

Die Bekämpfung von Produktfälschungen im Automobilbereich ist nicht nur eine operative Herausforderung, sondern eine strategisch bedeutsame Aufgabe – sowohl im Interesse der Markeninhaber als auch zum Schutz der Verbraucher. Angesichts der Komplexität und Reichweite des Problems ist ein systematisches und ganzheitliches Vorgehen unerlässlich. Zentrale Bausteine sind dafür eine intensive Marktbeobachtung, die frühzeitige und gezielte Durchsetzung gewerblicher Schutzrechte, die Integration technischer Sicherungssysteme sowie eine transparente und wirksame Kommunikationsstrategie gegenüber Öffentlichkeit und Kunden. Gerade im Zuge der Digitalisierung des Automobils gewinnt der Schutz darauf basierender Geschäftsmodelle an strategischer Bedeutung. Deswegen ist es besonders wichtig, mit einem vorausschauenden IP-Management die Innovationen wirksam abzusichern.

Ein weiterer Faktor für einen erfolgreichen Marken- und Produktschutz ist die interne Koordination: Alle relevanten Unternehmensbereiche – von der Entwicklung über den Vertrieb

[15] S. dazu: Audi Brand Protection > Haftungsausschluss > navigation > Audi Deutschland.

[16] S. u.a. Die Fake-Falle - Das Milliardengeschäft mit gefälschten Produkten - 3sat-Mediathek; Gefälschte Autoteile oder gleich ganze Autos - Günstiges Ersatzteil oder gefährlicher Fake? | Kabel Eins; In search of fake car parts in China – DW – 11/22/2016.

bis zur IT – müssen aktiv in die Schutzmaßnahmen eingebunden sein. Nur interdisziplinäre Zusammenarbeit schafft die notwendige Effizienz und Durchschlagskraft. Beide sind in Anbetracht der vielfältigen Herausforderungen durch internationale Lieferketten, digitale Märkte, uneinheitliche Rechtsrahmen und neue Technologien nicht einfach zu erzielen. Notwendig ist dafür auch ein strategischer Wandel von der Reaktion hin zu einer proaktiven, langfristigen Ausrichtung der Maßnahmen. Der Marken- und Produktschutz muss deswegen integraler Bestandteil einer modernen Unternehmensführung werden. In diesem Bewusstsein gilt es die Weichen zu stellen – jetzt.

Die Gewährleistungsmarke – das unbekannte Wesen

Senta Bingener

Deutsches Patent- und Markenamt München

Der Vortrag befasst sich mit der durch die Umsetzung der novellierten europäischen Markenrichtlinie 2015/2436 durch das MaMoG zum 14.01.2029 erstmals in das nationale Recht eingefügten Gewährleistungsmarke.

Diese dritte Markenkategorie neben Individual- und Kollektivmarke wirft neben Abgrenzungsfragen zu diesen Markenkategorien viele weitere aktuelle und auch künftige Rechtsfragen auf.

Dementsprechend behandelt der Vortrag nach Thematisierung von Ursprung und Charakteristik der Gewährleistungsmarke einschließlich ihrer Abgrenzung zu den anderen Markenkategorien ihre rechtlichen Anforderungen. Anschließend werden die bisher in der Anmelde- und Eintragungspraxis des DPMA aufgetretenen Problemfelder beleuchtet, insbesondere das strittige Erfordernis der Erkennbarkeit eines gewährleistenden Charakters aus der Markendarstellung, Satzungsfragen sowie Fragen der Kollision. Sodann werden die bisherige Anmelde- und Eintragungsstatistik und praktische Erfahrungen dargestellt. Schließlich erfolgt ein Ausblick unter besonderer Berücksichtigung zwei weiterer EU-Richtlinien mit teils überschneidenden Anwendungsgebieten, der Green Claims Richtlinie und der EmpCo-Richtlinie.

Deutsches
Patent- und Markenamt

Die Gewährleistungsmarke

das unbekannte Wesen

Ilmenau, 23. Mai 2025

Dr. Senta Bingener
Ln 3.2 Nationales und internationales Markenrecht
Deutsches Patent- und Markenamt

www.dpma.de

Deutsches
Patent- und Markenamt

23.05.2025 2

Deutsches
Patent- und Markenamt

Deutsches
Patent- und Markenamt

es gibt sie ...

I. Ursprung und Charakteristik

1. Ursprung

- Gewährleistungs-/Garantiemarken in anderen Rechtsordnungen schon länger, auch MRL erkannte sie an (aber praktisch selten)

- MRL 2015/2436 enthält erstmals Legaldefinition der Gewährleistungsmarke

- Unionsgewährleistungsmarke seit 2017

- Nationale Gewährleistungsmarke im MarkenG seit 14.1.2019 aufgrund MaMoG in Umsetzung der MRL 2015/2436

- Harmonisierter Rechtsrahmen

2. Definition/Wesen

Gewährleistungsmarke ist (nach der Def. von MRL/MarkenG)
eine Marke, mit der der Inhaber garantiert, dass die **Waren/DL**, für die sie eingetragen ist, eine oder mehrere der folgenden **Eigenschaften**

- das Material,
- die Art und Weise der Herstellung/Erbringung der W/DL
- die Qualität
- die Genauigkeit oder
- andere Eigenschaften mit Ausnahme der geografischen Herkunft

aufweisen.

3. Abgrenzung zu anderen Markenkategorien

Individualmarke: weist auf **Herkunft der W/DL von** einem bestimmten **(Individual)Anbieter** hin

Kollektivmarke: weist auf **Herkunft der Waren/DL** aus einem bestimmten **Verband (Kollektiv)** hin

Gewährleistungsmarke: weist auf **bestimmte, vom neutralen Inhaber garantierte Eigenschaft der W/DL verschiedener Anbieter hin**
= **völlig anders als klassische Individual-Marke!**
=> klassische „Marken" – Denkweise passt nicht!

II. Rechtliche Anforderungen

1. Gesetzliche Regelung

- §§ 106a – 106h als neuer Teil 5 des MarkenG, gestaltet entspr. Vorschriften zur Kollektivmarke, insb. Satzungserfordernis
- § 106a II Geltung allg. Vorschriften, soweit §§ 106a ff. nichts anderes bestimmen

2. Voraussetzungen der Eintragung

a. Formelle Voraussetzungen grds entspr. Individualmarke

- Antrag via Formular oder *DPMAdirektWeb/Pro*
- Zahlung Anmeldegebühr (900€)
- notwendige Angaben:
  - Gütezeichen (Markendarstellung)
  - zertifizierte W/DL
  - Anmelder (Zertifizierer, neutral, kein Hersteller/Anbieter beanspruchter W/DL)
  - \+ Satzung als weiteres Anmeldeerfordernis

b. Materiellrechtliche Voraussetzungen § 106e, völlig anders als Individualmarke!

ausgehend von Charakteristik und Hauptmerkmalen der Gewährleistungsmarke

§ 106e I: ... Gewährleistungsmarke wird außer nach **§ 37 auch** zurückgewiesen, wenn sie **nicht** den Voraussetzungen des **§§ 106a, 106b Abs. 1 oder § 106d** entspricht oder wenn die Gewährleistungsmarkensatzung gegen die guten Sitten oder die öffentliche Ordnung verstößt.

§ 106e II: ... wird außerdem zurückgewiesen, wenn die Gefahr besteht, dass das Publikum über den **Charakter oder die Bedeutung der Marke irregeführt**

aa. § 37: **klassische** Individualmarken-**Schutzhindernisse** nach **§§ 3, 8, 10,** insb

§ 8 Abs. 2 Nr. 2 beschreibungsgeeignete Angaben

§ 8 Abs. 2 Nr. 7 wenn sie Prüf- und Gewährzeichen bzw. Nachahmung enthält

bb. Tauglicher Inhaber § 106 b Abs. 1

- da Gewährleistungsmarke die zertifizierten W/DL beansprucht
- **muss Anmelder der Zertifizierer,**
- **darf kein Hersteller/Händler/Dienstleister der beanspruchten** W/DL sein

  = Neutralitätsgebot (weit)

  - selbst herstellen, (durch verbundenes Unternehmen) vertreiben, bewerben, am Erfolg profitieren, wohl auch non-profit-Organisation mehrerer Unternehmen zur Schaffung von Industriestandard

  wohl + von Lizenzgebühren umsatzbezogen profitieren
- rechtliche und wirtschaftliche Unabhängigkeit von Markeninhaber und -nutzern

cc. Satzung gemäß § 106d Abs. 1, 2

- Anmelder muss im Zuge der Anmeldung Satzung vorlegen, die regelt, welche Eigenschaften die GM zertifiziert, wie diese geprüft werden und welche Bedingungen für ihre Verwendung gelten

- Klare Struktur und Formulierung zur Nachvollziehbarkeit von Gegenstand und Umfang der Gewährleistung für Dritte
- Mindestinhalt iS konkreten Angaben zu jedem Mindesterfordernis zumindest in Grundzügen in Satzung selbst
- ggf. ergänzende Verweise hinsichtlich (technischer) Details auf andere, öffentlich zugängliche Quellen (wie DIN-Normen)

  = mögliche Brücke zu Normen im klassischen Sinn (zB DIN-Norm als Dokument, das spezifische Anforderungen an Produkte, Dienstleistungen oder Verfahren festlegt, s. näher unter www.din.de)

dd. Transparenz/Überwachung § 106 d Abs. 3

- Eintragung/Veröffentlichung der Satzung und jeder Änderung (konstitutiv)
- Prüf-/Kontrollpflichten
- infolge erforderlicher rechtlicher und wirtschaftlicher Unabhängigkeit von Markeninhaber und –nutzern ist satzungsmäßig vorgesehene Mitgliedschaft zertifizierter Unternehmen in einem anmeldenden Gütezeichenverband unzulässig (<-> Kollektivmarke)

ee. Spezifische Unterscheidungskraft nach § 106a Abs. 2

Die Marke muss geeignet sein, Waren und Dienstleistungen, für die die Gewährleistung besteht, von solchen Waren und Dienstleistungen zu unterscheiden, für die keine derartige Gewährleistung besteht.

- Anforderungen?, aus Markendarstellung ersichtlich?

ff. Spezifische Täuschungsgefahr § 106e Abs. 2

Die Anmeldung einer Gewährleistungsmarke wird außerdem zurückgewiesen, wenn die Gefahr besteht, dass das Publikum über den Charakter oder die Bedeutung der Marke irregeführt wird, insbesondere wenn diese Marke den Eindruck erwecken kann, als wäre sie etwas anderes als eine Gewährleistungsmarke.

- **beides eng verquickt und nicht final geklärt, vieles umstritten!**

III. Problemfelder

1. **Erkennbarkeit des gewährleistenden Charakters aus Markendarstellung**

   durch garantieanzeigende

   Worte, wie *geprüft, zertifiziert, Gütezeichen, Prüfsiegel, Gewährleistung*

   Bildelemente wie siegelartige Aufmachung, geprüft-Häkchen

- zwischen **EUIPO/DPMA, DPMA/Anwaltschaft** und in der Literatur **streng**
- **DPMA** von Anfang an **streng** wegen Wesens der Gewährleistungsmarke: gewährleistender Charakter nur bei Erkennbarkeit möglich

  s. auch *Richtlinie für die Prüfung von Markenanmeldungen* v. 1.8.2018 idF v. 1.9.2020, Teil 2, Abschnitt XI Nr. 4 unter www.dpma.de
- inzwischen auch erste strengere Signale aus dem EUIPO
- strenge Haltung des DPMA durch das BPatG betätigt
- im Interesse der Harmonisierung wäre Vorlage an den EuGH zu begrüßen

bio
mineralwasser

- Anmeldung EUIPO: 1.2.2018
- Zurückweisung: 6.8.2019
- Bestätigung 5. BK: 27.10.2021 (R 2112/2019-5)

- **Anmeldung DPMA: 3.4.2019**
- **Zurückweisung: 8.1.2020**
- **BPatG bestätigt: 7.8.2024 (26 W (pat) 31/20)**

  sehr lesenswert!

Deutsches
Patent- und Markenamt

Die Gewährleistungsmarke, das unbekannte Wesen, **III. Problemfelder (3)**

Weder der Wortbestandteil noch die grafische Gestaltung noch die Gesamtheit bietet für das Publikum keinen Hinweis auf eine Gewährleistung der Bio-Mineralwassereigenschaft. Sondern ist insoweit rein beschreibend.

Vorliegend ist das Anmeldezeichen nicht als Gewährleistungszeichen erkennbar; eindeutige Wortelemente, wie „Garantie“, „zertifiziert“ oder eine siegelartige Aufmachung fehlen.

23.05.2025 15

Deutsches
Patent- und Markenamt

Die Gewährleistungsmarke, das unbekannte Wesen, **III. Problemfelder (4)**

Schutzfähig hingegen und vom DPMA am 20.4.2021 eingetragen
:

23.05.2025 16

OHNE
gen
TECHNIK
HERGESTELLT

Rn.36: Eine zusätzliche Bedeutung, die auf eine Zertifizierung hinweist, ist dem Zeichen nicht zu entnehmen, schon gar nicht im Rahmen einer üblichen, nämlich analysefreien Wahrnehmung durch das Publikum. Wie bereits ausgeführt (...), bietet der Hinweis auf eine bestimmte Herstellung „ohne Gentechnik" keinen Anlass, zusätzlich von weiteren Verfahrensschritten auszugehen. Jedenfalls erscheint es nach Wortlaut und Funktion der Wortfolge „OHNE genTECHNIK HERGESTELLT" ausgeschlossen, dass das Publikum hieraus zusätzlich einen Hinweis auf eine Zertifizierung durch einen Dritten entnimmt.

EUIPO v. 7.9.2022 R 876/2022-2

2. Keine Täuschung über gewährleistenden Charakter § 106e Abs. 2

+ wenn Gefahr, dass Verkehr über Charakter oder Bedeutung der Marke irrgeführt wird, insb wenn

- Marke Eindruck erweckt, als wäre sie etwas anderes als eine Gewährleistungs-marke
- nach § 106 a Abs. 3 kann Täuschung auch aus Satzung hervorgehen
- soll insb. verhindern, dass sie Eindruck einer Individual- oder Kollektivmarke erweckt
- enger Kontext mit Schutzhindernis § 106 a Abs. 2
- DPMA geht nach RL Markenanmeldungen Abschnitt XVI.4 davon aus, dass sich gewährleistender Charakter aus Zeichendarstellung selbst ergeben muss

IV. Statistik, Erfahrungen

1. Statistik seit 2019

ca. **500 Anmeldungen**

ca. 200 Rücknahmefiktionen wegen Gebührenmangel

ca. 250 erfolglos, meist Markenkategorie-Irritation

45 Eintragungen

keine Widersprüche bisher gegen/aus Gewährleistungsmarken

2. Handling

- wegen vieler Markenkategorieirritationen mehr (harte) Plausibilitäten in elektronischen Anmeldewegen (*DPMAdirektPro/DPMAdirekt*) sowie (warnende) Hinweise im Anmeldeformular (zB *Nur für Zertifizierer, Markensatzung erforderlich, höhere Gebühren!)*
- Problematik der Unzulässigkeit eines Markenkategoriewechsels
- aufwändige Prüfung (≙ EUIPO) unter Einbeziehung jur Ansprechpartners und ggf. Abstimmung iSd Einheitlichkeit in interner AG GM, daher längere Verfahrensdauer

3. Weitere (teils noch nicht zutage getretene) Aspekte

- aufgrund Einführung Gewährleistungsmarke Nachschärfung von Begrifflichkeiten und Verständnis, ggf. mit der Folge strengerer Bewertung der Unterscheidungskraft von Individualmarken mit beschreibenden siegelartigen Aufmachungen

- Befürchtung zahlreicher Verfallsverfahren betreffend Individualmarken mit siegelartigem Charakter wegen fehlender Unterscheidungskraft als Indidividualmarke bisher nur selten realisiert (vgl. BGH I ZR 161/18 – Baumwollsiegel geäußert

  aber: BPatG 30 W (pat) 511/20 v. 03.2.2022 – EM/EM blond betreffend mangelnde rechtserhaltende Benutzung einer Individualmarke durch Verwendung als Gewährleistungsmarke

zum Abschluss noch ein sehr gelungenes Beispiel

30 2019 108 870

GRÜNER KNOPF
SOZIAL.ÖKOLOGISCH.STAATLICH.
UNABHÄNGIG ZERTIFIZIERT.

Klasse(n) 05:
Stoffwindeln; Slipeinlagen; Tampons; alle vorgenannten Waren überwiegend aus textilen Materialien
Klasse(n) 09:
Brillenbänder; Brillenbeutel; Brillenetuis; Etuis für Camcorder; Etuis für Datenspeichergeräte ...
Klasse(n) 10:
Decken für medizinische Zwecke; Laken [Tücher] für medizinische Zwecke; Medizinische Bekleidung ...; Operationstücher; OP-Kleidung; Schutzbekleidung für medizinische Zwecke; ....Zwangsjacken; alle vorgenannten Waren überwiegend aus textilen Materialien
Klasse(n) 11:
Angepasste Stoffüberzüge für Dampfglätter; ....; alle vorgenannten Waren überwiegend aus textilen Materialien
Klasse(n) 12:
Fußsäcke für Kinderwagen; ...Gepäcktaschen für Zweiräder; alle vorgenannten Waren überwiegend aus textilen Materialien
Klasse(n) 15:
Etuis, angepasst an Musikinstrumente; Taschen für Musikinstrumente; alle vorgenannten Waren überwiegend aus textilen Materialien
Klasse(n) 16:
Etuis für Schreibwaren, überwiegend aus textilen Materialien
Klasse(n) 18:
Gepäck, Taschen, Brieftaschen und andere Tragebehältnisse ...Decken für Tiere; alle vorgenannten Waren überwiegend aus textilen Materialien

GRÜNER KNOPF
SOZIAL.ÖKOLOGISCH.STAATLICH.
UNABHÄNGIG ZERTIFIZIERT.

Registerdaten

➔ verlinkt die **Satzung als pdf**

➔ darin verlinkt Bezugnahmen auf den **Standard** auf www.gruener-knopf.de und damit auf diverse **externe Leitlinien und DIN-Normen**

V. Ausblick

- nach einigen Entscheidungen deutscher Gerichte (zB BPatG – Bio Mineralwasser, zugel. Rechtsbeschwerde) und europ. Institutionen zu den streitigen Fragen

- wären nun höchstrichterliche deutsche oder idealerweise Entscheidungen des EuGH wichtig, um eine harmonisierte Praxis zu entwickeln

- demnächst möglicherweise weitere Abgrenzungsprobleme durch/zu

  - RL (EU) 2024/825 zur Stärkung der Verbraucher für den ökologischen Wandel durch besseren Schutz gegen unlautere Praktiken und bessere Informationen (**Empo**weering **con**sumers, **Empco-RL**), umzusetzen bis 27.03.2026, Anwendung ab 27.09.2026
  - **Green Claims RL-E** (EU 2023/0085 (COD) mit Ziel klarer einheitlicher Standards für Verwendung von Umweltzeichen für W/DL <-> Greenwashing), aktuell im Trilog nach Stellungnahmen von Parlament und Rat

    gedacht als lex specialis ggü Emco-RL

VI. Fragen und (hoffentlich) Antworten

Gerne jetzt oder auch jederzeit später an senta.bingener@dpma.de

Verkehrsgeltung und erlangte Unterscheidungskraft von Marken

Volker Michael Jänich
Friedrich-Schiller-Universität Jena

Abstract

Verkehrsgeltung und Verkehrsdurchsetzung sind zwei ähnlich klingende, aber streng zu trennende Begriffe des Markenrechts.

Markenschutz wird typischerweise durch die Eintragung einer Marke in das entsprechende Register erworben. Daneben entsteht Markenschutz bereits durch die Benutzung des Zeichens, wenn das Zeichen innerhalb der beteiligten Verkehrskreise als Marke **Verkehrsgeltung** erworben hat.

Nach § 8 Abs. 2 Nr. 1 MarkenG sind Marken, denen jegliche Unterscheidungskraft fehlt, von der Eintragung ausgeschlossen. Dieses Schutzhindernis wird überwunden, wenn das Zeichen durch **Verkehrsdurchsetzung** Unterscheidungskraft erlangt hat. Besondere Bedeutung hat dies bei den sog. neuen Markenformen (Farbmarke, Formmarke pp.).

Aber nicht nur in der Funktion unterscheiden sich die beiden Begriffe. Auch die tatbestandlichen Voraussetzungen differieren. In dem Vortrag werden die Voraussetzungen von Verkehrsgeltung und Verkehrsdurchsetzung anhand von Beispielen aus der aktuellen Rechtsprechung erörtert.

Wie die Systemanalyse der TRIZ-Methode Ihre Recherchestrategie verbessern kann

Michael Felbinger

IPnovation GmbH, Wien, AT

Abstract

Professionelle Patentrecherchen erfordern eine strukturierte und strategische Vorgehensweise, bei der eine Vielzahl spezialisierter Werkzeuge eingesetzt wird, um präzise und umfassende Ergebnisse zu erzielen. In diesem Beitrag wird untersucht, wie die System- und Funktionsanalyse der TRIZ-Methode als innovatives methodisches Werkzeug zur Optimierung von Recherchestrategien dienen kann. Die TRIZ-Methode, ursprünglich zur Förderung technischer Problemlösungen entwickelt, bietet einen systematischen Ansatz zur Analyse und Verbesserung technischer Systeme. Sie ermöglicht es, deren Funktionen und Strukturen ganzheitlich zu erfassen und Unterscheidungsmerkmale sowie Hauptfunktionen gezielt zu identifizieren. Der Beitrag beleuchtet, wie diese Methodik in der Patentrecherche eingesetzt werden kann, um sowohl bei traditionellen als auch bei KI gestützten Recherchetools die Effektivität und Effizienz der Rechercheergebnisse zu steigern.

Einführung

Professionelle Patentrecherchen müssen systematisch[1] durchgeführt werden. Dazu stehen verschiedenste Werkzeuge zur Verfügung, die je nach Art der Recherche unterschiedlich Anwendung finden. Üblicherweise werden Patentklassen, Schlagworte, Anmeldenamen, Erfindernamen, Vorwärts- und Rückwärtszitierungen, bibliographische Informationen, numerische Angaben, Rechtsstandsinformationen, verschiedenste Operatoren, Trunkierungen, Suchfelder, Vektoren (KI gestützte Recherchen) und Weiteres zu diesen Werkzeugen gezählt.

Neben einer systematischen Vorgehensweise bei Patentrecherchen ist es wichtig strategisch, effektiv und effizient vorzugehen. [2,3] Die oben angeführten Werkzeuge bilden eine Grundlage für das Entwickeln professioneller Recherchestrategien und werden üblicherweise isoliert oder in Kombination eingesetzt. Entscheidend ist jedoch, dass die Wahl der Werkzeuge und deren Ausprägungen überlegt erfolgt bzw. definiert werden. Unter dem Wort Strategie wird ein genauer Plan für ein Verhalten verstanden, um ein Ziel zu erreichen. Das Ziel ist von der Rechercheart abhängig. Der Plan kann je nach Erfahrung und Intelligenz des Rechercheurs bzw. neuerdings des KI-Modells stark variieren.

In den folgenden Ausführungen wird daher näher untersucht, ob und wie die System- und Funktionsanalyse der TRIZ-Methode eine Recherchestrategie verbessern kann. Die Überlegungen richten sich primär an Patentrecherchen, sind jedoch auch auf andere Recherchearten, insbesondere Nichtpatentliteraturrecherchen, übertragbar.

Die Merkmalsübersicht im iterativen Rechercheprozess

Es folgt eine sehr vereinfachte Darstellung eines üblichen Rechercheprozesses, der als Grundlage für die weiteren Überlegungen dienen soll.

[1] Offenburger, Oliver. Patent und Patentrecherche: Praxisbuch für KMU, Start-ups und Erfinder. Deutschland: Springer Fachmedien Wiesbaden. 2017, S. 112

[2] Felbinger, Michael. Die Rolle von Patentinformation im Innovationsprozess. Ein Wegweiser für Produkt- und Innovationsmanager. 2012, S. 40

[3] Wurzer, Alexander et al. Patentrecherche als Produktionsprozess: Elemente eines Qualitätsmanagements. Tagungsband PATIINFO. 2024, S. 174

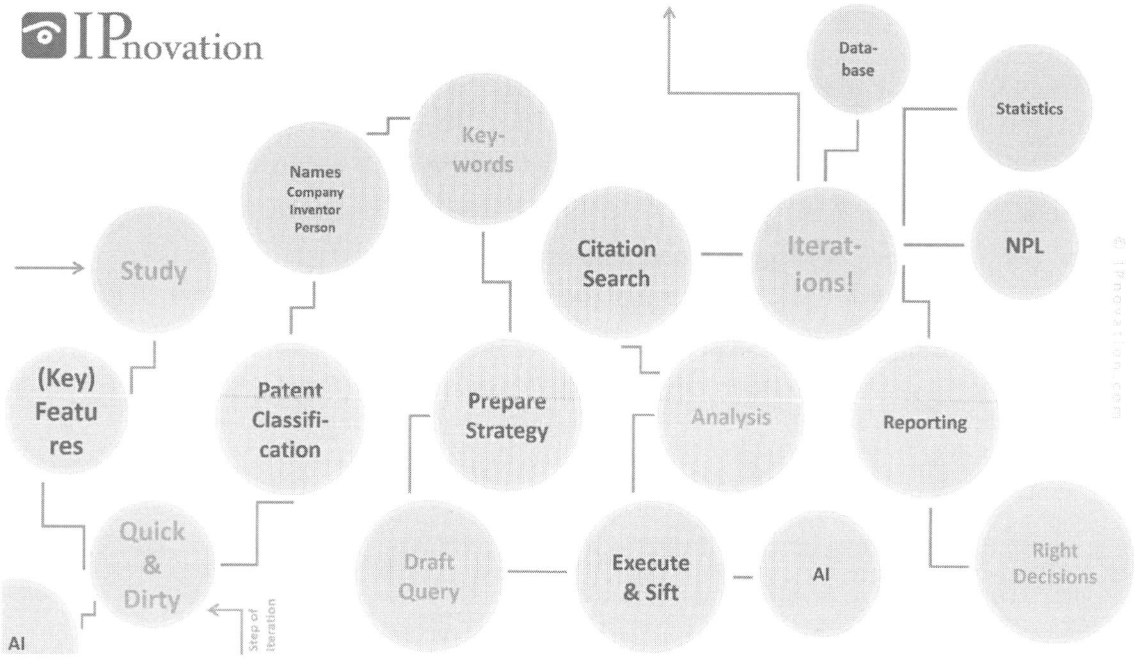

Abbildung 1: Rechercheprozess bei IPnovation GmbH

Ein typischer Rechercheprozess beginnt mit dem Studium des zu untersuchenden Themas sowie der Extraktion themenrelevanter Elemente und Merkmale – im Folgenden vereinfacht als Merkmale bezeichnet. Ziel dieser Phase ist es, ein erstes technisches Verständnis des Recherchethemas zu entwickeln und eine strukturierte Übersicht über dessen wesentliche Merkmale zu erstellen. Üblicherweise werden dabei folgende Aspekte extrahiert: der subjektive Stand-der-Technik, dessen Nachteile, die technische Aufgabe (Problemstellung), die Lösung in Form konkreter Elemente und Merkmale, die Vorteile der Lösung sowie zugrunde liegende Effekte. IPnovation GmbH führt bei diesem Prozessschritt für manche Recherchethemen zusätzlich eine System- und Funktionsanalyse durch, auf die später im Detail eingegangen wird.

Eine systematisch erstellte Merkmalsübersicht des Recherchethemas bildet die Grundlage für die Entwicklung gezielter Recherchestrategien[4] durch den geschulten Rechercheur. Sie ist insbesondere bei Erfindungsmeldungs-, Neuheits-, Stand-der-Technik-, Rechtsbeständigkeits- und FTO-Recherchen von zentraler Bedeutung. Wird diese Merkmalsübersicht ungenau, fehlerhaft oder unvollständig ausgearbeitet, ist es in der Regel nicht möglich, ein belastbares und aussagekräftiges Rechercheergebnis zu erzielen.

[4] EPA, Richtlinien für die Prüfung im Europäischen Patentamt Teil B – Kapitel IV-4

Aufgabe-Lösungs-Ansatz

Eine weitere Methode ist der Aufgaben-Lösungs-Ansatz[5], der dem Rechercheur sowohl bei der Analyse von Veröffentlichungen als auch beim Verständnis des zu recherchierenden Themas hilft. So ist beispielsweise eine Merkmalsanalyse notwendig, um die zu lösende technische Aufgabe präzise zu ermitteln. Dabei werden strukturelle und funktionelle Unterschiede zwischen dem Recherchethema und dem nächstliegenden Stand-der-Technik systematisch herausgearbeitet. Auf Grundlage dieser Unterscheidungsmerkmale wird die technische Wirkung bestimmt und daraus die technische Aufgabe abgeleitet. Bereits auf diesen Überlegungen sollten sich qualitativ hochwertige Recherchestrategien erarbeiten lassen.

Dem geschulten Rechercheur sind weitere Methoden bekannt, um strategisch, effektiv und effizient zu recherchieren. Im Folgenden wird jedoch auf das Kernthema dieses Beitrags näher eingegangen.

Grundlagen der TRIZ-Systemanalyse

Die TRIZ-Methode steht für die systematische Theorie des erfinderischen Problemlösens, wobei die Grundlagen von Genrich S. Altschuller und Rafael B. Shapiro auf Basis der Analyse von zahlreichen Patenten[6] geschaffen wurde. Gesucht wurde eine Möglichkeit, die systematische Erfindung und Produktentwicklung ermöglicht und schneller sowie effizienter zum Ziel führt. Die klassischen TRIZ-Methoden wurden über die Jahre weiterentwickelt, sodass ein umfangreicher Methodenkoffer vorliegt. Als bekannte Methoden können beispielsweise die Innovationsprinzipien und die Widerspruchstabelle genannt werden.

Ein wesentliches Element innerhalb des TRIZ-Methodenkoffers stellt die Systemanalyse dar. Ziel dieser Methode ist es, technische Systeme ganzheitlich zu erfassen – einschließlich ihrer Funktionen, Strukturen sowie möglicher Entwicklungspotenziale. Im Fokus steht dabei eine strategische Durchdringung des Gesamtsystems, um eine fundierte Grundlage für Problemlösung, Optimierung und Innovation zu schaffen.

Abgrenzung zwischen Systemanalyse und Funktionsanalyse

Innerhalb der TRIZ-Methodik nimmt die Systemanalyse eine zentrale Rolle bei der strukturierten Erfassung technischer Systeme ein. Ziel dieser Methode ist es, ein System zunächst in seiner Gesamtheit zu durchdringen. Dazu gehört die Betrachtung der

[5] EPA, Richtlinien für die Prüfung im Europäischen Patentamt Teil G – Kapitel VII-5

[6] Meitinger, Thomas Heinz., Mayer, Oliver., Gasteiger, Philipp. Mit TRIZ zur Erfindung: Schnell und systematisch zur technischen Lösung. Deutschland: Springer Berlin Heidelberg. 2023, S. 1

Systemkomponenten, ihrer Anordnung, ihrer Einbettung in ein Obersystem sowie etwaiger Subsysteme. Im Vordergrund steht hierbei nicht nur die physikalische Struktur, sondern auch die Interaktion der Bestandteile auf einer übergeordneten, strategischen Ebene. Die Systemanalyse dient somit als methodischer Einstieg in die strukturierte Auseinandersetzung mit einem technischen System und liefert eine fundierte Grundlage für nachgelagerte Analysen.

Ein wesentlicher nächster Schritt besteht in der Durchführung der Funktionsanalyse. Diese baut auf den Erkenntnissen der Systemanalyse auf, erweitert die Betrachtung jedoch um den funktionalen Aspekt.[7] Ziel ist es, alle relevanten Wirkzusammenhänge zwischen den Systemkomponenten zu identifizieren – also zu ermitteln, welche Komponente auf welche andere Komponente wirkt und auf welche Weise dabei eine Veränderung herbeigeführt wird. Die Funktionsanalyse richtet den Blick explizit auf die Wirkungen innerhalb des Systems und differenziert dabei zwischen nützlichen, schädlichen, übermäßigen oder unzureichenden Funktionen.

Während die Systemanalyse primär der Strukturierung und Abgrenzung des zu analysierenden Systems dient, liefert die Funktionsanalyse die inhaltliche Tiefe auf Ebene der Wirkzusammenhänge. Beide Analyseformen sind eng miteinander verknüpft und bilden gemeinsam die Grundlage für eine systematische Weiterentwicklung technischer Systeme sei es im Rahmen der Produktentwicklung, der Problemlösung oder – wie in diesem Beitrag gezeigt – zur Ableitung und Verbesserung von Recherchestrategien.

Die Funktionsanalyse als ein zentrales TRIZ-Werkzeug

Innerhalb der TRIZ-Systemanalyse nimmt die Funktionsanalyse daher eine zentrale Rolle ein. Ihr Fokus liegt auf der Ermittlung der Wirkzusammenhänge zwischen den Komponenten eines technischen Systems[8], wobei sowohl stoffliche Elemente als auch feldartige Einflüsse berücksichtigt werden. Funktionen werden dabei grundsätzlich als gerichtete Wirkungen (Aktion) einer Quelle (Subjekt) auf ein Ziel (Objekt) verstanden[9] – etwa in Form von „Lichtstrahl entfernt Material“ oder „Greiffinger hält Werkstück“.

Mit dieser Methode lassen sich nicht nur die primären, beabsichtigten Funktionen eines Systems erfassen, sondern nicht zufriedenstellende Funktionen als auch schädliche

[7] Michael Patra. Funktionsanalyse. 2016. URL: https://www.michael-patra.de/triz/systemanalyse/zweck/, Abruf am 15.02.2025

[8] Meitinger, Thomas Heinz., Mayer, Oliver., Gasteiger, Philipp. Mit TRIZ zur Erfindung: Schnell und systematisch zur technischen Lösung. Deutschland: Springer Berlin Heidelberg. 2023, S. 3

[9] Gadd, Karen. TRIZ für Ingenieure: Theorie und Praxis des erfinderischen Problemlösens. Deutschland: Wiley-VCH Verlag GmbH & Company KGaA. 2016, S. 392

Nebenwirkungen[10], sowie bislang unbeachtete funktionale Zusammenhänge identifizieren. Dies ermöglicht ein vollständigeres Systemverständnis, das als Grundlage für die Ausarbeitung und Optimierungen einer gezielter Recherchestrategien dienen kann.

Begriffsabgrenzung innerhalb der System- und Funktionsanalyse

Systeme

Ein technisches System im Sinne der TRIZ-System- und Funktionsanalyse ist eine vom Menschen geschaffene Anordnung aus mindestens zwei interagierenden Komponenten, die gemeinsam eine nützliche Funktion erfüllen.[11] Ein solches System existiert niemals isoliert, sondern ist immer in ein sogenanntes Obersystem eingebettet, in dem es seine Hauptfunktion realisiert. Darüber hinaus kann ein System aus mehreren Untersystemen bestehen, die einzelne Teilfunktionen übernehmen. Die Definition von Systemgrenzen sowie die klare Unterscheidung zwischen Obersystem, System und Untersystem ist entscheidend für eine präzise Analyse beziehungsweise in unserem Fall für eine erfolgreiche Recherche und hängt davon ab, wer sich mit dem technischen System auseinandersetzt. In der folgenden Abbildung 2 soll die subjektive Definition je nach Betrachtungsstandpunkt dargestellt werden.

[10] Gadd, Karen. TRIZ für Ingenieure: Theorie und Praxis des erfinderischen Problemlösens. Deutschland: Wiley-VCH Verlag GmbH & Company KGaA. 2016, S. 316

[11] Michael Patra. Funktionsanalyse. 2016. URL: https://www.michael-patra.de/triz/systemanalyse/systeme/, Abruf am 16.02.2025

Straße	Fahrzeug	Infotainmentsystem	Steuerplatine	aktive Komponenten (z.B. Chip)	Betrachter
System	Untersystem				Bundesministerium
Obersystem	System	Untersystem			OEM (z.B. BMW)
	Obersystem	System	Untersystem		OEM-Zulieferer für Kfz-Infotainment (z.B. Denso)
		Obersystem	System	Untersystem	Leiterplattenhersteller (z.B. AT&S)
			Obersystem	System	Chiphersteller (z.B. Infineon)

Abbildung 2: Differenzierung von Obersystem, System und Untersystem

Für den Rechercheur ist es wichtig zu verstehen, was das System in der durchzuführenden Recherche darstellt und welche Komponenten dieses System bilden.

Komponenten

Komponenten sind Bestandteile oder Elemente eines zu untersuchenden Systems. Im Sprachgebrauch von Patentrechercheuren werden Komponenten vorrangig Elemente genannt. [12] In der TRIZ-Methodik werden zwei Arten von Komponenten unterschieden: Stoffe und Felder. Stoffe bezeichnen materielle Objekte, während Felder physikalische Felder bzw. Wirkzusammenhänge zwischen zwei Stoffen darstellen. Eine vertiefende Betrachtung dieses Prinzips erfolgt im Zusammenhang mit dem TRIZ-Werkzeug „Stoff-Feld-Modell". [13]

Parameter

Komponenten, beziehungsweise Elemente, werden von Parametern unterschieden. Parameter beschreiben zeitlich konstante oder veränderliche Eigenschaften einer Komponente, wie etwa Masse, Temperatur, Durchmesser oder Geschwindigkeit und werden

[12] Wurzer, Alexander: Das Handbuch der Patentrecherche. Heidelberg. 2002, RT 1.2.2.

[13] Rapp, Alexander. Von der Idee zum Produkt für Dummies. Deutschland: Wiley. 2013.

im Sprachgebrauch der Rechercheure vielfach Merkmale genannt. Während Komponenten als funktionale Einheiten eines Systems agieren, dienen Parameter der quantitativen oder qualitativen Beschreibung ihres Zustands oder Verhaltens. Eine Vermischung beider Begriffe kann zu Missverständnissen in der Systemanalyse führen und sollte – insbesondere bei der Recherchevorbereitung – vermieden werden.

Funktionen

Eine Funktion ist – wie bereits beschrieben – eine Aktion einer Komponente (Subjekt) auf eine andere Komponente (Objekt). Entscheidend dabei ist, dass zumindest ein Parameter des Objekts durch diese Aktion verändert, erhalten oder eliminiert wird. Funktionen setzen sich aus einem Substantiv und einem Verb zusammen und werden zumindest in nützliche und schädliche Funktionen unterschieden, wobei diese Unterscheidung für die Verbesserung der Recherchestrategien weniger Relevanz haben dürfte. Neben der vereinfachten Darstellung im Schema Subjekt – Aktion – Objekt (SAO) bietet eine vertiefende Analyse der Funktionen eines Systems mit Hilfe einer Systemanalyse zusätzliche Erkenntnisse.

Eine Funktionsanalyse nach dem Prinzip SAO kann beispielsweise wie in Abbildung 3 gezeigt, dargestellt werden.

Subjekt	Aktion	Objekt
Kühlkissen	kühlt	Haut
Spannungsquelle	lädt	Kondensator
Kolben	komprimiert	Gas
Greifer	greift	Gegenstand
Tinte	färbt	Papier
Filter	reinigt	Abwasser

Abbildung 3: Beispiele zur Funktionsanalyse nach dem Prinzip SAO

Bereits durch diese Überlegung lassen sich wertvolle Erkenntnisse für hochwertige Recherchestrategien ableiten. Subjekt, Aktion und Objekt können jeweils für sich als „Konzept" betrachtet werden, für das ein oder mehrere Deskriptoren[14], beispielsweise Patentklassen oder Begrifflichkeiten, eingesetzt werden können. Auch für Funktionen sollte,

[14] Wurzer, Alexander: Das Handbuch der Patentrecherche. Heidelberg. 2002. Tab. RT 1.1.2-1.

trotz der in der Literatur häufig betonten methodischen Schwierigkeit, eine möglichst klare Beschreibung mit Hilfe von Deskriptoren angestrebt werden.

Um ein tieferes Verständnis zu erlangen, kann eine Funktion zusätzlich in die folgenden angeführten Bestandteile gegliedert werden:

- Funktionsträger (Sender-Komponente)
- Funktionsobjekt (Empfänger-Komponente)
- Parameter (Eigenschaft des Objekts, die betroffen ist)
- Art der Veränderung (z. B. erhöhen, senken, konstant halten, eliminieren)

Im Hinblick auf die zuvor genannten Beispiele nach dem Prinzip SAO können somit weitere Konzepte entwickelt und daraus Möglichkeiten für hochwertige Recherchestrategien abgeleitet werden. In der folgenden Abbildung 4 werden die zuvor angeführten Beispiele weiter ausgeführt.

Funktionsträger	Aktion	Funktionsobjekt	Parameter	Art der Veränderung
Kühlkissen	kühlt	Haut	Temperatur	verringern
Spannungsquelle	lädt	Kondensator	Ladung	erhöhen
Kolben	komprimiert	Gas	Druck	erhöhen
Greifer	greift	Gegenstand	Position	halten
Tinte	färbt	Papier	Farbzustand	verändern
Filter	reinigt	Abwasser	Partikelgehalt	senken

Abbildung 4: Beispiele zur Erweiterung der SAO-Analyse um die Aspekte der Parameter und der Art der Veränderung

Bei dem Beispiel „Kühlkissen kühlt Haut“ wäre unter Umständen erst zu einem späteren Zeitpunkt das Konzept Temperatur und die Art der Parameteränderung, in diesem Fall verringern, vorgelegen. Durch die beschriebene methodische Vorgehensweise liegt diese Erkenntnis bereits zu Beginn der Recherche vor und unterstützt den Rechercheur schon in den frühen Phasen der Recherche mit wertvollen Erkenntnissen. Je früher derartige Erkenntnisse vorliegen, desto höher wird die Qualität der Recherche ausfallen.

Eine Funktion wird durch eine oder mehrere Wirkungen realisiert. Eine Wirkung beschreibt zum Beispiel den physikalischen, chemischen oder mechanischen Effekt, der bei der Funktionserfüllung auftritt – gewollt oder auch ungewollt. Um eine Funktion auf Korrektheit zu überprüfen, kann gedanklich der Funktionsträger weggelassen werden und geprüft werden, ob sich dadurch für das Funktionsobjekt etwas verändert. Würde eine Veränderung eintreten, ist die Funktion korrekt formuliert. Durch diese gedankliche Vorgehensweise können definierte Funktionen überprüft werden.

In einem technischen System können viele verschiedene Funktionen vorhanden sein. Für die Relevanzbetrachtung hinsichtlich einer vorzunehmenden Recherche ist eine Unterscheidung zwischen Hauptfunktionen und Nebenfunktionen wichtig. Es kann sinnvoll sein, sich auf ausgewählte Funktionen näher zu konzentrieren.

Erstellen einer Funktionsanalyse

Meitinger et al. schlagen bei einer Funktionsanalyse eines Patents vor, Hauptwörter in den Ansprüchen zu markieren und als Komponenten zu verwenden.[15] Verben dienen der Beschreibung von Funktionen, die zwischen den Komponenten stattfinden, um ein Funktionsmodell des Systems zu erstellen. Diese Vorgehensweise wird wie oben geschildert Subjekt-Aktion-Objekt-Analyse (SAO) genannt. [16]

Die Funktionsanalyse stellt ein zentrales Werkzeug innerhalb der TRIZ-Systemanalyse dar. Ihr Ziel ist es, ein funktionales Modell des technischen Systems zu erstellen, das die Wirkzusammenhänge zwischen den einzelnen Komponenten sichtbar macht. Die Funktionsanalyse hilft demnach bei der strukturierten Erfassung und dem Verständnis aller relevanten Wirkzusammenhänge innerhalb eines technischen Systems[17]. Im Mittelpunkt steht die Frage, welche Komponente auf welche andere wirkt und welche Veränderung dadurch hervorgerufen wird. Ziel ist es, nicht nur nützliche Funktionen, sondern auch schädliche oder bislang unbeachtete Wirkungen zu identifizieren und Hauptfunktionen von Nebenfunktionen zu unterscheiden[18], um vielfach dem Gedanken der „Idealen Maschine“ näher zu kommen.

[15] Meitinger, Thomas Heinz., Mayer, Oliver., Gasteiger, Philipp. Mit TRIZ zur Erfindung: Schnell und systematisch zur technischen Lösung. Deutschland: Springer Berlin Heidelberg. 2023, S. 35

[16] Burkhardt, Nicolas. Das große Handbuch Innovation: 555 Methoden und Instrumente für mehr Kreativität und Innovation im Unternehmen. Deutschland: Vahlen. 2018, S. 484

[17] Gadd, Karen. TRIZ for Engineers: Enabling Inventive Problem Solving. Deutschland: Wiley. 2011, S. 312

[18] ORLOFF, Michael A. Grundlagen der klassischen TRIZ. Springer-Verlag Berlin Heidelberg. 2005, S. 217

Die Darstellung von Funktionen erfolgt üblicherweise in Form von gerichteten Beziehungen zwischen Funktionsträger (Sender-Komponente) und Funktionsobjekt (Empfänger-Komponente), wie diese bereits oben dargelegt wurde. Die Darstellung der Funktionen gemäß dem Erfüllungsgrad der Funktion kann dabei helfen das System besser zu verstehen. Typische Erfüllungsgrade sind beispielsweise nützlich, unzureichend, übermäßig, schädlich. Ob eine Funktion zum Beispiel schädlich oder nützlich ist, kann davon abgeleitet werden, ob der Parameter in die gewünschte oder in die ungewünschte Richtung verändert wird und in welchem Ausmaß die Änderung stattfindet.[19]

Zur Visualisierung bieten sich unterschiedliche Darstellungsformen an: von einfachen SAO-Strukturen (Subjekt – Aktion – Objekt), über Funktionsdiagramme mit Pfeildarstellungen bis hin zu tabellarischen Aufbereitungen.[20] Diese dienen dazu, ein vollständigeres Bild des Systemverhaltens zu erzeugen und sind die Grundlage für gezielte Optimierungen, Problemlösungen und die Entwicklung durchdachter Recherchestrategien.

Im Vergleich zur oben angeführten SAO-Tabelle hat sich, wenn auch zeitaufwändig, die Erstellung von Funktionsdiagrammen mit Pfeildarstellungen herausgestellt. Durch die graphische Darstellung wird ermöglicht zu Beginn und bei fortgeschrittener Recherche weitere strategische Anhaltspunkte zu erkennen. Dabei ist wichtig zu berücksichtigen, dass für die Funktionsanalyse verschiedene Modellierungszeitpunkte gewählt werden können. Für die Betrachtung ist jener Zeitpunkt des Systems auszuwählen, der für die Recherche am relevantesten erscheint. Alternativ können mehrere Modelle erstellt werden.

Um ein Funktionsdiagramm zu erstellen, werden die Komponenten eines Systems mit Symbolen eingetragen, wobei verschiedene Formen für die Symbole gebräuchlich sind. Es ist von Vorteil eine Unterscheidung in der Darstellung der Komponenten einzuführen, sodass zumindest Komponenten des Obersystems, des Systems und die Zielkomponente unterschieden werden können. Insbesondere letztere ist von zentraler Wichtigkeit, da jedes zu untersuchende System wegen ihr entwickelt wurde. Die Zielkomponente sollte im Zentrum der Betrachtung stehen, wenn es darum geht die Systemgrenzen zu definieren, die Funktionalität korrekt zu modellieren, Haupt- und Nebenfunktionen zu differenzieren, schädliche Nebenwirkungen zu identifizieren und die Kernmerkmal einer Erfindung bzw. eines Recherchethemas zu definieren. Eine übliche Darstellung ist in Abbildung 5 angeführt.

[19] Gadd, Karen. TRIZ for Engineers: Enabling Inventive Problem Solving. Deutschland: Wiley. 2011, S. 319

[20] MAKINO, Koichi; SAWAGUCHI, Manabu; MIYATA, Nina. Research on functional analysis useful for utilizing TRIZ. Procedia Engineering. 2015, 131. Jg., S. 1021-1030.

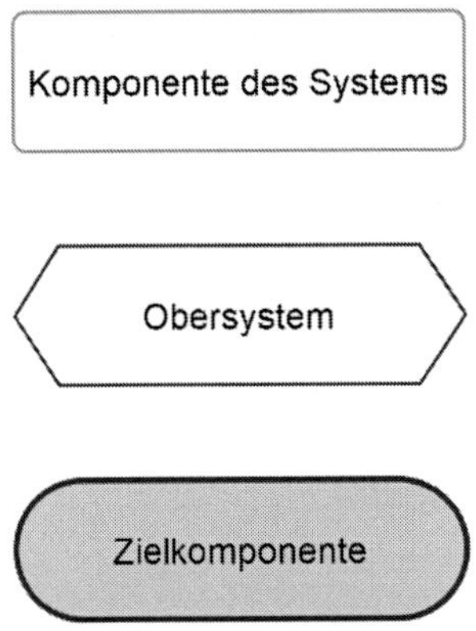

Abbildung 5: Darstellung der Komponenten des Obersystems, des Systems und der Zielkomponente

Beispiel einer System- und Funktionsanalyse

Im Folgenden wird anhand eines Beispiels eine mögliche Herangehensweise in Verbindung mit einer System- und Funktionsanalyse aufgezeigt. Dazu wird angenommen, dass der Inhalt der kurz erläuterten Erfindung recherchiert werden soll, die beispielsweise in Form einer Erfindungsmeldung vorliegen könnte.

Zusammenfassung der Erfindung:

Ein sensorisches Rückmeldesystem für eine Handprothese, das eine Vielzahl von Drucksensoren umfasst, die im Bereich der Fingerspitzen der Prothese angeordnet sind. Jeder dieser Sensoren ist so ausgelegt, dass er ein Ausgangssignal erzeugt, welches von einem mechanischen Reiz am jeweiligen Sensor abhängig ist.

Das Rückmeldesystem umfasst weiterhin eine Vielzahl von EMS-Stimulatoren (Elektrische Muskelstimulation), die so konzipiert sind, dass sie auf intakten Hautarealen des Anwenders – etwa am Unter- oder Oberarm – positioniert werden können.

Zudem umfasst das System eine Verarbeitungseinheit, die sowohl mit den Drucksensoren als auch mit den Stimulatoren funktional gekoppelt ist. Diese Verarbeitungseinheit ist so ausgelegt, dass sie die von den Sensoren erzeugten Signale empfängt und in Echtzeit entsprechende Stimulatoren ansteuert. Ziel ist es, basierend auf dem jeweiligen Sensorsignal gezielt Nervenkomponenten in den intakten Hautbereichen elektrisch zu stimulieren und somit eine taktile Rückmeldung an den Anwender zu vermitteln.

Die folgende Abbildung 6 veranschaulicht den Grundgedanken der vorliegenden Erfindung.

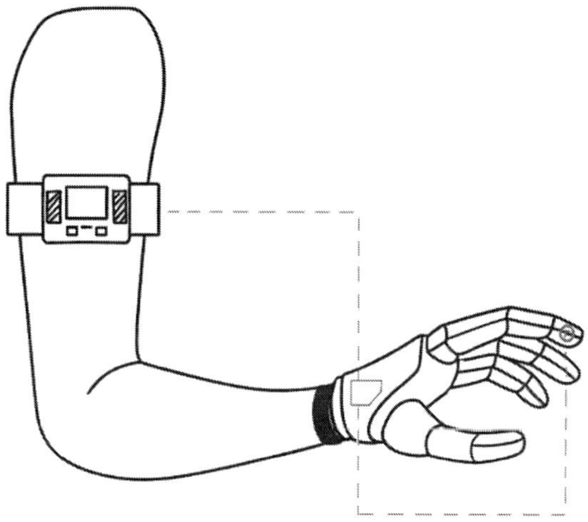

Abbildung 6: Sensorisches Rückmeldesystem für eine Handprothese

Üblicherweise wird nach einem intensiven Studium der Unterlagen (Schritt „Study“ gemäß Abbildung 1) und einer möglichen Abstimmung mit den Erfindern mit der Erstellung einer Merkmalsübersicht des Recherchethemas (Schritt „Features“ gemäß Abbildung 1) begonnen. Eine erste, einfache Übersicht der zu recherchierenden Elemente und Merkmale könnte wie in Abbildung 7 gezeigt aussehen.

	Elemente	**Merkmale**				
		M1	**M2**	**M3**	**M4**	**M5**
E1	Sensorisches Rückmelde-system	taktile Rück-meldung				
E2	Handprothese					
E3	Finger	Fingerspitzen (FS)	Druck-sensoren in den FS			
E4	Drucksensoren	Mechanischer Reiz				
E5	EMS-Stimulatoren	positioniert auf intakten Hautarealen	stimuliert Nerven			
E5	Hautareale	des Ober- oder Unterarms	umfasst Nerven			
E7	Verarbeitungs-einheit	gekoppelt mit Druck-sensoren	gekoppelt mit Stimul-atoren	empfängt Signale der Sensoren	erzeugt Signale für die Stimu-latoren	Echtzeit

Abbildung 7: Merkmalsübersicht des sensorischen Rückmeldesystems für eine Handprothese

Weitere standardmäßige Fragen zur Problemstellung, der Lösung, den Vorteilen der Lösung, Varianten, dem Effekt und dem Zweck können wertvolle Erkenntnisse liefern. Die Erfahrung zeigt, dass diese Aspekte teilweise in den zur Verfügung gestellten Unterlagen, wie beispielsweise einer Erfindungsmeldung, enthalten sein können, dies jedoch nicht immer der Fall ist – selbst wenn in Formularen für Erfindungsmeldungen vorgesehene Überschriften und Anleitungen die Erfinder dazu anregen sollten.

Erstellen einer System- und Funktionsanalyse

Um ein System- und Funktionsdiagramm mit Pfeildarstellung zu erstellen, können die aktuell bekannten Komponenten, beispielsweise mit Hilfe einer dafür geeigneten Software, erfasst werden. Ein erster Anhaltspunkt ist die Extraktion von im Text vorhandenen Substantiven und die Identifikation der zugehörigen Funktionen.[21] Dabei ist es ratsam, bereits eine Unterscheidung zwischen Obersystem, System und Untersystem einzuführen. Üblich wäre auch eine detailliertere Unterscheidung der Funktionen, wie sie oben dargestellt wurde. Da dies jedoch für die aktuelle Betrachtung keinen wesentlichen Vorteil bringt, wird im Folgenden darauf verzichtet.

Nachdem die Komponenten eingetragen wurden, kann die Definition der gerichteten Beziehungen zwischen Funktionsträger (Sender-Komponente) und Funktionsobjekt (Empfänger-Komponente) erfolgen, und zwar durch Hinzufügen von Verbindungslinien, die beschriftet werden.

Das Ergebnis der ersten System- und Funktionsanalyse kann etwa wie in Abbildung 8 dargestellt werden.

[21] Meitinger, Thomas Heinz., Mayer, Oliver., Gasteiger, Philipp. Mit TRIZ zur Erfindung: Schnell und systematisch zur technischen Lösung. Deutschland: Springer Berlin Heidelberg. 2023, S. 31

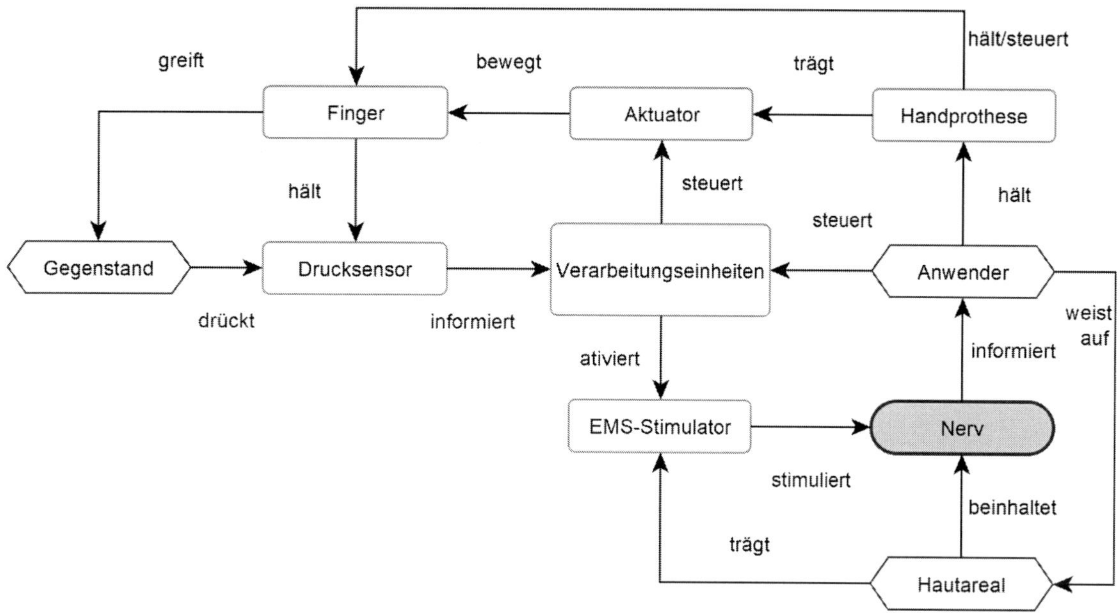

Abbildung 8: System- und Funktionsanalyse des sensorischen Rückmeldesystems für eine Handprothese

Relevanz der System- und Funktionsanalyse für die Recherchestrategie

Ein Vorteil der System- und Funktionsanalyse besteht darin, dass das vorliegende System detailliert untersucht werden kann, um etwa fehlende Komponenten oder Funktionen zu identifizieren, die entweder in den Unterlagen nicht explizit genannt oder im Verständnis des Systems noch nicht berücksichtigt wurden. Im vorliegenden Fall wurden beispielsweise die Komponenten „Aktuator" und „Gegenstand" sowie deren zugehörige Funktionen aufgenommen, um das System vollständig zu erfassen.

Neben den bereits zum subjektiven Stand-der-Technik identifizierten Unterscheidungsmerkmalen wie „Drucksensor" und „EMS-Stimulator" können nun auch die Hauptfunktion und die Zielkomponente des Systems präzise bestimmt werden. Im Fall des sensorischen Rückmeldesystems wird die taktile Rückmeldung als Hauptfunktion definiert. Da das Funktionsobjekt einer Hauptfunktion die Zielkomponente darstellt, lässt sich der Nerv als Zielkomponente festlegen.

Ohne das Erstellen der System- und Funktionsanalyse wäre im ersten Schritt der Fokus möglicherweise auf dem Drucksensor selbst gelegen, der zwar für die Gesamtfunktion des Systems entscheidend ist, jedoch nicht die Hauptfunktion erfüllt und somit auch nicht die Zielkomponente darstellt.

Die Hauptfunktion nach dem SAO-Prinzip könnte demnach „EMS-Stimulator stimuliert Nerv“ lauten. Wird diese Funktion, wie oben beschrieben, hinsichtlich der Parameter (Abbildung 9) weiter untersucht, zeigt sich, dass zwischen dem EMS-Stimulator und dem Nerv ein elektrisches Feld bestehen muss, das in Echtzeit verändert wird.

Funktionsträger (Sender-Komponente)	EMS-Stimulator
Aktion	stimuliert
Funktionsobjekt (Empfänger-Komponente)	Nerv
Parameter (Eigenschaft des Objekts, die betroffen ist)	Elektrisches Feld
Art der Veränderung (z. B. erhöhen, senken, konstant halten, eliminieren)	senken/erhöhen (in Echtzeit)

Abbildung 9: Erweiterung der SAO-Analyse „EMS-Stimulator stimuliert Nerv“ um die Aspekte Parameter und Art der Veränderung

Diese Methodik kann nun auf weitere Funktionen und Komponenten angewandt werden. Bitte sehen Sie dazu Abbildung 10.

Subjekt	Aktion	Objekt	Parameter	Art der Veränderung
Finger	greift hält	Gegenstand	Position	halten
Gegenstand	drückt	Drucksensor	Kraft	z.B. erhöhen
Drucksensor	inform-iert	Verarbeitungs-einheit	Signal	verändern
Verarbeitungs-einheit	aktiviert	EMS-Stimulator	Signal	z.B. aktivieren
EMS-Stimulator	stimul-iert	Nerv	elektrisches Feld	steuern
Nerv	inform-iert	Anwender	elektrischer Impuls	erzeugen
Anwender	steuert	Verarbeitungs-einheit	Signal	verändern

Abbildung 10: Erweiterung der SAO-Analyse um die Aspekte der Parameter und der Art der Veränderung

Die FTO-Recherche mit Hilfe der System- und Funktionsanalyse

Ein weiterer Vorteil der System- und Funktionsanalyse zeigt sich besonders bei Verletzungsrecherchen, auch als Freedom-to-Operate-Recherchen (FTO) bekannt.

Die Herausforderung bei FTO-Recherchen besteht unter anderem darin, Begriffe für die Suche nach einem bestimmten Konzept so zu definieren, dass verschiedene sprachliche und technische Varianten berücksichtigt werden. Dazu zählen vorwiegend Synonyme, Homonyme, Negationen, äquivalente Begriffe, Hyperonyme, Hyponyme, Aspekte der „Patentsprache", Übersetzungen, Akronyme und auch Fehlübersetzungen. Diese Vielfalt erfordert eine präzise und systematische Herangehensweise, um keine relevanten Veröffentlichungen zu übersehen.

Besonders anspruchsvoll ist die Recherche nach dem Aspekt der Äquivalenz, der selbst erfahrene Rechercheure vor Herausforderungen stellen kann. Die Identifikation von technisch äquivalenten Lösungen ist nicht nur eine Frage der richtigen Begriffe, sondern auch eine Frage der richtigen Methode. Die System- und Funktionsanalyse bietet hierbei eine wertvolle Unterstützung. Sie erleichtert die Recherche nach technisch gleichwirkenden Lösungen, insbesondere wenn Funktionen, Parameter und die Art der Veränderung der Parameter betrachtet werden, ohne dabei die konkrete Komponente selbst zu berücksichtigen. Diese Herangehensweise wird in der TRIZ-Methodik als „Trimmen" bezeichnet.

Ein Beispiel für einen Trimm-Prozess: Bei der SAO-Formulierung „EMS-Stimulator stimuliert Nerv" kann die Komponente „EMS-Stimulator" weggelassen werden, um nach anderen Komponenten zu suchen, die eine ähnliche technische Wirkung erzielen. Erste Überlegungen und Kurzrecherchen können hier über allgemein bekannte alternative Komponenten informieren. Anstelle gezielt nach alternativen Komponenten zu suchen, besteht die Möglichkeit, das Konzept der Stimulation sowie die Funktion „stimuliert Nerv" und die zugehörigen Parameter zu recherchieren. In diesem Fall könnte die Recherche beispielsweise zu Veröffentlichungen führen, die ein haptisches Feedbacksystem beschreiben, das Vibrationserzeuger nutzt, um den Anwender auf ähnliche Weise zu informieren – ohne dass die gleiche physische Komponente wie der EMS-Stimulator verwendet wird.

Diese Methodik der System- und Funktionsanalyse ermöglicht es, die Recherche auf eine breitere Palette an technischen Lösungen auszudehnen, die die gleiche Funktionalität bieten, aber unterschiedliche technische Ansätze und Komponenten verwenden. So wird die Recherche effizienter und effektiver, da sie auch Lösungen umfasst, die auf den ersten Blick nicht sofort in das ursprüngliche Suchmuster passen. Die Konzepte der Technischen Gleichwirkung, Auffindbarkeit und Gleichwertigkeit sollten im Vorfeld mit dem zuständigen Patentanwalt abgesprochen werden. Eine enge Zusammenarbeit mit dem Patentanwalt stellt sicher, dass die rechtlichen Rahmenbedingungen und die Definitionen dieser Konzepte klar und präzise sind.

System- und Funktionsanalyse für die Arbeit mit KI-Recherche-Programmen

Die letzten Jahre waren geprägt von einem Hype rund um KI-Recherche-Programme. Mittlerweile hat sich das Plateau der Produktivität (nach dem Hype-Zyklus von Gartner) eingestellt, und die Möglichkeiten sowie Grenzen von KI-basierten Recherche-Tools können realistischer eingeordnet werden.

Insbesondere bei KI-Recherche-Programmen, die eine Eingabe des zu recherchierenden Themas in Form eines Merkmalbaums ermöglichen – ein Ansatz, der bei einem bekannten Anbieter als Graphen-Suche bezeichnet wird – kann die System- und Funktionsanalyse wertvolle Unterstützung bieten. Durch die gedankliche Abgrenzung des zu recherchierenden Systems von den Komponenten des Ober- und Untersystems sowie die detaillierte Erarbeitung aller relevanten Komponenten und Funktionen des zu recherchierenden Systems wird das „Verständnis" des KI-Recherche-Programms für das zu recherchierende Thema erheblich verbessert. Durch die Erweiterung der Komponenten um die Funktionen in der oben beschriebenen SAO-Struktur lässt sich die Qualität der Treffer eines KI-Recherche-Programms erhöhen. Dies scheint nicht nur für die Recherche mit Hilfe von Merkmalen zu gelten, sondern auch für die KI-Recherche, die auf einer textuellen Beschreibung des Recherchethemas basiert.

Schlussfolgerungen

Die TRIZ-System- und Funktionsanalyse bietet in der Patentrecherche eine strukturierte und systematische Methode zur Analyse technischer Systeme. Durch die strukturierte Herangehensweise werden die wesentlichen Elemente, Merkmale und Funktionen eines technischen Systems systematisch erfasst und analysiert. Unterscheidungsmerkmale, Hauptfunktionen und Zielkomponenten können klar bestimmt werden. Ein wesentlicher Vorteil ist die Fähigkeit, systemrelevante Komponenten und funktionale Zusammenhänge zu erkennen. Besonders bei der Freedom-to-Operate-Recherche (FTO) erleichtert sie das Auffinden äquivalenter Lösungen, indem sie die Berücksichtigung von Funktionen und Parametern unabhängig von spezifischen Komponenten ermöglicht. Auch in der Arbeit mit KI-Recherche-Programmen lässt sich durch die Anwendung der System- und Funktionsanalyse eine deutliche Verbesserung der Trefferqualität erzielen.

Die Anwendung der System- und Funktionsanalyse bringt jedoch einige Herausforderungen mit sich. Sie kann zeitaufwändig und komplex sein, was ein hohes Maß an Expertise und Erfahrung erfordert. Insbesondere die detaillierte Modellierung von Funktionsdiagrammen sowie die präzise Definition von Systembeziehungen sind bei unvollständigen Informationen problematisch. Zudem kann die Methode zu einer Überspezifizierung führen, sodass weniger erfahrene Rechercheure unsicher werden, welche Details für die Recherche wichtig sind.

Die TRIZ-basierte System- und Funktionsanalyse ist insbesondere bei Booleschen-Recherchen ein innovatives methodisches Werkzeug zur Optimierung von Recherchestrategien. Zukünftig könnte die Kombination der TRIZ-basierten System- und Funktionsanalyse mit KI-Recherche-Programmen neue Maßstäbe in der Qualität und Geschwindigkeit von Patentrecherchen setzen.

Insights into SEP Licensing Trends Across Industries

Marco Richter

LexisNexis, Bonn

Abstract

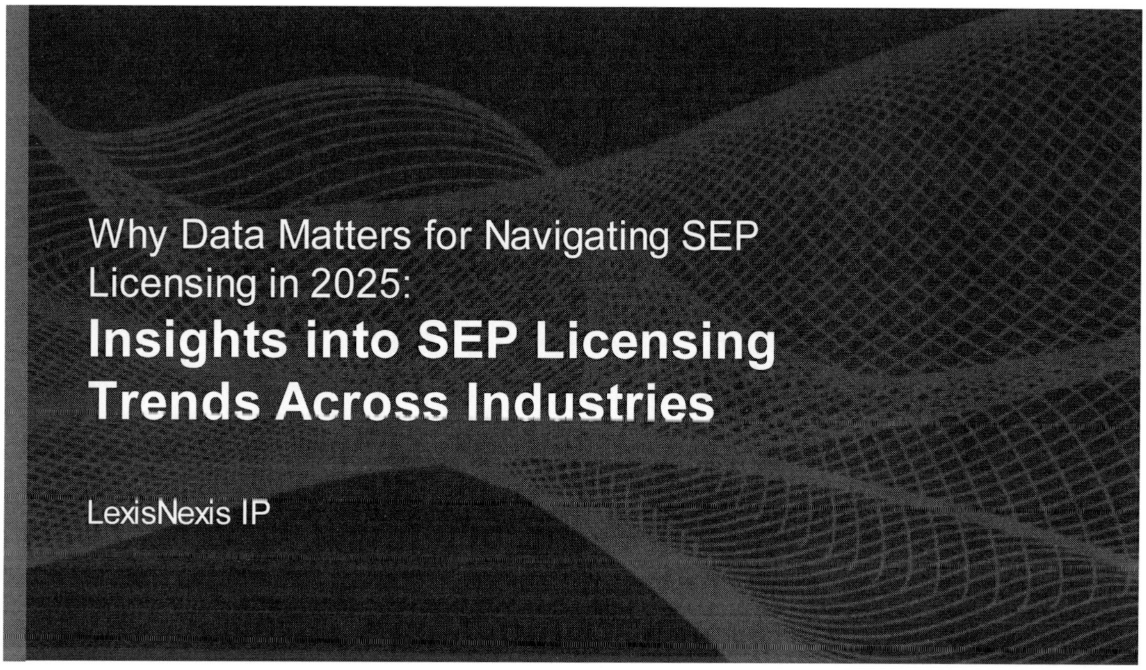

How Standards Enable a Connected World

Uo ctv'Ectu

Uo ctv'Hcevqt{

Uo ctv'Gpgti {

Uo ctv'J gcnj ectg

Uo ctv'J qo g

Increasing Use of **Cellular IoT** Protocols

Market Synopsis

- Share of global IoT module shipments by IoT standard.
- By 2026, **NB-IoT** with highest share of 32% followed by **LTE-Cat1** and **LTE-M**

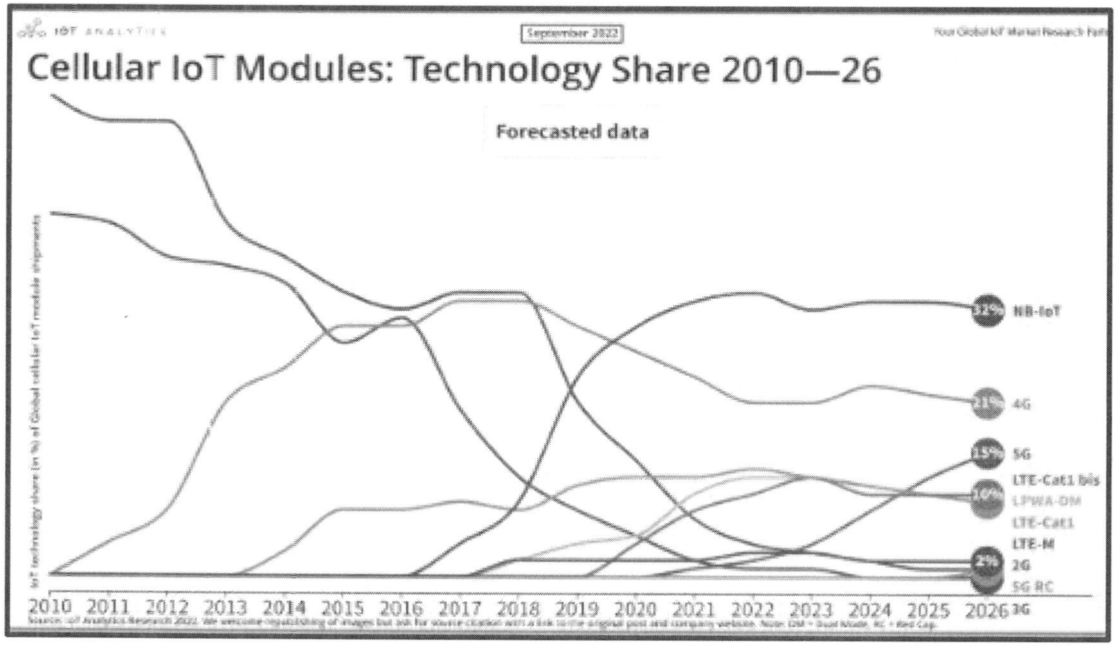

Uqwteg<"j wr u<"lz6vc lr legmwet /kqv/o qf wg/o ctngvuMcpi /fgo cpf/uwr r r /eqpuMcpw/r quklg /uqy fqy p/lp/
4245/ng/ecv3tkgu/7; 4378

Increasing Use of **Cellular IoT** Protocols

Connectivity -LTE-M vs NB-IoT, Coverage by Standard Generation

- With the current focus on realizing the Industry 4.0 vision, it is no surprise that IIoT technologies comprise a significant body of the work under **Releases 16 and 17**

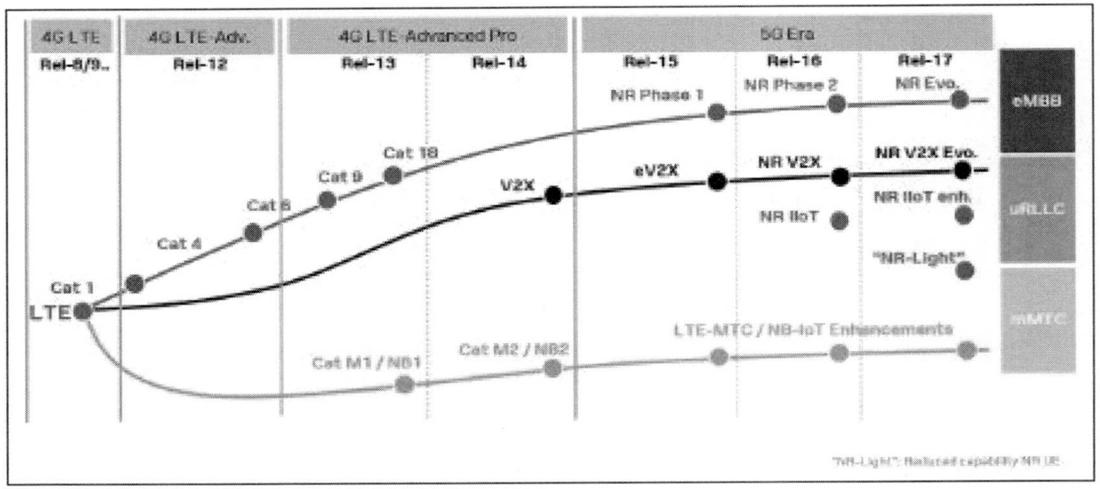

Uqwteg<"j wr u4lz0wc lr legmwt /lqv/o qfwg/o ctngv/uvtqpi /fgo cpf/uwrr{ /eqpuvtckpv/r quklkg /uqy fqy p/lp/
4245/ng/ecv3/tkqu/7; 4378

The Complex Relationship of Standards and Products

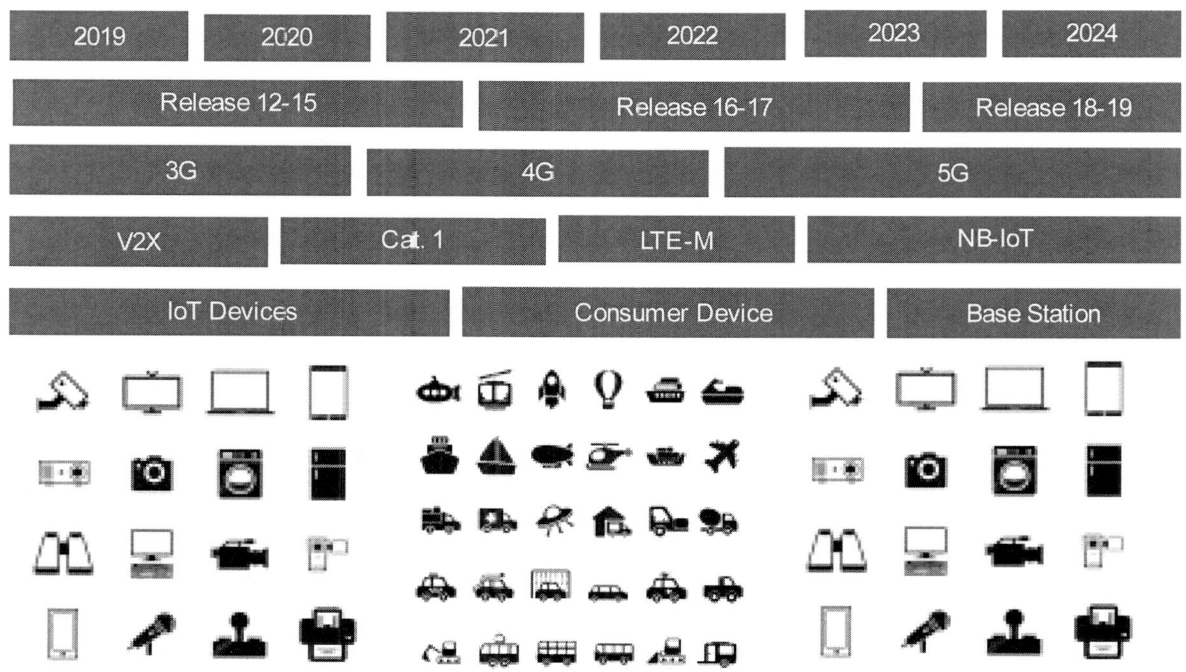

5G Patent Trends in 2025

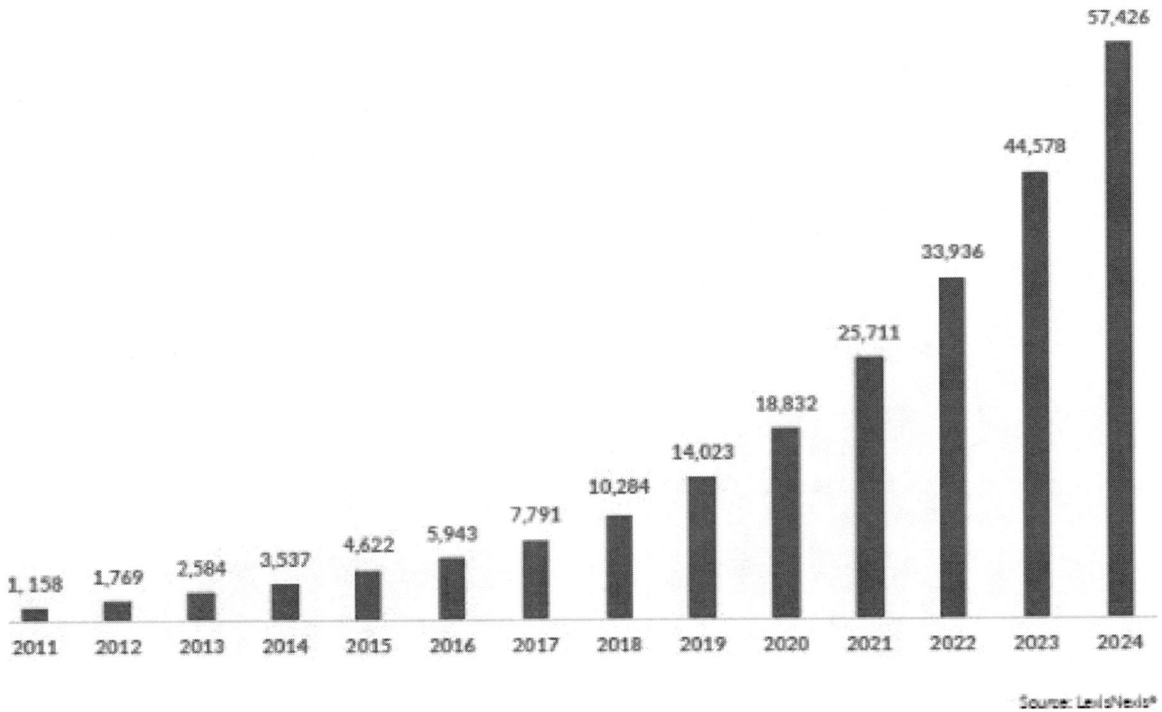

Source:

- **Who Is Leading the 5G Patent Race 2025?**
- https://www.lexisnexisip.com/5g-patent-lansdcape/

SEP Licensing Trends for **Cellular IoT & V2X**

Cellular IoT Patent Pools – **AVANCI EV Charger**

AVANCI

Market-driven pricing

License rates, paid once for the charger's lifetime	
Category 1 (< 25kW output power, without infotainment functions and without a user interface to receive and present information received over a cellular network to the EV Charger user)	$5/charger
Category 2 (< 150kW output power, without infotainment functions and not a Category 1 charger)	$9/charger
Category 3 (150kW or more output power, without infotainment functions)	$11/charger
Category 4 (Any EV charger capable of performing infotainment functions, such as playing downloaded video, audio and/or other entertainment content, and/or access internet-enabled content such as commercials or advertisements, and/or provide network connectivity for a wireless LAN)	$13/charger

Early licensee reductions – for Avanci EV Charger licenses signed before the later of December 5, 2024 or within six months of first sale or commercial use of a cellular smart EV charger – rates are reduced by $1 per charger in all categories

The above Avanci IoT pricing may change in the future.

AVANCI Cellular IoT **EV Charger** pool **with about 60% share** of all granted and active 4G and 5G patents according to LexisNexis IPlytics

Cellular IoT Patent Pools – **AVANCI Smart Meter**

AVANCI

About Vehicle **IoT** Broa

Pricing – Always fair.

Avanci shares a commitment with the IoT ecosystem to make Avanci IoT licenses for the latest standard wireless technologies available in a way that is fair, reasonable and non-discriminatory (FRAND). This well-established industry principle ensures that those using standardized technologies in their products have access on fair terms, and those creating wireless technology receive a fair return on their investment.

Fair, fixed prices for smart meters

The royalty rate in an Avanci IoT – Smart Meter license will never increase during the term of the license, regardless of:

- The number of 3G and 4G essential patents added to the license
- How many new licensors join the Avanci Smart Meter program

Avanci IoT provides predictability, transparency and simplicity for Smart Meter manufacturers and grid operators.

Smart meter pricing

Avanci IoT offers these rates, paid once per smart meter, covering the meter's lifetime.

Cellular smart meters	
3G	$2
3G & 4G	$3

The above Avanci IoT pricing may change in the future.

AVANCI Cellular IoT **Smart Meter** pool **with > 52% share** of all granted and active 4G and 5G patents according to LexisNexis IPlytics

Cellular IoT Patent Pools – **Sisvel IoT**

Sisvel

ABOUT US LICENSING PROGRAMMES SISVEL TECH NEWSROOM INSIGHTS CAREERS

	Royalty per unit
NB-IoT	
- Selling price of US$6 or less	US$ 0.08
- Selling price of US$6-US$20	US$ 0.35
- Selling price of over US$20	US$ 0.66
LTE-M*	
Smart Sensor Devices	
- Selling price of US$6 or less	US$ 0.08
- Selling price of US$6-US$20	US$ 0.35
- Selling price of US$20-US$60	US$ 0.66
*- Selling price of US$60-US$130 ***	US$ 1.33
Smart Utility Metering Devices	US$ 2.00

Sisvel Cellular IoT pool **with 50% share** of all granted and active 4G and 5G patents according to LexisNexis IPlytics

SEP Licensing Trends:
Increasing PAE Transactions

Patent Assertion Entities

- The number of SEPs transferred to PAEs has **quadrupled** in the past 4 years (2020-2024)
- While some PAEs even join pools, others **enforce their SEPs aggressively** across world-wide jurisdictions
- The data shows that PAEs acquire high **quality** and **enforceable patents** (essential and valid)

LexisNexis Confidential 12

Why Data Matters for Navigating SEP Licensing in 2025

Patent Data is Divorced from Standards Data

Global Patent Data

Patent declaration databases are **not linked** to standard databases.

Patent declaration databases are **frequently incomplete**, with patents hidden under blanket declarations.

Declared patents are often **disconnected** from ownership and legal status information.

Patent declaration databases **lack information on the essentiality** of patents to standards.

Technical Standard Data

Patent Assertion Entities that acquired **4G/5G or Wi-Fi portfolios**

- **Pegasus Wireless** (KT Corp), Longhorn IP (FG Innovation), **Key Patent Innovations** (Blackberry), 5G IP Holdings (FG Innovation), **IP Bridge** (Huawei and Panasonic), **New Radio** (FG Innovation), **IPCom**, **Advanced Standard Communication** (ZTE), **Atlantic IP** (FG Innovation, Vector Capital (Intel), **G+ Communications** (ZTE), **Brevet Capital Management/ Optis Wireless** (Ericsson).

- **Acacia Research**, which acquired the Newracom portfolio through its subsidiary **Atlas Global Technologies**, and **Vector Capital**, which acquired a Wi-Fi portfolio from Intel and **Palmira Wireless** that acquired Toshiba Wi-Fi portfolio.

LexisNexis Confidential 13

LexisNexis IPlytics: Bringing Clarity to SEP data

- LexisNexis IPlytics maintains teams of **subject matter experts** for each standardized technology. Our AI based patent landscapes are **verified** in collaboration with LexisNexis IPlytics customers, which include the **top patent owners** for each standard. We offer patent data for the following standards:

IPlytics Cellular

- ✓ **Weekly** updated ETSI declared patents
- ✓ **Verfied** by the top 30 **ETSI** declaring companies
- ✓ True **Ultimate Owner** identified
- ✓ **SES** – All claims mapped to full text sections (AI based)

IPlytics Wi-Fi

- ✓ **Cipher AI identified** undeclared patents
- ✓ True **Ultimate Owner** identified
- ✓ **Verfied** by the top 20 **Wi-Fi** patent owner
- ✓ **SES** – All claims mapped to full text sections (AI based)

IPlytics Video

- ✓ **Cipher AI identified** undeclared patents
- ✓ True **Ultimate Owner** identified
- ✓ **Verfied** by the top 20 **HEVC, VVC, AV1, VP9** patent owner
- ✓ **SES** – All claims mapped to full text sections (AI based)

IPlytics Audio

- ✓ **Cipher AI identified** undeclared patents
- ✓ True **Ultimate Owner** identified
- ✓ **Verfied** by the top 10 **AAC, OPUS, MPEG-H** patent owner
- ✓ **SES** – All claims mapped to full text sections (AI based)

IPlytics Power

- ✓ **Cipher AI identified** undeclared patents
- ✓ True **Ultimate Owner** identified
- ✓ **Verfied** by the top 10 **Qi 1,Qi 2, Ki** patent owner
- ✓ **SES** – All claims mapped to full text sections (AI based)

Frequently Asked Questions:

- **Which standards** implemented in our products are subject to SEPs?
- **Who holds SEPs** for the standards we implement in our products?
- **How many SEP holders** are likely to request royalties from us?
- What is the **aggregate royalty** amount we must pay for all SEPs related to a particular standard?
- What **percentage** of all **SEPs** is covered by the patent pool?
- Which SEP holders are part of the patent pool (**pool insider**), and which are not (**pool outsider**)?
- Are **all potential SEP holders** in the market identified?
- Have any **SEPs been reassigned** to Patent Assertion Entities (PAEs)?

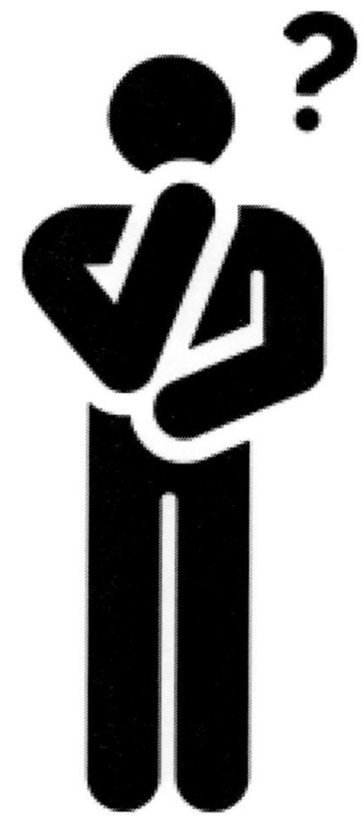

Standard Implementer Use Case

- This enables to assess:
  - Is the patent owner's royalty demand **excessive**?
  - Is the patent owner's royalty demand **comparable** to **patent pool rates**?
  - Is the patent owner's royalty demand **in line** with royalty rates identified by **economic studies**?
  - Is the patent owner's royalty demand **consistent** with **court-ruled FRAND rates**?

LexisNexis® IPlytics Data – The Neutral Reference Point

LexisNexis® IPlytics data is a worldwide accepted neutral reference point

✓ To enhance the accuracy of our patent declaration data, we collaborated with the top 30 SEP owners to **verify the IPlytics database**

✓ **92%** of the top 50 SEP owner as well as **70%** of the major **automotive** and **smartphone/laptop** manufacturers are IPlytics customers.

✓ **Courts have referenced** IPlytics in hundreds of cases across Federal District Courts, Federal Courts of Appeals, State Courts, the ITC, and PTAB.

Leverage a neutral independent data point:

SEP licensing involves complex FRAND negotiations:

Cleaned, curated, and third-party verified SEP data can serve as a crucial reference point for valuing portfolios, calculating royalties, and determining damages.

We recently supported a high-profile UK SEP litigation case where LexisNexis was the sole data provider capable of calculating historic SEP ownership. Our analysis was based on legal status, ownership, corporate tree information, and SEP-related data on declarations and patents associated with specific standards.

LexisNexis
IPlytics
Thank You
Marco Richter
Managing Director EMEA & South Asia, Senior Director IP Analytics & Strategy
LexisNexis IP
marco.richter@lexisnexis.com

Linguistische Herausforderungen bei der semantischen Analyse von SEPs

Andre Herzberg und Lothar Walter
Universität Bremen, Bremen

Abstract

Standardessentielle Patente (SEPs) spielen in technologieorientierten Unternehmen, insbesondere in der Informations- und Kommunikationstechnologie, eine immer wichtigere Rolle. Demzufolge kommt der Analyse von Patenten hinsichtlich ihrer Standardessentialität eine große Bedeutung zu. Erfolgt diese Analyse manuell, sind aufgrund des hohen Zeitaufwandes Kosten von bis zu 10.000 € pro Patentprüfung verbunden. Daher werden große Erwartungen an automatisierte, computergestützte Analysen geknüpft, und es werden bereits zahlreiche Methoden diskutiert, die auf semantischen Ansätzen sowie auf Künstliche Intelligenz und Maschinellem Lernen basieren und eine Prüfung der Standardessentialität größerer Patentmengen ermöglichen. Gleichwohl gibt es auch kritische Stimmen, die automatisierten Analysemethoden in naher oder mittlerer Zukunft eine nicht ausreichende Zuverlässigkeit zuschreiben.

Hier setzt unser Beitrag an: Wir thematisieren drei linguistische Herausforderungen, die bei einer computergestützten semantischen Analyse zur Prüfung der Standardessentialität von Patenten berücksichtigt werden sollten, um die Zuverlässigkeit und Validität der Ergebnisse sicherzustellen. Diese umfassen (i) die zeitliche Entwicklung von Standards und dem Stand der Technik, (ii) die unterschiedlichen Strukturen und Ziele von Standards und Patenten sowie (iii) die linguistischen Eigenheiten der jeweiligen Fachtermini. Abschließend schlagen wir ein Prozessmodell zur semantischen Prüfung der Standardessentialität vor, das die genannten Herausforderungen berücksichtigt und erfolgreich auf Einzelpatentebene umgesetzt werden kann.

1 Einleitung

Ein technischer Standard hat das Ziel, die technologische Entwicklung zu fördern und die Nutzung der beschriebenen Anwendungen für eine breite Vielfalt von Interessengruppen zugänglich zu machen [1]. Darüber hinaus gewährleisten Standards die Interoperabilität zwischen verschiedenen Geräten – sowohl aus Sicht der Hersteller als auch der Verbraucher. Die Grundlagen eines technischen Standards bilden die sogenannten standardessentiellen Patente (SEP). Sie beschreiben Teilaspekte einer Technologie, die für die Umsetzung eines technischen Standards unabdingbar sind. SEPs werden typischerweise von patentaktiven Unternehmen, Forschungsinstituten oder Universitäten bei Standardisierungsorganisationen (SSOs) deklariert, um Innovationen zu fördern und die Entwicklung neuer Technologien voranzutreiben.

Eines der Hauptmerkmale der Politik von SSOs zum Schutz geistigen Eigentums ist die Berücksichtigung sogenannter *essentieller* oder *notwendiger* Patentansprüche [2]. Essentiell bedeutet in diesem Kontext, dass es aus technischer Sicht keine Möglichkeit gibt, nach dem aktuellen Stand der Technik ein Produkt herzustellen, zu verkaufen oder anderweitig zu nutzen, ohne das entsprechende geistige Eigentum zu verletzen.

Patente sind von Natur aus negative Ausschließlichkeitsrechte und stehen daher im Widerspruch zur Zielsetzung eines technischen Standards, der auf Offenheit und Interoperabilität abzielt. Unternehmen, die an der Entwicklung eines Standards beteiligt sind, sind aus diesem Grund verpflichtet, SEPs an Dritte zu lizenzieren [3]. Diese Lizenzierung erfolgt gemäß bestimmten Richtlinien, die als FRAND-Bedingungen bekannt sind. FRAND steht für *Fair*, *Reasonable, and Non-Discriminatory* und soll sicherstellen, dass der Patentinhaber keine monopolistische Marktstellung erlangt, sich keine unzulässigen wirtschaftlichen Vorteile verschafft oder den Innovationsfortschritt hemmt.

Ob die Ansprüche eines SEPs tatsächlich standardessentiell sind und ob die Nutzung der durch das SEP geschützten Innovation für die Implementierung des technischen Standards unumgänglich ist, wird von den SSOs jedoch nicht überprüft [3]. Dieser Umstand führt dazu, dass in den Datenbanken der SSOs auch Patente zu finden sind, die nicht als standardessentiell gelten. So hat eine Studie der Europäischen Kommission die Standardessentialitätsrate der 2G-, 3G- und 4G-Technologie bestimmt [4]. Für die Berechnung wurde die Anzahl der tatsächlich als standardessentiell einzustufenden Patente durch die Gesamtheit der als standardessentiell deklarierten Patente dividiert, und es zeigte sich, dass weniger als die Hälfte der SEPs (2G: 41,2 %, 3G: 31,8 %, 4G: 35,8 %) als standardessentiell gelten [4].

Demzufolge kommt der Analyse von Patenten hinsichtlich ihrer Standardessentialität eine große Bedeutung zu. Die Feststellung, ob ein Patent als standardessentiell gilt, erfolgt in der Regel durch Patentanwälte oder -experten, indem die Ansprüche der SEPs mit dem dazugehörigen Standard verglichen werden. Dieser Prozess ist manuell und zeitaufwändig, wodurch Kosten von bis zu 10.000 € pro Patentprüfung entstehen können [4].

Aufgrund der nicht eindeutig definierten FRAND-Bedingungen sowie der ungeprüften Standardessentialität deklarierter Patente, kam es in den letzten Jahren vermehrt zu Patentstreitigkeiten zwischen Unternehmen [5–8]. Angesichts dessen werden große Erwartungen an automatisierte, computergestützte Analysen der Standardessentialität von Patenten geknüpft. Zahlreiche Ansätze, die auf semantischen Methoden, Künstlicher Intelligenz oder Maschinellem Lernen basieren, sind in Diskussion. Sie sollen die Prüfung der Standardessentialität auch für größere Patentmengen ermöglichen [9–11]. Gleichwohl gibt es kritische Stimmen, die automatisierten Analyseverfahren in naher oder mittlerer Zukunft eine nicht ausreichende Zuverlässigkeit zuschreiben [4].

Vor diesem Hintergrund stellen wir uns in diesem Beitrag folgender Forschungsfrage:

> *Welche linguistischen Herausforderungen müssen bewältigt werden, um eine valide und zuverlässige computergestützte semantische Prüfung der Standardessentialität von Patenten zu ermöglichen?*

Der Beitrag ist wie folgt gegliedert: Nach dieser Einleitung werden im zweiten Kapitel drei linguistische Herausforderungen näher beschrieben, die (i) die zeitliche Entwicklung von Standards und dem Stand der Technik, (ii) die unterschiedlichen Strukturen und Ziele von Standards und Patenten sowie (iii) die linguistischen Eigenheiten der jeweiligen Fachtermini umfassen. Im dritten Kapitel schlagen wir ein Prozessmodell zur semantischen Prüfung der Standardessentialität von Patenten vor, das diese Herausforderungen berücksichtigt und erfolgreich auf Einzelpatentebene umgesetzt werden kann. Der Beitrag wird im vierten Kapitel mit einem Fazit abgeschlossen.

2 Linguistische Herausforderungen

Technische Schutzrechte wie Patente basieren auf der Idee eines gesellschaftlichen Vertrags (vgl. hierzu und im Folgenden [12, 13]). Ihr Ziel ist es, Erfinder dazu zu motivieren, die

Grundlagen ihrer Innovation in schriftlicher Form offenzulegen. Dadurch können darauf aufbauende Entwicklungen gefördert und das Wissen hinter einer Innovation für die Gesellschaft bewahrt werden, auch über das Leben der Erfindenden hinaus. Im Gegenzug zur Veröffentlichung der Erfindung durch den Erfinder als einer der Vertragsparteien (unter Zahlung entsprechender Gebühren) gewährt der Staat als die andere Vertragspartei ein zeitlich begrenztes Ausschließlichkeitsrecht. Dieses negative Ausschließlichkeitsrecht gibt dem Eigentümer somit die Möglichkeit, Dritte von der Erfindung auszuschließen, und es kann genutzt werden, um gegebenenfalls wirtschaftliche Monopolrenten zu erzielen. Technische Schutzrechte dienen somit in einem weiteren Sinne der Förderung von Innovationen.

Der Schutzumfang eines Patents wird durch die Patentansprüche festgelegt, die den zentralen Gegenstand der Erfindung definieren. Diese sind oft in einer komplexen und für Techniker ungewohnten Rechtssprache (Patentfachsprache) formuliert. Typischerweise werden Ansprüche in einem einzigen, verschachtelten Satz zusammengefasst, der das Schutzbegehren klar und präzise darlegt, um Missverständnisse und rechtliche Angreifbarkeit zu vermeiden. Diese sprachliche Präzision erschwert jedoch häufig das Verständnis der technischen Informationen. Die Formulierung der Patentansprüche stellt einen Kompromiss dar: Sie muss die Erfindung exakt beschreiben, gleichzeitig aber einen möglichst breiten Schutzumfang gewährleisten. Dadurch unterscheidet sich ihre Sprache deutlich von der üblichen Darstellung technischer Sachverhalte.

Im Gegensatz zu Patenten sind technische Standards mit klaren Anweisungen formuliert, um Fehlinterpretationen zu vermeiden. Sie dienen dazu, Spezifikationen für ein Produkt oder eine Technologie zu definieren und so die Kompatibilität zwischen verschiedenen Implementierungen zu gewährleisten (vgl. hierzu und im Folgenden [14]). Technische Standards sollen die Entwicklung nicht einschränken, sondern bieten Flexibilität, da sie nicht als strikte Regeln für den Entwurf gedacht sind. Stattdessen erlauben sie zahlreiche standardkonforme Implementierungen eines Produkts. Ziel ist es, Entwickler nicht in ihrem Potenzial zu begrenzen, sondern ihnen innovative Möglichkeiten und Gestaltungsspielräume zu eröffnen. Ein technischer Standard gibt lediglich praktische Regeln vor, um ein Mindestmaß an Kompatibilität und Qualität sicherzustellen und fungiert gleichzeitig als Hilfestellung oder Leitfaden für die Entwicklung.

Aufgrund der unterschiedlichen Charakteristika und Ziele von technischen Standards und

Patenten werden die Ergebnisse einer computergestützten semantischen Prüfung von Patenten auf Standardessentialität maßgeblich durch die juristische Sprache der Patente und die fachspezifische Sprache der Standards geprägt. Für eine solche Prüfung haben wir drei linguistische Herausforderungen identifiziert: (i) die Entwicklung von Standards und des Standes der Technik, (ii) den strukturellen Aufbau von Standards und Patenten sowie (iii) die linguistischen Eigenheiten der jeweiligen Fachtermini. Diese Herausforderungen und mögliche Lösungsansätze werden im Folgenden thematisiert. Dafür wurden Standards und Patente aus der Informations- und Kommunikationstechnologie untersucht, da SEPs in dieser Branche für technologieorientierte Unternehmen zunehmend wichtig sind [15].

Herausforderung 1: Entwicklung von Standards und des Standes der Technik

In der Informations- und Kommunikationstechnologie werden seit der Einführung der dritten Generation (3G) mobiler Datenübertragung die technischen Standards im Rahmen des 3rd Generation Partnership Project (3GPP) entwickelt. Das 3GPP ist ein Zusammenschluss von sieben SSOs, darunter das Europäische Institut für Telekommunikationsnormen (ETSI). Das ETSI konzentriert sich auf Themen wie mobile Datenübertragung, Festnetz- und Breitbandtechnologien sowie Cybersicherheit [16].

Für jeden Themenbereich werden technische Dokumente erstellt, die den Inhalt der technischen Standards festlegen. Im Mittelpunkt dieser Dokumente stehen die ETSI-technischen Spezifikationen (TS), welche die technischen Anforderungen beschreiben, die bei der Implementierung eines technischen Standards zu erfüllen sind [17]. Diese TS werden von technischen Komitees oder Arbeitsgruppen entwickelt, verabschiedet und anschließend veröffentlicht. Dadurch können sie von Dritten abgerufen und implementiert werden [18].

Die erste Veröffentlichung einer TS markiert jedoch keineswegs das Ende ihres Entwicklungsprozesses. Vielmehr bildet sie die Grundlage für kontinuierliche Verbesserungen. Technologische Fortschritte führen zu Überarbeitungen der Spezifikationen, die in Form neuer Versionen veröffentlicht werden [19]. Zwischen den Versionen können sich Inhalte durch Überarbeitung, Löschung oder Ergänzung von einzelnen Sektionen erheblich verändern.

Ein anschauliches Beispiel hierfür ist die ETSI-Spezifikation TS 121.111 mit dem Titel *USIM and IC Card Requirements*. Die erste Version V3.0.1 wurde im Januar 2000 veröffentlicht und war ausschließlich für die Universal Mobile Telecommunications System Technologie relevant. Mit der Weiterentwicklung der Technologie bis zur Version V17.0.0

im Mai 2022 wurde der Anwendungsbereich auf Long Term Evolution und 5G-Technologie erweitert. Infolgedessen wurde der Inhalt umfassend überarbeitet: Sektionen wie 8.1 *Dimensions* und 8.2 *Contacts* wurden entfernt, da sie nicht mehr relevant waren. Gleichzeitig wurde eine neue Sektion 12 *Contact Manager* hinzugefügt, welche eine Schnittstelle für die Verwaltung von Kontaktinformationen beschreibt.

Im Gegensatz zu einem technischen Standard verändert sich der Inhalt eines Patents nur während des Patentprüfungszeitraums. Während ein Patentanmelder in der Regel einen breiten Schutzanspruch anstrebt und die Patentansprüche bewusst unpräzise formuliert, um eine hohe Sperrwirkung gegenüber Dritten zu erzielen, bevorzugen Patentämter hingegen engere Schutzansprüche und präzise formulierte Patentansprüche. Letzteres erleichtert Umgehungslösungen durch Dritte [13]. Im Laufe des Patentprüfungszeitraums werden demzufolge die Patentansprüche inhaltlich angepasst, um den Schutzumfang des Patents zu definieren und die gesetzlichen Anforderungen für eine erfolgreiche Patentierung zu erfüllen [20, 21]. Nach der Erteilung des Patents durch das Patentamt bleibt dessen Inhalt unverändert; die Patentansprüche sind dann statischer Natur und unterliegen keinen weiteren inhaltlichen und sprachlichen Anpassungen.

Die zeitlichen Entwicklungen von technischen Standards und dem Stand der Technik, wie er durch Versionsänderungen der TS respektive durch die angemeldeten und erteilten Patente bestimmt wird, haben einen erheblichen Einfluss auf die Prüfung der Standardessentialität von Patenten. Dies wird im Folgenden anhand des US-Patents 7,818,031 B2 näher erläutert. Das Patent schützt ein Verfahren und eine Vorrichtung zum Speichern und Zugreifen auf Multimedia-Messaging-Service-bezogene Informationen. Es wurde im Mai 2002 angemeldet und im Oktober 2010 erteilt. Während des Prüfungsprozesses wurden die angemeldeten Ansprüche geändert, und ein zusätzlicher Anspruch wurde hinzugefügt.

Das Patent wurde von der Siemens AG im Februar 2019 beim ETSI als essentiell für die Spezifikation TS 121.111 (V13.0.0) des 4G-Standards deklariert [22]. Zu diesem Zeitpunkt war diese Version jedoch nicht mehr aktuell, da sie bereits durch Version V15.1.1 ersetzt worden war. Die Version V15.1.1 war von Juli 2018 bis Januar 2021 gültig. Daher können die Prüfergebnisse zur Standardessentialität des Patents in Bezug auf Version V13.0.0 nicht als valide betrachtet werden, da sich der Standard bereits im Juli 2018 erheblich verändert hatte.

Die Berücksichtigung der zeitlichen Veränderungen der TS 121.111 des 4G-Standards zeigt, dass eine Prüfung der Standardessentialität des US-Patents 7,818,031 B2 im Februar 2019 auf Basis der Version V15.1.1 erfolgen sollte. Ebenso wäre beispielsweise im Mai 2024 eine Prüfung in Bezug auf die dann aktuelle Version V18.0.0 der TS 121.111 erforderlich.

Als Lösungsansatz für die erste Herausforderung schlagen wir vor, einen festgelegten Zeitpunkt für die Vergleichsanalysen beider Dokumentenarten zu definieren. Unabhängig davon, auf welche TS-Version eines Standards ein Patent deklariert wurde, sollte für eine computergestützte semantische Prüfung der Standardessentialität stets die neueste Version der TS herangezogen werden. Wird die TS eines Standards durch eine neue Version aktualisiert, ist eine erneute Überprüfung der Standardessentialität erforderlich.

Herausforderung 2: Struktureller Aufbau von Standards und Patenten

Bei semantischen Patentanalysen hat sich gezeigt, dass neben der Auswahl an Ähnlichkeitsmaßen auch die Entscheidung, welche Textbestandteile eines Patents miteinander verglichen werden sollen, von großer Bedeutung für die Analyseergebnisse und damit für die Aussagekraft ist [13, 23]. Demzufolge ist zu erwarten, dass auch die Auswahl entsprechender Textfragmente von TS eines technischen Standards zur Fokussierung der jeweiligen Fragestellung bei semantischen Vergleichsanalysen von Standards und Patenten beiträgt und eine zuverlässige Aussage zur Standardessentialität ermöglicht.

Der strukturelle Aufbau von TS eines Standards und von Patenten folgt international anerkannten Richtlinien, die jedoch je nach SSOs oder Patentämtern variieren können. Beide Dokumentenarten enthalten unterschiedliche Strukturelemente mit spezifischen Informationen, wie in Tabelle 1 gezeigt wird.

So umfasst eine TS des ETSI die Strukturelemente *Informative Vorbemerkung*, *Allgemeiner informativer Inhalt*, *Technischer und normativer Inhalt* sowie dem *Anhang* [24]:

- Die informative Vorbemerkung enthält verpflichtend neben dem Titelblatt ein Inhaltsverzeichnis, Informationen zu geistigen Eigentumsrechten, ein Vorwort und die Definition der Terminologie von Modalverben. Zusätzlich kann eine TS optional ein Abbildungsverzeichnis und eine Zusammenfassung des Inhalts enthalten. Sämtliche Sektionen, ob verpflichtend oder optional, haben rein informativen Charakter.

- Nach dem allgemeinen informativen Inhalt folgen die nummerierten Sektionen der TS, die alle verpflichtend sind. Sektion 1, *Geltungsbereich*, beschreibt, welche Aspekte durch die TS abgedeckt werden, und definiert damit sowohl den Anwendungsbereich als auch dessen Grenzen. Diese Sektion hat informativen Charakter. Sektion 2, *Referenzen*, enthält Verweise auf andere TS, die für die aktuelle TS relevant sind. Je nachdem, ob diese Verweise technische Anforderungen für die zugrunde liegende TS enthalten, werden sie in normative und informative Referenzen unterteilt. Sektion 3, *Definition von Begriffen, Symbolen und Abkürzungen*, hat ebenfalls informativen Charakter und beschreibt die in der TS verwendete Terminologie.
- Der technische und normative Inhalt beginnt ab Sektion 4, bestehend aus zahlreichen Klauseln und Unterklauseln, und wird fortlaufend fortgesetzt. Dieses Element ist verpflichtend und beschreibt den Inhalt der TS, der bei der Implementierung angewendet werden muss.
- Der Anhang bildet das letzte Element einer TS. Optional kann eine TS Inhalte durch spezifische Anhänge erweitern, die sowohl normativen als auch informativen Charakter haben können. Der Anhang enthält jedoch verpflichtend die Änderungshistorie, die die Veränderungen über die verschiedenen Versionen hinweg dokumentiert, sowie die Dokumentenhistorie, die unter anderem Informationen zum Publikationsstatus der jeweiligen Version bereitstellt. Sowohl die Änderungshistorie als auch die Dokumentenhistorie haben informativen Charakter. Zusätzlich kann der Anhang ein Literaturverzeichnis enthalten, das optional ist und ebenfalls informativen Charakter besitzt.

Die wesentlichen Strukturelemente eines Patents sind *Titelblatt, Zusammenfassung, Beschreibung* und *Ansprüche* [13]:

- Das Titelblatt enthält neben dem Titel der patentierten Erfindung und den bibliografischen Daten auch Zeichnungen, die dem Betrachter eine erste inhaltliche Orientierung bieten.
- Die Zusammenfassung eines Patents fasst die wesentlichen Merkmale der Erfindung in Kurzform zusammen und dient ausschließlich der technischen Unterrichtung und Information.
- Die Patentbeschreibung enthält Informationen zum Stand der Technik, den Hintergrund und das technische Problem der Erfindung sowie die vorgeschlagene

Lösung und Hinweise zur Auslegung der Patentansprüche. Sie soll die Offenbarung so gestalten, dass ein Fachmann die Erfindung nachvollziehen kann. Dazu gehören unter anderem die Bezeichnung und das technische Gebiet der Erfindung, eine Darstellung des Standes der Technik und seiner Mängel, das daraus resultierende technische Problem, die Lösung und deren vorteilhafte Wirkungen, Weiterentwicklungen, eine Beschreibung der Zeichnungen und mindestens ein konkretes Ausführungsbeispiel.

- Die Patentansprüche bilden das Kernstück eines Patents und legen fest, was geschützt werden soll. Sie decken den normativen, rechtsetzenden Teil des Schutzrechts ab, beschreiben den wesentlichen Gegenstand der Erfindung und sind keine Zusammenfassungen der Patentbeschreibung. Es gibt zwei Kategorien: unabhängige Ansprüche (Haupt- und Nebenansprüche, ohne Rückbezug) und abhängige Ansprüche (Unteransprüche mit Rückbezug, die den Schutz weiter eingrenzen).

Bei einer Prüfung der Standardessentialität auf Basis semantischer Ähnlichkeitsanalysen ist die Struktur der beiden Dokumentenarten zu berücksichtigen. Eine Standardessentialität wird ausschließlich durch die normativen Inhalte der jeweiligen Dokumente begründet. Im Fall eines technischen Standards werden diese normativen Inhalte durch die wesentlichen Spezifikationen oder Parameter festgelegt, die erfüllt sein müssen, um Konformität mit dem Standard sicherzustellen. Diese Inhalte finden sich hauptsächlich in der Sektion 4 und folgenden der TS. Die Sektion 4 und folgende enthalten technische und normative Inhalte, die wenige bis mehrere Hundert Textseiten umfassen können. Daher ist es für die semantischen Analysen erforderlich, die Sektion 4 und folgende in einzelne Unterklauseln aufzuspalten, um einen validen Ähnlichkeitsvergleich mit Textbestandteilen von Patenten ähnlichen Umfangs zu gewährleisten [23].

Bei Patenten sind die normativen Textbestandteile die Ansprüche. Hierbei ist zu beachten, dass bereits ein einziger unabhängiger Anspruch ausreicht, um ein Patent als standardessentiell zu klassifizieren [25].

Alles in allem lässt sich als Lösungsansatz für die zweite Herausforderung folgendes zusammenfassen: Für eine computergestützte semantische Prüfung der Standardessentialität von Patenten sollten die TS eines technischen Standards und die Patente in Textfragmente respektive Textbestandteile aufgespalten werden, um anschließend die Unterklauseln der TS mit den unabhängigen Ansprüchen der Patente vergleichen zu können. Dieses Vorgehen entspricht der Erstellung von Claimcharts, die in der Praxis bei einer manuellen Prüfung der Standardessentialität wie auch bei einer Patentfähigkeitsprüfung erstellt werden [21, 26, 27].

Tabelle 1: Struktur einer TS und eines Patents. (Quelle: eigene Darstellung)

TS eines Standards		Patent	
Element	**Inhalt**	**Element**	**Inhalt**
Informative Vorbemerkung	• Titelblatt • Inhaltsverzeichnis und Abbildungen • Geistige Eigentumsrechte • Vorwort • Terminologie der Modalverben • Zusammenfassung des Inhalts • Einleitung	**Titelblatt**	• Titel • Bibliografische Daten • Zeichnung(en)
Allgemeiner informativer Inhalt	• 1 Geltungsbereich • 2 Referenzen (normativ und informativ) • 3 Definitionen von Begriffen, Symbolen und Abkürzungen	**Zusammenfassung**	• Zusammenfassung
Technischer und normativer Inhalt	• 4 Benutzerdefinierte Klausel(n) und Unterklausel(n) von hier an folgend	**Beschreibung**	• Technisches Gebiet der Erfindung • Hintergrund der Erfindung • Zusammenfassung der Erfindung • Kurze Beschreibung der Zeichnungen • Ausführliche Beschreibung
Anhang	• Spezifischer Anhang • Literaturverzeichnis • Änderungshistorie • Dokumentenhistorie	**Ansprüche**	• Unabhängige Ansprüche • Abhängige Ansprüche

Herausforderung 3: Linguistische Eigenheiten von Standards und Patenten

Die sprachliche Gestaltung eines technischen Standards unterliegt bestimmten Regelungen, die eingehalten werden müssen (vgl. hierzu und im Folgenden [14, 28]). Diese Regelungen dienen dazu, eine klare Trennung zwischen informativen und normativen Strukturelementen innerhalb einer TS zu gewährleisten. Die sprachlichen Anforderungen an eine TS können jedoch stark variieren.

- Im Zusammenhang mit der Verwendung von Modalverben, die zur Beschreibung verbindlicher Anforderungen, zur Abgabe von Empfehlungen oder zur Ausweisung von Berechtigungen eingesetzt werden, gibt der Standardisierungs-Sektor der Internationalen Fernmeldeunion (ITU-T) beispielsweise an, dass die Modalverben *shall* oder *must* sowie deren Verneinungen nur verwendet werden dürfen, um verbindliche Bestimmungen auszudrücken [28]. Das ETSI fordert hingegen, dass *shall* und *shall not* verwendet werden, um Vorgaben zu spezifizieren, die exakt eingehalten werden müssen, um dem Standard zu entsprechen. Die Verwendung von *must* und *must not* ist nicht gestattet.
- Die Modalverben *should* und *should not* geben Empfehlungen ab, welches Vorgehen aus einer Vielzahl von Möglichkeiten bevorzugt werden sollte, ohne jedoch eine Alternative auszuschließen. Die Modalverben *may* und *need not* beschreiben zulässige Optionen oder Vorgehensweisen, während *can* und *cannot* eine Möglichkeit oder Fähigkeit anzeigen. Diese Fähigkeit kann auf einem kausalen Zusammenhang, einer physikalischen oder auch materiellen Voraussetzung basieren.
- Weitere Vorgaben, die in technischen Standards beachtet werden müssen, sind die Erstellung einfacher Tabellen oder Grafiken, wie z. B. Blockdiagramme, sowie die Verwendung formeller Sprache. So gibt beispielsweise die Internet Engineering Task Force (IETF) an, dass formelle Sprache verwendet werden kann, diese jedoch nur unterstützend eingesetzt werden sollte. Im Gegensatz dazu empfehlen die ITU-T und das ETSI ausdrücklich die Verwendung formeller Sprache, da sie eine präzise Beschreibung von Spezifikationen ermöglicht [14].
- Neben der Verwendung formeller Sprache wird ein Standard in sogenannter *plain language* verfasst. Diese Schreibweise soll es dem Leser ermöglichen, den Text beim ersten Lesen zu verstehen [29]. Dieses Ziel wird erreicht, indem unter anderem im Aktiv statt im Passiv geschrieben wird, kurze Sätze verwendet werden und alltägliche Wörter zum Einsatz kommen.
- Des Weiteren ist zu beachten, dass in Standarddokumenten zahlreiche Abkürzungen und Akronyme verwendet werden, die stets konsistent genutzt werden müssen, um Missverständnisse zu vermeiden. Alle diese Abkürzungen und Akronyme sind in einer Liste im informativen Teil der TS aufgeführt. Jeder Eintrag in der Liste enthält sowohl die Abkürzung als auch den ausgeschriebenen Begriff. Das ETSI verwaltet

aber auch eine Datenbank, in der Abkürzungen und deren ausformulierten Definitionen gespeichert sind [30].

Patente zeichnen sich durch ihre spezifische, oft schwer verständliche Fachsprache aus (vgl. hierzu und im Folgenden [13]). Die Komplexität der sprachlichen Abstraktion variiert dabei je nach Strukturelement des Patents.

- Der Titel gibt in wenigen Worten einen ersten Hinweis auf den Gegenstand der Erfindung. Gemeinsam mit der Zusammenfassung und gegebenenfalls unterstützenden Zeichnungen ermöglicht er eine erste Orientierung über den mutmaßlichen Erfindungsgegenstand.
- Die Beschreibung des Patents hat vorrangig das Ziel, das zu lösende technische Problem offenzulegen und die vorgeschlagene Lösung darzustellen. Gleichzeitig dient sie der Erlangung eines möglichst weitreichenden Ausschließlichkeitsrechts. Aus diesem Grund lässt sich die sprachliche Abstraktion des Titels und der Beschreibung als vergleichsweise gering einstufen.
- Im Gegensatz dazu weisen die Patentansprüche einen hohen Abstraktionsgrad auf, da sie in einer juristisch geprägten, allgemeinen Sprache formuliert werden. Diese Ansprüche sind in der Regel in langen, verschachtelten Sätzen verfasst, was eine schnelle Interpretation erschwert. Sie verbinden die präzise Beschreibung der Erfindung mit dem Ziel, einen möglichst umfassenden Schutzbereich abzustecken. Dadurch unterscheiden sich Patentansprüche sprachlich deutlich von allgemeinen Beschreibungen technischer Vorgänge.
- Abkürzungen werden in Patenten ebenfalls verwendet, müssen jedoch klar definiert und unmissverständlich sein. Sie dienen dazu, den Text zu vereinfachen, Platz zu sparen und technische Begriffe effizient darzustellen. Bei ihrer ersten Verwendung müssen Abkürzungen vollständig ausgeschrieben werden, gefolgt von der Abkürzung in Klammern, z. B. *Local Area Network (LAN)*, *Wireless In-Building Network (WIN)* oder *Physical Uplink Control Channel (PUCCH)*.

Kurzum, die angesprochenen linguistischen Eigenheiten von Standards und Patenten sollten bei Prüfungen der Standardessentialität berücksichtigt werden. Wir empfehlen insbesondere die Erstellung eines umfassenden Abkürzungswörterbuchs, das alle in Standards und Patenten verwendeten Abkürzungen durch ihre ausgeschriebene Form ersetzt. Dies kann sowohl in technischen Standards als auch in Patenten zu einer sprachlichen Angleichung beitragen und eine bessere Vergleichbarkeit durch semantische Analysen gewährleisten.

3 Prozessmodell

Die sprachlichen Unterschiede sowie die generische Struktur von Standards und Patenten schränken die Anwendbarkeit herkömmlicher semantischer Ähnlichkeitsanalysen ein, wie sie beispielsweise in der Technologievorausschau [31], der Wettbewerbsanalyse [32] oder der Erfinderprofilierung [33] auf Basis von Patenten genutzt werden, und begrenzen deren Eignung für die Bewertung der Standardessentialität von Patenten. Um diesen Unterschieden Rechnung zu tragen und die Herausforderungen durch die unterschiedlichen Strukturelemente der beiden Dokumentenarten [34] zu lösen, haben wir einen dreistufigen semantischen Analyseprozess entwickelt. Dieser Prozess ist gezielt auf die in Kapitel 2 beschriebenen linguistischen Herausforderungen ausgerichtet und unterstützt die Prüfung der Standardessentialität einzelner Patente (vgl. hierzu und im Folgenden [35]).

Abbildung 1: Prozessmodell für eine computergestützte semantische Prüfung der Standardessentialität von Patenten. (Quelle: eigene Darstellung in Anlehnung an [35])

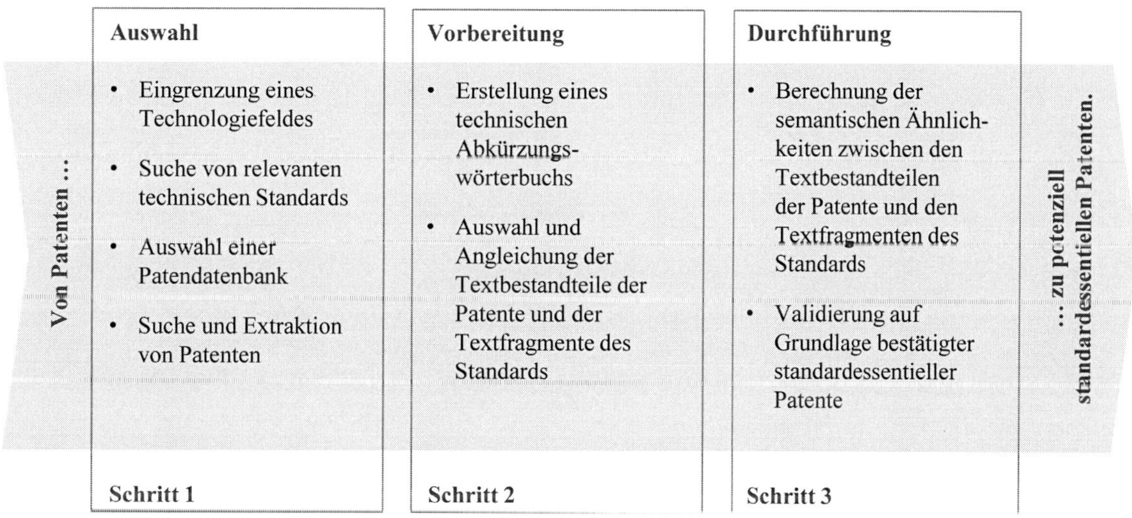

Der Prozess basiert auf der Annahme, dass SEPs eine größere Ähnlichkeit mit einer TS eines technischen Standards aufweisen als Nicht-SEPs. Abbildung 1 veranschaulicht diesen Prozess, der aus den drei Schritten *Auswahl*, *Vorbereitung* und *Durchführung* besteht:

- Im Schritt 1 erfolgen die Eingrenzung des Technologiefeldes und Suche nach dem relevanten technischen Standard, bzw. der TS. Sodann werden die Patent- und Standarddokumente in Datenbanken der Patentämter respektive SSOs recherchiert und extrahiert. In diesem Prozessschritt werden folglich die Erkenntnisse der ersten linguistischen Herausforderung berücksichtigt.

- Im Schritt 2 erfolgt die Vorbereitung der Standard- und Patentdokumente für die semantische Prüfung der Standardessentialität. Es wird ein technisches Abkürzungswörterbuch erstellt. Zudem erfolgt die Auswahl und Angleichung der Textbestandteile der Patente sowie der Textfragmente der TS. In diesem Schritt werden daher die zweite und dritte linguistische Herausforderung berücksichtigt.
- Im Schritt 3, der Durchführung der computergestützten Prüfung der Standardessentialität, werden die semantischen Ähnlichkeiten zwischen den Textbestandteilen der Patente und den Textfragmenten der TS berechnet. Zusätzlich sollte noch eine Validierung der Ergebnisse auf Grundlage bestätigter standardessentieller Patente stattfinden.

Am Beispiel der 4G-Technologie hat sich gezeigt, dass der computergestützte Prozess in die richtige Richtung weist. Herzberg, Schmitt und Walter [35] konnten nämlich zeigen, dass Patente, die einer TS eines Standards semantisch ähnlich sind, (wahrscheinlich) auch standardessentiell sind. Sie wählten gezielt 208 Textfragmente der TS 136.213 V16.2.0 (*Evolved Universal Terrestrial Radio Access (E-UTRA); Physical layer procedures*) zur 4G-Technologie aus und haben diese mithilfe der DSS-Jaccard-Ähnlichkeit basierend auf Bi-gramme mit 414.608 erteilten US-Patenten zur 4G-Technologie aus den Jahren 2001 bis 2020 verglichen. Dabei wurde ein Wörterbuch bestehend aus 4.362 ausformulierten Abkürzungen erstellt und die Ähnlichkeiten zu insgesamt 1.529.072 unabhängigen Ansprüchen bestimmt. Die Ergebnisse erwiesen sich als robust und wurden durch einen Datensatz manuell geprüfter SEPs validiert, die von einem IP-Dienstleister als standardessentiell klassifiziert wurden.

Beispielsweise weist das US-Patent 9,515,758 B2, das ein Verfahren und eine Vorrichtung zur Übertragung eines Steuerkanals schützt, im Vergleich zur besagten TS 136.213 V16.2.0 eine semantische Ähnlichkeit von 0,42 auf. Mit diesem Ähnlichkeitswert führt dieses Patent, das auch vom IP-Dienstleister als standardessentiell eingestuft wurde, die Rangfolge potenzieller SEPs nach Ähnlichkeiten an.

Abbildung 2 zeigt die durch den semantischen Analyseprozess identifizierten Unterklauseln (Sektion 7.3.2 und 10.1.2.2) sowie deren Beschreibungen, die einem unabhängigen Anspruch des US-Patents ähneln. Der IP-Dienstleister fand durch seine manuelle Prüfung ebenfalls thematisch entsprechende Unterklauseln (Sektion 7.3.2.1 und 10.1.3.2), die die Standardessentialität begründen.

Es konnten insgesamt 35 US-Patente mit Ähnlichkeitswerten von 0,3 bis 0,42 identifiziert werden, die als (wahrscheinlich) standardessentiell gelten. Eine endgültige Bewertung sollte abschließend jedoch durch eine manuelle Prüfung von Patentanwälten oder -experten erfolgen.

Abbildung 2: Inhaltlicher Vergleich unterschiedlich identifizierter SEPs (Quelle: eigene Darstellung und in Anlehnung an [35])

The **independent claim 6** of patent **US 9,515,758 B2**
describes a method for a terminal connected to a base station through a primary cell operating in Time Division Duplex (TDD) mode and a secondary cell operating in Frequency Division Duplex (FDD) mode, where the terminal monitors a Physical Downlink Control Channel (PDCCH) or Enhanced Physical Downlink Control Channel (ePDCCH) on the secondary cell, receives data from the base station on the secondary cell, and transmits Hybrid Automatic Repeat Request Acknowledgment (HARQ-ACK) feedback on the primary cell. The feedback is transmitted using Physical Uplink Control Channel (PUCCH) format 3 or PUCCH format 1b with channel selection in a second subframe, based on the TDD Uplink-Downlink (UL-DL) configuration of the primary cell.

Identifizierte hohe semantische Ähnlichkeiten durch
unseren **Analyseprozess**:

- **Section** *7.3.2 TDD HARQ-ACK reporting procedure*, which describes the procedure for a User Equipment (UE) to report HARQ-ACK in TDD mode, specifying different procedures based on the number and TDD configuration of serving cells and the transmission of positive Scheduling Requests (SR) using PUCCH Format 1
- **Section 10.1.2.2 FDD HARQ-ACK procedures for more than one configured serving cell**, which outlines the FDD HARQ-ACK feedback procedures for scenarios with multiple configured serving cells, which can utilize PUCCH formats 1b, 3, 4, or 5, with support for HARQ-ACK transmission on two antenna ports for PUCCH formats 3 and 1b when FDD is used with two configured serving cells.

Identifizierte Ähnlichkeiten durch
einen **IP-Dienstleister**:

- **Section 7.3.2.1 TDD HARQ-ACK reporting procedure for same UL/DL configuration**, which outlines the procedure for UE to transmit HARQ-ACK in TDD mode, specifying different rules for HARQ-ACK transmission based on UE configuration, Physical Downlink Shared Channel (PDSCH) transmission type, and PUCCH format.
- **Section 10.1.3.2 TDD HARQ-ACK procedure for more than one configured serving cell**, which outlines TDD HARQ-ACK feedback procedures for multiple serving cells, based on PUCCH formats 1b, 3, 4, or 5, with support for HARQ-ACK transmission on two antenna ports for PUCCH formats 3 and 1b in TDD with two serving cells, also specifying UL-DL configurations based on Enhanced Interference Management and Traffic Adaptation (EIMTA)-MainConfigServCell-r12 and HARQ Reference Configuration (harq-ReferenceConfig)-r14 parameters, along with related configuration limitations.

4 Fazit

SEPs gewinnen in technologieorientierten Branchen wie der Informations- und Kommunikationstechnologie zunehmend an Bedeutung. Die manuelle Analyse solcher Patente hinsichtlich ihrer Standardessentialität ist aber zeitaufwändig und mit hohen Kosten verbunden. Daher rücken computergestützte, auf semantischen Ansätzen basierende Analysemethoden zur Prüfung der Standardessentialität großer Patentmengen in den Fokus. Gleichzeitig gibt es Bedenken, ob deren Zuverlässigkeit in naher oder mittlerer Zukunft ausreicht. An dieser Stelle setzt der vorliegende Beitrag an, und behandelt linguistische Herausforderungen für eine zuverlässige semantische Prüfung der Standardessentialität von Patenten, die die zeitliche Entwicklung von Standards und Stand der Technik, Unterschiede in Struktur und Zielsetzung von Standards und Patenten sowie fachterminologische Besonderheiten adressieren. Abschließend wird ein Prozessmodell vorgestellt, das diese Aspekte auf Einzelpatentebene anwendet.

Insgesamt zeigt sich, dass die Berücksichtigung linguistischer Herausforderungen Variabilität und Aktualität in die computergestützte, semantische Analyse von SEPs bringt.

Demzufolge können andere Forschungsaktivitäten [10, 11], die sich auf die computergestützte Bewertung der Standardessentialität konzentrieren, künftig durch die Einbeziehung unseres Ansatzes weiter verbessert werden. Unser Analyseprozess ermöglicht die Ermittlung semantischer Ähnlichkeiten zwischen einer TS und Patenten und erlaubt eine Wahrscheinlichkeitsaussage zur Standardessentialität einzelner Patente. Darüber hinaus können große Mengen an Patenten schnell und kostengünstig auf ihre potenzielle Standardessentialität geprüft werden. Dabei werden Textfragmente aus TS und Textbestandteile aus Patenten identifiziert, die die Standardessentialität begründen.

Die Ergebnisse des Beitrags weisen jedoch auch auf Einschränkungen hin: Die erstellten Abkürzungswörterbücher, wie für die 4G-Technologie erfolgt, müssen aufgrund der fortlaufenden Entwicklung eines technischen Standards und des Standes der Technik kontinuierlich überarbeitet werden. Auch wenn durch die semantischen Ähnlichkeitsanalysen Textfragmente und -bestandteile identifiziert werden, die auf eine Standardessentialität hinweisen, bleibt der Kontext, der gewissermaßen pragmatisch zwischen den Zeilen gelesen werden kann, unberücksichtigt [36, 37]. Last but not least sollten die durch den semantischen Analyseprozess potenziell identifizierten SEPs ergänzend durch Patentanwälte oder Experten manuell auf ihre Standardessentialität überprüft werden, um auch eine juristische Einschätzung zu erhalten.

Literatur

[1] European Commission, Internal Market, Industry, Entrepreneurship and SMEs: Standard Essential Patents, (2024), https://single-market-economy.ec.europa.eu/industry/strategy/intellectual-property/patent-protection-eu/standard-essential-patents_en, zuletzt geprüft am 05.12.2024.

[2] R. Bekkers, A.S. Updegrove, A Study of IPR Policies and Practices of a Representative Group of Standards Setting Organizations Worldwide, SSRN Journal (2012) S. 1–122. https://doi.org/10.2139/ssrn.2333445.

[3] T. Pohlmann, Studie zur Untersuchung und Analyse der Patentsituation bei der Standardisierung von 5G, (2020).

[4] R. Bekkers, J. Henkel, E.M. Tur, T. van der Vorst, M. Driesse, B. Kang, A. Martinelli, W. Maas, B. Nijhof, E. Raiteri, L. Teubner (Eds.), Pilot study for essentiality assessment of Standard Essential Patents, Publications Office of the European Union, Luxembourg, (2020).

[5] M.A. Lemley, C. Shapiro, A Simple Approach to Setting Reasonable Royalties for Standard-Essential Patents, SSRN Journal (2013) S. 1135–1166. https://doi.org/10.2139/ssrn.2243026.

[6] B.N. Kim, H.W. Lee, A Study on Royalty Calculation to Correct Royalty Stacking and Holdup/Holdout of Standard Essential Patent, in: 2019 IEEE VTS Asia Pacific

Wireless Communications Symposium (APWCS), IEEE, 2019, S. 1–5.
[7] K.S. Jacobsen, Patents and standardization, part 3: commitments to license standard-essential patents under reasonable and non-discriminatory (RAND) terms, IEEE Commun. Mag. 54 (2016) S. 66–71. https://doi.org/10.1109/MCOM.2016.7565274.
[8] T. Gniadek, Litigating Standard Essential Patents in Germany [IP Corner], IEEE Consumer Electron. Mag. 5 (2016) S. 115–117. https://doi.org/10.1109/MCE.2016.2556779.
[9] S. Wittfoth, Identification of Probable Standard Essential Patents (SEPs) Based on Semantic Analysis of Patent Claims, in: 2019 Portland International Conference on Management of Engineering and Technology (PICMET), IEEE, 2019, S. 1–9.
[10] L. Brachtendorf, F. Gaessler, D. Harhoff, Truly standard-essential patents? A semantics-based analysis, Economics Manag Strategy 32 (2023) S. 132–157. https://doi.org/10.1111/jems.12500.
[11] A. Herzberg, N.M. Denter, M.G. Moehrle, The Watchful Waiting Strategy in Standard-Essential Patents: The Case of 5G Technology, IEEE Trans. Eng. Manage. 71 (2024) S. 7637–7653. https://doi.org/10.1109/TEM.2024.3374878.
[12] A. Radauer, Zur Nutzung technischer Schutzrechte im Kommerzialisierungsprozess von Erfindungen. Dissertation, (2019).
[13] L. Walter, F.C. Schnittker, Patentmanagement: Recherche - Analyse - Strategie, De Gruyter Oldenbourg, Berlin, Boston, (2016).
[14] N. Abdelkafi, R. Bolla, C.J. Lanting, A. Rodriguez-Ascaso, M. Thuns, M. Wetterwald, Understanding ICT Standardization: Principles and Practice (2018) S. 1–261.
[15] T. Pohlmann, P. Neuhäusler, K. Blind, Standard essential patents to boost financial returns, R & D Management 46 (2016) S. 612–630. https://doi.org/10.1111/radm.12137.
[16] ETSI, Technologies, (2024), https://www.etsi.org/technologies, zuletzt geprüft am 09.12.2024.
[17] ETSI, Types of standards: Standards, Specifications and Reports, (2024), https://www.etsi.org/standards/types-of-standards, zuletzt geprüft am 09.12.2024.
[18] ETSI, Standards making, (2024), https://www.etsi.org/standards/standards-making, zuletzt geprüft am 09.12.2024.
[19] ETSI, ETSI Directives, (2024), https://portal.etsi.org/directives/49_directives_jun_2024.pdf, zuletzt geprüft am 05.12.2024.
[20] A.C. Marco, J.D. Sarnoff, C.A. deGrazia, Patent claims and patent scope, Research Policy 48 (2019) S. 1–17. https://doi.org/10.1016/j.respol.2019.04.014.
[21] V.J. Schmitt, L. Walter, F.C. Schnittker, Assessment of patentability by means of semantic patent analysis – A mathematical-logical approach, World Patent Information 73 (2023) S. 102182. https://doi.org/10.1016/j.wpi.2023.102182.
[22] Siemens AG, IPR Information Statement and Licensing Declaration: ISLD-201812-001 (2019) S. 1–3.
[23] M.G. Moehrle, Measures for textual patent similarities: a guided way to select appropriate approaches, Scientometrics 85 (2010) S. 95–109. https://doi.org/10.1007/s11192-010-0243-3.
[24] ETSI, Principles for drafting ETSI deliverables with the use of skeletons, (2022).
[25] J.L. Contreras, Essentiality and Standards-Essential Patents, University of Utah College of Law Research Paper (2017) S. 209–230.
[26] N. Chakroun, Vagueness of Patent Claim Language, Claim Construction and Patent

Infringement – What a Mess!, GRUR International 69 (2020) S. 1097–1104. https://doi.org/10.1093/grurint/ikaa114.
[27] L. Walter, V.J. Schmitt, Aufdeckung von Schutzrechtskollisionen mittels computergestützter Merkmalsanalyse, in: PATINFO 2023 Schutzrechtsinformationen als Rohstoff für die Wirtschaft von morgen, 2023, S. 163–177.
[28] ETSI, Writing World Class Standards, (2020).
[29] plainlanguage.gov, What is plain language?, (2024), https://www.plainlanguage.gov/about/definitions/, zuletzt geprüft am 09.12.2024.
[30] ETSI, TErms and Definitions Database Interactive (TEDDI), (2002), https://webapp.etsi.org/Teddi/, zuletzt geprüft am 09.12.2024.
[31] C. Block, M. Wustmans, N. Laibach, S. Bröring, Semantic bridging of patents and scientific publications – The case of an emerging sustainability-oriented technology, Technological Forecasting and Social Change 167 (2021) S. 1–14. https://doi.org/10.1016/j.techfore.2021.120689.
[32] L. Huang, L. Shang, K. Wang, A.L. Porter, Y. Zhang, Identifying target for technology mergers and acquisitions using patent information and semantic analysis, in: 2015 Portland International Conference on Management of Engineering and Technology (PICMET), IEEE, 2015, S. 2313–2321.
[33] M.G. Moehrle, L. Walter, A. Geritz, S. Muller, Patent-based inventor profiles as a basis for human resource decisions in research and development, R & D Management 35 (2005) S. 513–524. https://doi.org/10.1111/j.1467-9310.2005.00408.x.
[34] C. La Justicia de Torre, D. Sánchez, I. Blanco, M.J. Martín-Bautista, Text Mining: Techniques, Applications, and Challenges, Int. J. Unc. Fuzz. Knowl. Based Syst. 26 (2018) S. 553–582. https://doi.org/10.1142/S0218488518500265.
[35] A. Herzberg, V.J. Schmitt, L. Walter, Semantic analysis for assessing the standard-essentiality of patents – A proof of concept, IEEE Technology and Engineering Management Society, under review (2025).
[36] S. Arts, B. Cassiman, J.C. Gomez, Text matching to measure patent similarity, Strategic Management Journal 39 (2018) S. 62–84. https://doi.org/10.1002/smj.2699.
[37] L. Helmers, F. Horn, F. Biegler, T. Oppermann, K.-R. Müller, Automating the search for a patent's prior art with a full text similarity search, PloS one 14 (2019) S. 1-17. https://doi.org/10.1371/journal.pone.0212103.

Verlinkung von Patentinformation und Businessdaten

Leonhard Brader

BIPvolution

Stefan Brehm

predori GmbH, Ulm

Abstract

Die Vernetzung von Patentinformationen mit Businessdaten eröffnet neue Möglichkeiten für Forschung, Entwicklung und strategische Entscheidungsfindung. Dieser Beitrag stellt das IPtoX-Framework vor, das die Verknüpfung von Patentdaten mit verschiedenen externen und internen Datenquellen ermöglicht. Dadurch können Unternehmen Innovationszyklen besser verstehen, Markttrends analysieren und ihre Patentstrategien optimieren.

Ein besonderer Schwerpunkt dieses Beitrages liegt auf der automatisierten Identifikation standardessenzieller Patente (SEPs). Hierbei wird durch maschinelle Analyse von Patentansprüchen und technischen Standards eine effiziente und präzise Prüfung ermöglicht.

Derselbe generalistische maschinengestützte Datenanalyseansatz wird darüber hinaus anhand einer Fallstudie zur Verknüpfung von Patentdaten und Marketing- und Commercial Information aufgezeigt. In diesem praxisnahen Beispiel wird die Frage untersucht, wie stark das Patentportfolio des Unternehmens Spotify mit dessen Werteversprechen (Value Proposition) übereinstimmt. Dabei wird gezeigt, wie Patente mit den Value Propositions des Unternehmens verknüpft werden können, um Wettbewerbsvorteile zu sichern und IP-Strategien gezielt auszurichten.

Dieser Beitrag liefert somit wertvolle Einblicke in die Möglichkeiten einer datengetriebenen IP-Analyse und deren Bedeutung für technologiegetriebene Unternehmen.

1) Verlinkung von Patentinformation und Businessdaten

a) IPtoX: Die Verknüpfung von Patentdaten und beliebigen weiteren Daten

Die Integration von Patentdaten mit anderen relevanten Datenquellen kann wertvolle Erkenntnisse für Forschung, Entwicklung, Marktanalyse und strategische Entscheidungen liefern. Das Framework IPtoX von predori verfolgt genau diesen Ansatz und ermöglicht eine tiefgehende Analyse und Nutzung von Patentinformationen in Kombination mit weiteren Datenquellen.

i) Verknüpfung mit Normen und Standards

Viele technologische Entwicklungen sind an bestimmte Normen und Industriestandards gebunden. Durch die Verknüpfung von Patentdaten mit ISO-, DIN-, IEEE-Standards, oder anderen Standards kann untersucht werden, inwieweit Patente auf anerkannte technische Richtlinien ausgerichtet sind und welche Unternehmen sich durch ihre Patente in regulatorische Prozesse einbringen.

ii) Verknüpfung mit Webveröffentlichungen

Durch die Einbindung von wissenschaftlichen Artikeln, technischen Blogs, Unternehmensberichten und anderen Online-Veröffentlichungen können aktuelle Trends, technologische Entwicklungen und Marktbewegungen besser verstanden werden. Die Analyse von Zitierungen und thematischen Übereinstimmungen erlaubt es, den Innovationskontext von Patenten besser einzuordnen.

iii) Verknüpfung mit Zulassungsdaten für Medizingeräte

Patente für Medizingeräte können mit regulatorischen Datenbanken wie der FDA (Food and Drug Administration) oder der EMA (European Medicines Agency) abgeglichen werden. Dadurch lassen sich Innovationszyklen und Marktpotenziale analysieren sowie Unternehmen identifizieren, die aktiv in der Medizintechnik tätig sind.

iv) Verknüpfung mit Zulassungsdaten für pharmakologische Erzeugnisse
Die Kombination von Patenten mit Arzneimittelzulassungen kann Aufschluss über die Entwicklungspipeline von Pharmaunternehmen geben. Dies ermöglicht die Analyse von Schutzstrategien, Identifikation von Markteintrittsbarrieren und Bewertung der Innovationskraft einzelner Akteure im Gesundheitswesen.

v) Verknüpfung mit internen Unternehmensdaten
Unternehmen können ihre eigenen Forschungs- und Entwicklungsdaten mit Patentinformationen kombinieren. Dies hilft, die Innovationskraft zu bewerten, Schutzstrategien zu optimieren und technologische Überschneidungen mit Wettbewerbern oder potenziellen Partnern zu identifizieren.

vi) Verknüpfung mit anderen Patentdaten
Durch die Verbindung von Patentfamilien, Zitierungsanalysen und rechtlichen Statusinformationen lassen sich Innovationsnetzwerke erkennen. Zudem kann untersucht werden, wie sich Patentportfolios über verschiedene Länder und Branchen hinweg entwickeln. Dabei kann eine IPtoIP Analyse intraportfolio oder extraportfolio erfolgen, was jeweils eigene wertvolle Informationen zur absoluten Portfoliostruktur oder relativen Portfoliostruktur liefert.

vii) Verknüpfung mit Marketing- und Commercial Information
Die Integration von Patentdaten mit Marketing- und kommerziellen Informationen wie Value Proposition, Produktmerkmalen und Marktpositionierung hilft Unternehmen, ihre Innovationen gezielter zu vermarkten. Durch die Analyse von Produktbeschreibungen, USPs (Unique Selling Propositions) und Wettbewerbsangeboten können Unternehmen besser verstehen, wie ihre Patente zur Differenzierung und Positionierung im Markt beitragen.
Diese Anwendung wird im Mittelpunkt der praktischen Anwendung im Rahmen dieses Konferenzbeitrages (siehe nachfolgende Kapitel) stehen.

b) Neben den vorgenannten Anwendungen lassen sich weitere Anwendungen aufzeigen, die im Framework IPtoX dann abgebildet werden können, wenn diejenigen Daten, die unter die Komponente „X“ fallen, digital vorliegen und maschinenlesbar sind. Die grundlegende Architektur des IPtoX Frameworks von predori folgt dabei der nachfolgenden hierarchischen Struktur

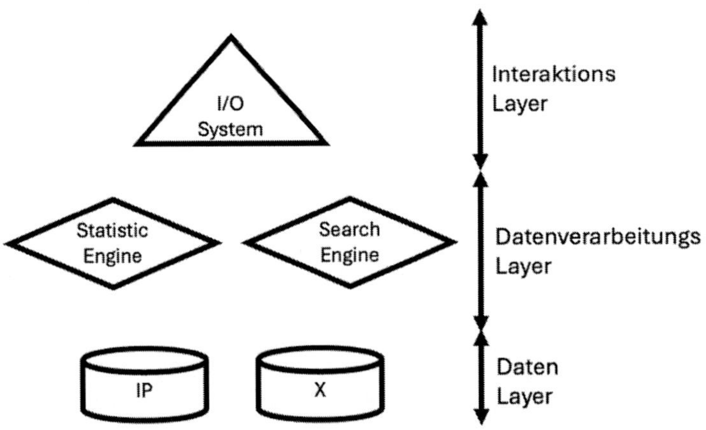

Abbildung 1: Basisarchitektur IPtoX

Bei den IP-Daten handelt es sich nach aktuellem Stand um Patentdaten. Zukünftig sind aber auch weitere IP-Daten wie Marken und Designs vorgesehen. Der Datenbereich „X“ ist ein auf Wunsch einrichtbarer Datensatz, der zu verknüpfende Daten aufweist. Der Datenlayer kann aktuell gehalten werden, sodass Änderungen schnell sichtbar werden.

Der Datenverarbeitungslayer besteht grundsätzlich aus der Statistik-Engine, die statistisch relevante Inhalte des Datenlayers aufbereitet und der Search-Engine, die inhaltlich relevante Daten des Datenlayers informationsvollständig aufbereitet. Während die Search-Engine nahezu unabhängig von den bereitgestellten Daten ist, kann die Statistik-Engine Vorgaben aufnehmen, nach welchen Schemata statistische Daten aufzubereiten sind.

Mittels des Interaktionslayers können durch Endnutzer inhaltliche Fragen zu den Daten beantwortet werden. So kann, wie im nachfolgenden praktischen Teil genauer erläutert, bei der Verknüpfung von Patentdaten und Werteversprechen geprüft werden, inwiefern die Werteversprechen eines Unternehmens mit dem Werteversprechen desselben Unternehmens (oder natürlich eines beliebigen anderen Unternehmens) korrelieren.

c) Mehrwerte automatisierter Datenverknüpfung am Beispiel der Prüfung auf Standardessenzialität von Patenten

Die Identifikation von Standardessenziellen Patenten (SEPs) ist ein entscheidender Prozess für Unternehmen, die in standardisierten Technologiebereichen tätig sind. SEPs sind Patente, die eine technische Lösung schützen, die zur Umsetzung eines technischen Standards zwingend erforderlich ist. Da Standards häufig detaillierte technische Spezifikationen umfassen, erfordert die Identifikation von SEPs eine präzise Analyse der Patentansprüche im Vergleich zu den Anforderungen des Standards. Dieser Prozess ist äußerst komplex, zeitaufwändig und fehleranfällig, wenn er manuell durchgeführt wird. Durch den Einsatz von IPtoX kann dieser Prozess erheblich beschleunigt und präziser gestaltet werden.

i) Prozess der Identifikation von SEPs

1) Extraktion der relevanten technischen Inhalte aus Standards

Der erste Schritt besteht in der systematischen Analyse des Standards. Technische Spezifikationen sind häufig umfangreich und bestehen aus mehreren hundert Seiten an detaillierten Anforderungen. Hier müssen insbesondere die Abschnitte identifiziert werden, die konkrete technische Implementierungen betreffen. Dazu gehören:

(a) Funktionale Anforderungen

(b) Kommunikationsprotokolle

(c) Algorithmische Verfahren

(d) Hardware- und Software-Spezifikationen

2) Extraktion der Patentansprüche und technischer Inhalte

Parallel zur Analyse des Standards werden relevante Patentdokumente untersucht. Entscheidend ist hierbei die Extraktion der Patentansprüche, da sie den rechtlichen Schutzbereich des Patents definieren. Neben den reinen Ansprüchen können auch die detaillierten Beschreibungen (Description) wertvolle technische Hinweise liefern.

3) Terminologische und semantische Normalisierung

Eine wesentliche Herausforderung bei der Identifikation von SEPs liegt in der unterschiedlichen Terminologie zwischen Standards und Patenten. Während Standards oft neutrale, allgemeingültige Begriffe nutzen, sind Patentansprüche bewusst so formuliert, dass sie den Schutzbereich optimieren. Daher ist eine semantische Normalisierung erforderlich, um:

(a) Begriffe mit gleicher Bedeutung abzugleichen (z. B. „Datenpaket“ vs. „Signalstruktur“)
(b) Synonyme und branchenspezifische Formulierungen zu berücksichtigen
(c) Strukturierte Datenbankabfragen zu ermöglichen

4) Automatisierte Gegenüberstellung von Patent- und Standardtexten
Nachdem die relevanten Abschnitte extrahiert und normalisiert wurden, folgt die strukturierte Gegenüberstellung. Hier werden:
(a) Übereinstimmungen zwischen den Patentansprüchen und technischen Standardanforderungen gesucht
(b) Parallelen zwischen den beschriebenen Implementierungen analysiert
(c) Notwendigkeit der geschützten Technologie für die Einhaltung des Standards bewertet

Dieser Abgleich kann durch Machine-Learning-Algorithmen unterstützt werden, die anhand von bestehenden SEP-Datenbanken trainiert wurden und Muster in der Struktur von SEPs erkennen.

5) Bewertung der Patentabdeckung und Essenzialität
Nachdem potenzielle Übereinstimmungen identifiziert wurden, erfolgt die Bewertung der tatsächlichen Essenzialität eines Patents. Diese Analyse umfasst:
(a) Technische Prüfung: Ist die in den Patentansprüchen beschriebene Technologie zwingend notwendig, um den Standard zu erfüllen, oder gibt es alternative Lösungen?
(b) Juristische Analyse: Deckt das Patent tatsächlich eine Implementierung des Standards ab oder handelt es sich um eine Erweiterung?

(c) Marktrelevanzprüfung: Ist das Patent bereits als SEP deklariert, oder wurde es in Standardisierungsprozessen referenziert?

6) Mehrwert der Automatisierung durch IPtoX
Die Identifikation von SEPs ist traditionell mit erheblichem manuellem Aufwand verbunden. Der Einsatz von IPtoX bietet hier entscheidende Vorteile. Durch automatische Extraktion und Textanalyse kann die Bearbeitungszeit erheblich reduziert werden, während Machine-Learning-Algorithmen komplexe semantische Zusammenhänge erkennen und subjektive Interpretationsfehler minimieren. Zudem ermöglicht IPtoX die Untersuchung großer Mengen an Patenten über verschiedene Branchen hinweg, was die Skalierbarkeit der Analyse erheblich verbessert. Während eine manuelle Analyse oft uneinheitlich ausfällt, sorgt die Automatisierung für konsistente und reproduzierbare Ergebnisse. Darüber hinaus erleichtert IPtoX die frühzeitige Erkennung von SEPs, indem es Patentdaten mit Standardisierungsprozessen verknüpft und Unternehmen somit hilft, ihre Schutzrechte strategisch zu nutzen und fundierte Entscheidungen zu treffen.

2) Praxisbeispiel Verknüpfung Patentdaten und Value-Proposition: Spotify

Die digitale Transformation hat die Art und Weise, wie wir Produkte und Dienstleistungen entwickeln, vermarkten und konsumieren, grundlegend verändert. Insbesondere digitale Plattformen wie Spotify haben neue Geschäftsmodelle und Wertversprechen geschaffen, die durch innovative digitale Technologien realisiert werden.

Im Rahmen eines Forschungsprojekts zur Untersuchung von IP-Strategien digitaler Plattformen untersuchen wir, wie Patentdaten und Value Propositions bei digitalen Plattformen miteinander verknüpft sind. Anhand des Beispiels Spotify möchten wir aufzeigen, wie diese Plattform ihr einzigartiges Wertversprechen für ihre Nutzer versucht durch Patente exklusiv am Markt anbieten zu können. Dieses Praxisbeispiel beleuchtet, wie die Patentaktivitäten mit den Value Propositions von Spotify in Verbindung stehen.

a. Ziel dieser Spotify Analyse ist es, Einblicke in die komplexen Zusammenhänge zwischen Patenten, Innovation und Wertschöpfung in der digitalen Plattformökonomie zu gewinnen. Wir hoffen, dass diese Ergebnisse dazu beitragen, das Verständnis für Patentstrategien in diesem dynamischen Umfeld zu vertiefen und Impulse für zukünftige Patentierungsstrategien und IP-Praxis zu liefern.
Verallgemeinert ist das Ziel der nachfolgend vorgestellten Methode aufbereitete Wettbewerbsinformation über deren Patentierungsverhalten in Bezug auf das Werteversprechen, des jeweiligen Wettbewerbers. Die Taxonomie, in der das das Ergebnis dargestellt wird, erlaubt nicht nur Einblicke in die Intensität, mit der technologische Systemkomponenten patentiert werden, sondern auch wie stark einzelne Value Propositions von Produkten und Services durch Patente geschützt werden. Die Informationen ermöglichen Rückschlüsse über die IP-Strategie und das Investitionsverhalten der Wettbewerber.

b. Methode zur Verknüpfung von Patentdaten und Value Propositions von Produkten und Dienstleistungen
    i. Aufbau der an das Produktmanagement angelehnten Taxononie durch Identifikation der entsprechenden Value Propositions und Systemkomponenten.
        1. Das Produktmanagement identifiziert die zentralen Value Propositions des Produktes oder der Dienstleistung. Dies erfolgt idealerweise in enger Abstimmung mit Kundenfeedback und Marktanalysen. Die identifizierten Value Propositions bilden die erste Klassifikationsdimension in der Taxonomie.
        2. Gleichzeitig werden die Produkte und Services in relevante Systemkomponenten unterteilt, die zur Realisierung dieser Value Propositions beitragen. Diese umfassen sowohl Hardware- als auch Software-Komponenten. Die Systemkomponenten bilde die zweite Klassifikationsdimension in der Taxonomie.
        3. Bei der Identifikation von Value Propositions und der zugehörigen Systemkomponenten, können Methoden wie

beispielsweise das "Value Proposition Canvas" unterstützend wirken. Um die Zusammenhänge klar zu visualisieren, verwendet man eine Matrix Struktur, welche an eine Quality-Function Deployment oder IP-Function Deployment Struktur angelehnt ist.

ii. Identifikation des Produkt- oder Dienstleistungs spezifischen Patentportfolios

1. Zunächst erfolgt die Auswahl des zu untersuchenden Wettbewerbers inklusive aller Tochtergesellschaften und Holdings um das gesamte Portfolio auf das der Wettbewerber Einfluss hat untersuchen zu können.
2. Es wird eine umfassende Analyse des bestehenden Patentportfolios durchgeführt, um die relevante Patente für das Produkt oder die Dienstleistung zu identifizieren. Für komplexere Produkte ist es hilfreich diese Analyse auf Basis der bereits identifizierten Systemkomponenten durchzuführen.

iii. Zuordnung von Patenten zu Systemkomponenten

1. Die in den Patenten beschriebenen technischen Lösungen werden analysiert und den entsprechenden Systemkomponenten zugeordnet. Dazu kann vorwiegend die Beschreibung der technischen Problemlösung in Patentschriften verwendet werden. Dies erfordert ein tiefes Verständnis sowohl der technischen Details der Patente als auch der Funktionsweise der Systemkomponenten.

2. Zuordnung von Patenten zu Value Propositions
Die in den Patenten beschriebenen Vorteile werden analysiert und den entsprechenden Value Propositions zugeordnet. Hierbei wird untersucht, wie die patentierten Technologien zur Realisierung der jeweiligen Value Propositions beitragen und welchen Mehrwert sie für den Kunden schaffen. Bei der Durchführung dieser Zuordnung ist die jeweilige Vorteilsbeschreibung der Patentschriften hilfreich.

3. Die Zuordnung kann manuell mittels einer Bewertung der Patente erfolgen. Zusätzlich stehen heutzutage auch KI-Lösungen wie beispielsweise predori zur Verfügung, welche bei einer automatisierten Zuordnung unterstützen können.

iv. Visualisierung der Ergebnisse in einer Matrixdarstellung ähnlich der IP Function Deployment

1. Die Ergebnisse der Analyse werden in einer Matrix Ansicht der erstellten 2- dimensionalen Taxonomie visualisiert. Diese Matrix stellt die Beziehungen zwischen Value Propositions, Systemkomponenten und Patenten übersichtlich dar.
2. Matrixdarstellung
    a. Die Value Propositions werden in den Zeilen der Matrix angeordnet.
    b. Die Systemkomponenten werden in den Spalten der Matrix angeordnet.
    c. Die Patente werden als Beziehungselemente in der Matrix eingetragen, wobei die Art der Beziehung und deren Stärke durch Anzahl, Stärke oder Kosten der Patente dargestellt wird. Abbildung 1 zeigt Matrixdarstellung des Spotify Patentportfolios mit einer beispielhaften ersten prozentualen Verteilung der Zuordnungen der Patente zu Value Proposition und Systemkomponente.

Spotify Streaming Platform	1.Vast Music Library	2.Discovery & Personalizat on	3.Control & Flexib lity	4.Accessibility	5.High-Fidelity Audio	6.Ubiquitous Access	7.Subscription Choice	8.Social Connection	Total
Client Applications	2,64%	3,56%	3,36%	1,26%	0,16%	3,99%	1,39%	2,30%	19%
Content Delivery Network (CDN)	1,96%	2,33%	2,36%	0,96%	0,13%	2,64%	1,08%	1,75%	13%
Authentication Service	1,10%	1,38%	1,50%	0,38%	0,08%	1,47%	0,46%	1,19%	8%
Catalog Service	2,30%	2,79%	2,73%	1,11%	0,16%	2,95%	1,15%	1,87%	15%
Recommendation Engine	1,72%	2,67%	2,33%	0,91%	0,09%	2,23%	0,90%	1,71%	13%
Streaming Service	2,52%	3,26%	3,25%	1,26%	0,16%	3,82%	1,39%	2,20%	18%
Billing System	0,19%	0,25%	0,23%	0,08%	0,01%	0,30%	0,18%	0,24%	1%
Analytics Service	1,98%	2,76%	2,44%	0,91%	0,14%	2,54%	0,94%	1,82%	14%
Total	14%	19%	18%	7%	1%	20%	7%	13%	100%

Abbildung 2: Value Proposition und Systemkomponente

v. Zusätzliche Überlegungen

1. Die enge Zusammenarbeit zwischen Produktmanagement, Patentabteilung und Entwicklung ist wie für IP-Management allgemein auch entscheidend für den Erfolg dieser Methode.
2. Eine in Abständen regelmäßige Aktualisierung der Analyse ist notwendig, um Veränderungen im Produkt, im Patentportfolio und im Marktumfeld zu berücksichtigen.

a. Zusammenfassung

Durch die Anwendung dieser Methode können Unternehmen ein besseres Verständnis für die Zusammenhänge zwischen Patenten, Systemkomponenten und Value Propositions gewinnen und ihre Patentstrategien gezielter auf die Bedürfnisse ihrer Kunden ausrichten.

i. Welche Informationen kann man aus der Analyse herausziehen?

Das Ergebnis dieser Analyse liefert mehrere Informationen über den jeweiligen Wettbewerber:

Man erhält Informationen, wie die Verteilung der Patente oder der Patentstärke auf Value Propositions und Systemkomponenten ist. Dadurch kann man Rückschlüsse ziehen, welche Value Propositions zum einen dem Wettberber besonders relevant erscheinen, um sie mit starkem Patentschutz auszustatten, oder zum anderen welche Systemkomponenten zugekauft wurden oder geringe Relevanz haben und beispielsweise eben keinen Patentschutz benötigen. Die Verteilung oder die absoluten Werte zur Patentstärke in der Visualisierung kann über die Anzahl der Patentfamilien, die Anzahl der Einzelpatente oder einem Bewertungswert, der die Stärke von Einzelpatent oder Patentfamilie ausdrückt, dargestellt werden.

Zusätzlich kann man über die Verbindung zu Patentkosten auch Rückschlüsse ziehen, wie das Investitionsverhalten des Wettbewerbers in Patente generell ist und in die jeweiligen Systemkomponenten und Value Propositions

ii. Portfoliosteuerung auf Basis der Analyse
Die Rückschlüsse aus den Ergebnissen können als Basis dienen für die Anpassung der eigenen Patentstrategie sowie für die Anpassung des eigenen Patentportfolios und für die Steuerung der Patentportfoliogenerierungsaktivitäten. Sowohl das Investitionsverhalten als auch die Patentstärke in den jeweiligen Bereichen kann für diese Zwecke genutzt werden.

b. Ausblick

i. Diese Methode bietet die Möglichkeit der Wettbewerbsanalyse und der Patentportfolioanalyse in Bezug auf Kundenorientiertheit. Speziell in digitalen Welten in denen Value Propositions hauptsächlich mit Technologien im Bereich Electric Digital Data Processing (IPC: G06F) verwirklicht werden, fällt es mit rein technologischen Analysen zunehmend schwerer unterschiedliche Bereiche eines Produktes oder einer Dienstleistung für Patente zu unterscheiden. Hier ist eine Taxonomie nach Value Propositions hilfreich, um verschiedene Patentcluster abgrenzen zu können und auch deren unterschiedliche Wertigkeit orientiert an der Wichtigkeit der Value Propostion für den Kunden festzustellen. Mit Hilfe der Ergebnisse dieser Methode können zukünftige und aktuell existierende Patentportfolien marktorientiert ausgerichtet werden.

Referentenverzeichnis

Wolfgang Berres

International Institutes for IP Management (I3PM)
Bergisch Gladbach

webmaster@i3pm.org / wolfgang.berres@altracon.com

Senta Bingener

Deutsches Patent- und Markenamt
München

Senta.Bingener@dpma.de

Sabine Boos

Hochschule Heilbronn
Heilbronn

sabine.boos@hs-heilbronn.de

Leonhard Brader

BIPvolution

leonhard.brader@ebrewing.de

Stefan Brehm

predori GmbH
Ulm

stefan.brehm@predori.com

Bettina de Jong

QPIP, Source de Durantou
Amsterdam, NL

info@qpip.org

Christoph Engel

engel Patentanwaltskanzlei
Suhl

office@engel-patent.com

Michael Felbinger

IPnovation GmbH
Wien, AT

m.felbinger@ipnovation.com

Elisabeth Fink

European Union Intellectual Property Office EUIPO
Alicante, ES

elisabeth.fink@euipo.europa.eu

Sibylle Gabler

DIN Deutsches Institut für Normung
Berlin

Sibylle.Gabler@din.de

Christian Goroncy

DIN Deutsches Institut für Normung
Berlin

Christian.Goroncy@din.de

Andre Herzberg

Universität Bremen
Institut für Projektmanagement und Innovation IPMI
Bremen

andre.herzberg@innovation.uni-bremen.de

Volker Michael Jänich

Friedrich-Schiller-Universität Jena
Jena

volker.jaenich@uni-jena.de

Gabriele Mohsler

Ericsson
Herzogenrath

gabriele.mohsler@ericsson.com

Daniel Ovadya

Questel SAS
Paris

dovadya@questel.com

Marco Richter

LexisNexis
Bonn

marco.richter@lexisnexis.com

Friedhelm Rodermund

IOTECC GmbH
Koblenz

fred@iotecc.com

Maria Skottke-Klein

Deutsches Patent- und Markenamt
Vizepräsidentin
München

praesidialbuero@dpma.de

Thomas Sporer

Fraunhofer IDMT
Ilmenau

thomas.sporer@idmt.fraunhofer.de

Robert Sterner

AUDI
Ingolstadt

robert.sterner@audi.de

Martin Tettenborn

Hochschule Heilbronn
Heilbronn

martin.tettenborn@hs-heilbronn.de

Bettina Töpfer

PATON | Landespatentzentrum Thüringen
Ilmenau

bettina.toepfer@tu-ilmenau.de

Miriam Divya Williams

Giesecke + Devrient
München

miriamdivya.williams@gi-de.com

Andreas Zaby

SPRIND Bundesagentur für Sprunginnovationen
Leipzig

andreas.zaby@sprind.org

Vorstellung der Aussteller

Anaqua

ATHENA Technologie Beratung GmbH

CAS

Dennemeyer Group

Deutsches Patent- und Markenamt

Eidgenössisches Institut für Geistiges Eigentum

Fovea IP

G.E.I. KRAMER & HOFMANN mbH

genese.de GmbH

GSI Office Management GmbH

IAMIP Sverige AB

infoapps GmbH

INTERASCO GmbH

interface projects GmbH

IP Author by Dolcera

IP for IP GmbH Monika Huppertz

IP7 Technologies GmbH

IPnovation GmbH

IPRally Technologies Oy

Minesoft GmbH

noventive Managementgesellschaft mbH

Patent Cockpit by Artemis IPM GmbH

PATOffice (europatent GmbH)

PATON | Landespatentzentrum Thüringen

PATON-PTH Patentmanagement Thüringer Hochschulen

PatSeer Technologies Pvt. Ltd.

predori GmbH

Questel SAS

Recherche und Beratung – Henrik Schreiber

SAM – Standards and More… GmbH & Co. KG

Serviva GmbH

SMD Group Schutz Marken Dienst GmbH

uptoIP® ABP PATENT NETWORK GmbH

Anaqua

Mühldorfstr. 8
81671 München

+49 (0) 892 070 8859
+49 (0) 172 519 2460
info@anaqua.com
www.anaqua.com

Anaqua ist ein führender Anbieter von integrierten Technologielösungen und Dienstleistungen für das Management von geistigem Eigentum (IP).

Anaquas IP-Management-Plattformen AQX® und PATTSY WAVE® kombinieren Best-Practice-Workflows mit Big-Data-Analysen und technologiegestützten Dienstleistungen, um eine intelligente Umgebung zu schaffen, die IP-Strategien unterstützt, fundierte IP-Entscheidungen ermöglicht und IP-Prozesse optimiert.

Heute nutzen fast die Hälfte der 100 größten US-Patentanmelder und globalen Marken sowie eine wachsende Zahl an Kanzleien weltweit die Lösungen von Anaqua. Mehr als zwei Millionen IP-Führungskräfte, Anwälte, Rechtsanwaltsfachangestellte, Administratoren und Innovatoren verwenden die Plattform für ihr IP-Management.

Der Hauptsitz des Unternehmens befindet sich in Boston, mit Niederlassungen in den USA, Europa, Asien und Australien.

Für weitere Informationen besuchen Sie bitte anaqua.com oder Anaqua LinkedIn.

Online Recherchesysteme	**IP-Management Dienstleistungen**	**Inhouse-Softwarelösungen**
Recherche und Überwachung	Beratung und Fortbildung	Sonstiges

ATHENA Technologie Beratung GmbH

Dr.-Ing. Thomas Müller	RA Frederic M. Casañs
Technologiepark 13	Lindenstraße 20
33100 Paderborn	50674 Köln
☎ +49 (0) 52 51 / 390 65 60	+49 (0) 221 / 27 207 880
Fax +49 (0) 52 51 / 390 65 63	+49 (0) 221 / 27 207 880
@ info@myATHENA.de	www.myATHENA.de

Patente recherchieren. Patente bewerten. Patente verwerten.

Seit über 20 Jahren unterstützen wir Unternehmen und Patentanwaltskanzleien erfolgreich durch maßgeschneiderte Patentrecherchen und -analysen sowie bei der fundierten Bewertung von Patenten und Patentportfolios. Mit einem kompetenten Team aus Ingenieuren, Wirtschaftswissenschaftlern und Juristen ermitteln wir valide monetäre Patentwerte bspw. für Investorenverhandlungen und objektive Zeitwerte für Sacheinlagen z.B. für GmbHs. Daneben unterstützen wir bei der effizienten Verwertung von Patenten und bieten mit PIKAS eine smarte Softwarelösung für die Patentüberwachung.

ATHENA – Ihr Partner für professionelle Patentrecherche, Patentbewertung- und Verwertung

Das bieten wir Ihnen:

- Unterstützung bei der effizienten Patentverwertung
- Neuheits-, Stand-der Technik- und FTO-Recherchen
- PIKAS: Die Smarte Software-Lösung für die Patentüberwachung
- Beratung und Akquise der Patentförderung WIPANO des BMWK
- Monetäre Wertgutachten, Kosten-Nutzen-Analysen und Patentportfolio-Analysen
- Beratungen zur Optimierung der Anmeldestrategie und des Portfoliomanagements

Setzen Sie unsere Dienstleistungen und Tools gewinnbringend und ressourcensparend in Ihrem Unternehmen oder Ihrer Patentanwaltskanzlei ein. Wir wählen mit Ihnen das effizienteste Vorgehen und die passenden wissenschaftlich fundierten Methoden aus, damit Sie den bestmöglichen wirtschaftlichen Nutzen aus Patenten ziehen können.

ATHENA – profit for innovations.

Online Recherchesysteme	IP-Management Dienstleistungen	Inhouse-Softwarelösungen
Recherche und Überwachung	Beratung und Fortbildung	WIPANO

CAS

2540 Olentangy River Rd
Columbus, OH 43202
USA

+1 (0) 614 447 3600
www.cas.org

CAS
A division of the
American Chemical Society

Als CAS-Partner optimieren Sie Ihre Innovationspipeline mit sorgfältig aufbereiteten wissenschaftlichen Daten.

CAS beschäftigt mehr als 1.400 Fachleute, die tagtäglich wissenschaftliche Informationen und Patente verarbeiten und diese zu einem über 150 Jahre alten Datenbestand ergänzen. Intelligent vernetze Inhalte, spezialisierte Technologie und unsere interdisziplinäre menschliche Expertise, stellen wir in Form von Informationssoftware und Dienstleistungen zur Verfügung. Dadurch ist CAS der ideale Partner, um Erkenntnisse und Perspektiven in der Entwicklungsphase zu gewinnen und eine robuste Innovationspipeline für den langfristigen Erfolg aufzubauen.

CAS erfüllt die spezifischen Informationsanforderungen in jeder Phase des Innovationsprozesses.

- Die **STN IP Protection Suite™** ermöglicht es Ihrem Team, die IP-Landschaft zu analysieren, Chancen und Risiken zu erkennen und eine präzise und leistungsstarke IP-Recherche mit der kompletten Sammlung von Patent- und Nichtpatentinhalten durchzuführen.
- Steigern Sie die Effizienz des gesamten F&E-Prozesses mit der **CAS SciFinder Discovery Platform™**, einer unternehmensweiten Plattform, die erstklassige, von Experten aufbereitete wissenschaftliche Inhalte und spezialisierte Recherchetools bietet.
- Optimieren Sie das IP-Informationsmanagement mit **CAS IP Services℠**. Wir bieten eine Reihe von Auftragsleistungen an, die sich flexibel an Ihre Informationsstrategie anpassen lassen, von IP-Forschungsprojekten bis hin zu längerfristigen Projekten. Ganz gleich, ob Sie auf neues Fachwissen zugreifen, effizienter arbeiten oder ein flexibleres Knowhow aufbauen möchten - wir können Ihnen helfen.
- **CAS Custom Services℠** ermöglicht die Entwicklung individueller Konzepte für Ihren spezifischen Informationsbedarf, indem Sie unsere Inhalte, Technologien und unser Fachwissen direkt für sich nutzen. Arbeiten Sie direkt mit CAS-Experten zusammen, um Probleme wie Identifizieren von Trends, unternehmensinternes Wissensmanagement und Workflow-Integration gemeinschaftlich zu lösen.

Um mit uns in Kontakt zu treten, besuchen Sie unsere Website unter cas.org.

Online Recherchesysteme	IP-Management Dienstleistungen	Inhouse-Softwarelösungen
Recherche und Überwachung	Beratung und Fortbildung	Sonstiges

Dennemeyer Group

Landaubogen 1-3
81373 München
GERMANY

+49 (0) 89 2000 183-0
+49 (0) 89 2000 183-99
@ info@dennemeyer.com
www.dennemeyer.com

Die Dennemeyer Gruppe bietet hochwertige Dienstleistungen zum Schutz und zur Verwaltung von Rechten des geistigen Eigentums (IP) an. Ziel ist es, für Kunden in diesem Bereich, weltweit der Partner erster Wahl zu sein. Mit über 60 Jahren Branchenerfahrung und über 20 Niederlassungen weltweit, verwaltet Dennemeyer über drei Millionen Schutzrechte von rund 8.000 Kunden. Selbst Unternehmen mit den größten und vielfältigsten IP-Portfolios wenden sich an die Dennemeyer-Gruppe, wenn es um den zuverlässigen Schutz, die Verwaltung und das Management ihrer wertvollsten Vermögenswerte geht. Zusätzlich zu einem breiten Spektrum an IP-bezogenen Rechtsdienstleistungen bietet Dennemeyer IP-Strategieberatung, umfassende IP-Management-Software, IP-Erneuerungsdienstleistungen sowie modernste Patentrecherche- und Analysetools. Für weitere Informationen besuchen Sie dennemeyer.com oder folgen Sie uns auf LinkedIn.

Ausgewählte Services:

IP-Management-Services:

- Patentjahresgebührenzahlungen
- Markenverlängerungen
- Umschreibungen

IP Consulting:

- IP-Strategie
- IP Due Diligence
- IP-Organisation und –Prozesse
- IP Valuation

Software:

- DIAMS iQ
- DIAMS U
- Dennemeyer Octimine

Wir freuen uns auf ein Gespräch mit Ihnen an unserem Stand!

Online Recherchesysteme	IP-Management Dienstleistungen	Inhouse-Softwarelösungen
Recherche und Überwachung	Beratung und Fortbildung	Sonstiges

Deutsches Patent- und Markenamt

Zweibrückenstr. 12
80331 München
GERMANY

@ info@dpma.de
www.dpma.de

Deutsches
Patent- und Markenamt

Erfindergeist und Kreativität brauchen wirksamen Schutz. Das Deutsche Patent- und Markenamt (DPMA) ist das nationale Kompetenzzentrum für alle Schutzrechte des geistigen Eigentums – es erteilt Patente und trägt Gebrauchsmuster, Marken und Designs ein. Als größtes nationales Patentamt in Europa und fünftgrößtes nationales Patentamt der Welt steht das DPMA für die Zukunft des Erfinderlandes Deutschland in einer globalisierten Wirtschaft. Seine rund 2.800 Mitarbeiterinnen und Mitarbeiter an drei Standorten – München, Jena und Berlin – sind Dienstleister für Erfinder und Unternehmen. Sie setzen Innovationsstrategien des Bundes um und entwickeln die nationalen, europäischen und internationalen Schutzsysteme weiter.

Patente – machen technische Erfindungen wertvoller

Patente schützen technische Erfindungen, die neu sind, auf einer erfinderischen Tätigkeit beruhen und ausführbar sowie gewerblich anwendbar sind. Ein Patent gibt seinem Inhaber oder seiner Inhaberin für bis zu 20 Jahre das ausschließliche Recht, über die Erfindung zu verfügen.

Gebrauchsmuster – einfach, preiswert und schnell zu erlangender Schutz

Ein Gebrauchsmuster gibt seinem Inhaber oder seiner Inhaberin für bis zu 10 Jahre das Recht, die technische Erfindung ausschließlich zu nutzen. Anders als beim Patent wird bei der Eintragung nicht geprüft, ob die Erfindung neu, erfinderisch und gewerblich anwendbar ist. Diese Prüfung findet erst statt, wenn ein Löschungsantrag gestellt wird.

Marken – Herkunfts-, Qualitäts- und Werbekennzeichen

Als Marken können unter anderem Wort- und Bildzeichen, Hörzeichen, dreidimensionale Gestaltungen, Farben oder sonstige Zeichen eingetragen werden. Die Schutzdauer einer Marke beträgt 10 Jahre und ist beliebig oft verlängerbar.

Eingetragenes Design – Schutz für Form- und Farbgestaltungen

Designs schützen die Form- und Farbgestaltung von zwei- oder dreidimensionalen Mustern oder Gegenständen. Designschutz entsteht nur, wenn das Design zum Zeitpunkt der Anmeldung Neuheit und Eigenart aufweist. Dies wird aber bei der Eintragung des Designs nicht geprüft, sondern erst im Streitfall durch die Zivilgerichte. Der Designschutz wirkt bis zu 25 Jahre.

Online Recherchesysteme	IP-Management Dienstleistungen	Inhouse-Softwarelösungen
Recherche und Überwachung	**Beratung und Fortbildung**	Sonstiges

Eidgenössisches Institut für Geistiges Eigentum

Stauffacherstrasse 65/59g
3003 Bern
SWITZERLAND

+41 31 377 77 77
info@ip-search.swiss
www.ip-search.swiss

IGE | IPI
ip-search

ip-search – die Referenz für anspruchsvolle Patentrecherchen

ip-search ist ein Premium-Patentrecherchedienst des Eidgenössischen Instituts für Geistiges Eigentum. Unser Team aus über 65 Rechercheexperten, allesamt ausgebildete Patentprüfer, bringt umfassende Branchenerfahrung und tiefgreifende Kenntnisse des Patentsystems mit, um präzise, zuverlässige und auf Ihre Bedürfnisse zugeschnittene Ergebnisse zu liefern.

Wir bieten umfassende, mehrsprachige und diskrete Recherchedienstleistungen in allen technischen Bereichen an. Unsere Experten arbeiten mit Ihnen zusammen, um den Umfang, die Tiefe und das Format der Recherche und Analyse zu definieren und sicherzustellen, dass die Ergebnisse perfekt auf Ihre Anforderungen abgestimmt sind.

Mit Hilfe modernster Recherche- und Analysewerkzeuge greifen wir auf über 300 Patent- und wissenschaftliche Literaturdatenbanken zu. Um die Genauigkeit und Effizienz weiter zu verbessern, setzen wir außerdem fortschrittliche semantische Suchtools und auf künstlicher Intelligenz basierende Technologien ein, die über einfache Boole'sche Stichwortsuchen hinausgehen.

Unsere Expertise umfasst eine Vielzahl von Patentrecherchen, darunter Freedom-to-Operate, Validitätsrecherchen und Umfeldanalysen. Wir können auch andere spezialisierte patentrelevante Recherchen oder Analysen durchführen, um Ihren Anforderungen gerecht zu werden.

Wir freuen uns darauf, Ihre Fragen und Wünsche auf der PATINFO2025 an unserem **Stand (#7)** oder im **Workshop** mit Ihnen zu diskutieren. **Kommen Sie vorbei!**

Online Recherchesysteme	IP-Management Dienstleistungen	Inhouse-Softwarelösungen
Recherche und Überwachung	Beratung und Fortbildung	Sonstiges

Fovea IP

Rue de Stalle, 140A
1180 Brussels
Belgium

+32 (0)2 425 35 37
info@foveaip.com
www.foveaip.com

The Fovea IP Group gives you easy access to the world's most complete data collection

The Fovea IP Group provides the world's most complete data collection, available as raw data or through a unique search and watch platform that saves you time with collecting, processing, and reporting IP data. In the world of intellectual property, Fovea IP is seen as the IP data powerhouse, helping IP professionals both in big companies and in trademark attorney offices to perform at their best.

Fovea IP Group

The Fovea IP group was created in 2018 by the merger of two main global Intellectual Property data suppliers. Lighthouse IP (Amsterdam) and IP Sensus (Brussels). The two main providers of IP data have started working together to offer their clients the most complete, proprietary data of IP rights worldwide, state-of-the-art search and watch technology and services, dedicated support and analyst teams.

Lighthouse IP

Lighthouse IP is the world's leading provider of intellectual property content. Specialized in IP data, Lighthouse IP provides over 170 countries coverage for patents and trademarks. The company is headquartered in Amsterdam, the Netherlands and has offices in the United States, China, Poland, Thailand, Vietnam, Egypt and Indonesia. Globally a team of 150 experts is working on the creation of this unique bibliographical and legal IP data collection.

Looking for high quality data at an affordable price? Check www.foveaip.com or www.lighthouseip.com and meet us at booth #2 at PATINFO 2025.

Online Recherchesysteme	IP-Management Dienstleistungen	Inhouse-Softwarelösungen
Recherche und Überwachung	Beratung und Fortbildung	IP Daten, API, Übersetzungen

G.E.I. KRAMER & HOFMANN mbH

Klosterstr. 22
66271 Kleinblittersdorf
GERMANY

+49 (0) 6805 94080
info@interhost.de
www.xpat-information-systems.com

Im Rahmen des Kongresses bieten wird einen Kongressrabatt auf unsere Produkte an.

XPAT ist das umfassende Tool für den IP Bereich, welches alle Facetten der Arbeit mit IP abdeckt. Neben der Arbeit mit Patenten mit Monitoring, Patentumläufen und -workflows, Klassifikationen, Auto-Klassifikation, Kommentierung, Rechtstandüberwachung, Verwaltung von Literatur, beliebigen Dateianhängen, Alerting - Funktionen aller Art, Visualisierung von Familien und Zitierungsbäumen, zahlreichen Exportformaten sowie Bewertungsfeatures im Patentbereich gibt es weitere XPAT Module.

XPAT IP Meeting gestattet die Organisation von spontanen oder turnusgemäß wiederkehrenden IP Meetings mit kompletter Protokollierung und Archivierung der Meetings. **XPAT Assessment** liefert detaillierte Vorgaben zur Patentbewertung im Lichte relevanter Patente. **XPAT RecDoc** dokumentiert Recherchen und deren Ergebnisse und macht diese für den späteren Wiedergebrauch leicht zugänglich.

Darüber hinaus verfügt **XPAT** auch über eine leistungsfähige **Schutzrechteverwaltung.** **XPAT Akte** greift passgenau in XPAT Patente, XPAT Trademark, XPAT Design, in XPAT RECDOC und XPAT Assessment ein und verzahnt alle Module in wunderbarer Weise. Alles in Allem ist XPAT ein „one-Stop" IP System, das praktisch keinen Aspekt der Arbeit mit IP außer Acht lässt.

Das QUESTEL-Interface sorgt für die Zur-Verfügung-Stellung englischsprachiger Volltexte praktisch aus der gesamten Welt. Die Averbis Schnittstelle bietet die Möglichkeit der Autoklassifikation. Die Schnittstelle zu Dennemeyer/Octimine und deren **KI-System** gestattet die Nutzung KI gestützter Recherchemöglichkeiten. Hier können Suchergebnisse direkt mit Hilfe der KI verifiziert und ergänzt werden. Auch an anderer Stelle nutzt XPAT **KI Features**, wie die Vereinfachung von Ansprüchen und die Zusammenfassung von Dokumenten in einer vereinfachten, leicht verständlichen Sprache. Ideal, um Nicht-Patentfachleuten das Lesen und Verstehen der Dokumente zu erleichtern. **XPAT® KnowIng** dient der systematischen Erfassung von Wissensdokumenten zur kontrollierten Integration von Wissen im Unternehmen. Das Wissen wird systematisch erfasst, seriös aufbereitet und auf definierbaren Wegen an die Mitarbeiter weitergegeben.

Online Recherchesysteme	IP-Management Dienstleistungen	Inhouse-Softwarelösungen
Recherche und Überwachung	Beratung und Fortbildung	Sonstiges

genese.de GmbH

Leerkämpe 7
28259 Bremen
GERMANY

+49 (0) 421 56561-0
+49 (0) 421 56561-56
mail@genese.de
www.genese.de

Genese – It's time for digital IP Die Genese.de GmbH entwickelt seit über 30 Jahren innovative Softwarelösungen für das Management von Schutzrechten. Mit unserer modularen IP-Management-Software bieten wir alles aus einer Hand – als On-Premise-Lösung, gehostet auf Windows-Servern oder als moderne Web-Anwendung auf einer gemeinsamen Plattform.

GWeb – Der webbasierte Baustein zwischen Intranet und Internet Setzen Sie mit GWeb neue Maßstäbe in der effizienten Verwaltung geistigen Eigentums. Das Webportal vereinfacht Entscheidungsprozesse in KMUs durch individuell anpassbare Abfragen und Formulare, etwa für Erfindungsmeldungen oder die Auswahl von Validierungsländern. Mithilfe der Freigabe von Akten für eine externe Datenpflege und Dokumentenspeicherung ermöglicht das GWeb-Portal eine nachhaltige Zusammenarbeit mit internen Fachabteilungen und externen Partnern. Damit lassen sich einzelne IP-Tätigkeiten gezielt auslagern und können leicht überwacht werden.

Genese EWS – Outlook als Dreh- und Angelpunkt Der EW-Service von Genese macht E-Mail-Management einfach: E-Mails werden automatisch in Genese abgelegt und organisiert. Die Aktenvorschau in Outlook zeigt Fristen und Akteninfos – ohne Genese extra öffnen zu müssen.

Patentverwaltung 4.0 – Mit KI der Routine den Kampf ansagen Mit der Genese-KI bringen Sie Ihr E-Mail-Management auf das nächste Level. Intelligente Textbefehle (Prompts) helfen Ihnen dabei, Formbriefe und wiederkehrende Korrespondenz in kürzester Zeit zu erstellen. Durch die direkte Anbindung an Genese greifen Sie auf alle wichtigen Akteninformationen sofort zu – ohne zusätzliche Recherche. So kommt die KI genau dort zum Einsatz, wo es zählt: als leistungsstarke Unterstützung bei routinierten Aufgaben, damit Sie sich auf das Wesentliche konzentrieren können.

GWeb Workspace – 100% IP-Management. 0% Standortgrenzen. Entdecken Sie mit GWeb Workspace die Zukunft des digitalen IP-Managements – webbasiert, flexibel und ohne Installationsaufwand. Als echte SaaS-Lösung sparen Sie Serverkosten und greifen sicher auf Ihre Daten zu. Das integrierte DMS bietet schnellen Zugriff auf Akten, Fristen und Schutzrechte. In Kombination mit Genese EWS entsteht eine perfekte Lösung. Die verschlüsselte Chat-Funktion ermöglicht direkte Kommunikation mit Erfindern, Anwälten und weiteren Beteiligten im IP-Prozess.

Online Recherchesysteme	**IP-Management Dienstleistungen**	Inhouse-Softwarelösungen
Recherche und Überwachung	Beratung und Fortbildung	Sonstiges

GSI Office Management GmbH

Landsberger Str. 314
80687 München
Deutschland

+49 89 89544 500
+49 89 89544 599
info@gsi-office.de
gsi-office.de

GSI – Ihr Partner für die Digitalisierung Ihres IP-Managements

Verwalten und bearbeiten Sie mit uns Ihre Patente, Marken, Designs, Domains

Die GSI Office Management GmbH aus München entwickelt seit **über 35 Jahren IP Verwaltungslösungen**, die nach dem Motto „IP Software that works like you do" genau auf die Bedürfnisse unserer Kund:innen abgestimmt sind. Unsere flexiblen, modularen IP-Management-Systeme unterstützen Sie dabei, alle Schutzrechte – sei es Marken, Patente, Designs oder Domains – effizient zu verwalten. **Dabei richten sich unsere Lösungen sowohl an Kanzleien als auch an Unternehmen jeder Größe und Branche, immer individuell anpassbar an Ihre Arbeitsabläufe**. Dank unseres tiefgehenden IP-Know-hows und unserer langjährigen Erfahrung in der Umsetzung von Kundenanforderungen und gesetzlichen Vorgaben können wir Ihre IP-Prozesse optimieren.

Die meisten IP-Prozesse lassen sich gut mit einem Standardprodukt unterstützen. Doch auch für spezifische, individuelle Anforderungen haben wir die passende Lösung. **Mit unseren IP-Management-Systemen IP Now und WiNPAT decken wir das gesamte Spektrum ab**. Beide Systeme können sofort „out of the box" genutzt werden, lassen sich aber auch flexibel an Ihre spezifischen Bedürfnisse anpassen.

Unsere IP Management Systeme

IP Now

Die SaaS-Lösung

IP Now ist mehr als eine Patentverwaltungssoftware. IP Now bietet Ihnen höchste Sicherheit, alle Funktionen für eine weltweite Zusammenarbeit und eine zentrale Bearbeitung und Verwaltung all Ihrer gewerblichen Schutzrechte.

WiNPAT

Die Client-Server-Lösung

Mit WiNPAT - unserer umfassenden Marken- und Patentverwaltungs-software - gehen Sie keine Kompromisse ein. Denn WiNPAT bildet alle Geschäftsprozesse einer IP-Kanzlei oder einer IP-Abteilung flexibel, skalierbar und individuell anpassbar ab.

▸ **Mehr Informationen unter** gsi-office.de

Online Recherchesysteme	IP-Management Dienstleistungen	**Inhouse-Softwarelösungen**
Recherche und Überwachung	Beratung und Fortbildung	Sonstiges

IAMIP Sverige AB

Rudi-Conin-Straße 4
50829 Köln
GERMANY

+49 (0)221 98656270
@ info@iamip.com
www.iamip.com

Die IamIP Patentplattform ist eine mehrfach ausgezeichnete SaaS Lösung zur weltweiten Recherche und Überwachung von Fremdschutzrechten. Hunderte von innovativen Unternehmen sind Ihrem Wettbew erb schon einen Schritt voraus, durch IamIPs' kollaborativen Ansatz der Patentrecherche, Überwachung und Möglichkeit der Kategorisierung.

Die IamIP Plattform zeichnet sich durch eine intuitive Benutzeroberfläche aus und ermöglicht Ihnen kompliziertere Beziehungen auf einfachster Weise zwischen und innerhalb der Patentfamilien zu visualisieren und zu identifizieren.

Sparen Sie sich Zeit und reduzieren Sie Ihre Ausgaben bei der Recherche und Dokumentation Ihres Patentumlaufs. Strukturieren Sie Ihren Patentprozess digital. Kommunizieren Sie mit Ihren Kollegen und externen Patentexperten zentral über die IamIP Patentplattform. Teilen und verteilen Sie wichtige Informationen innerhalb Ihrer Abteilung, projektbezogenen Gruppierungen, Forschungs- und Entwicklungs- oder Ihren Patentexperten.

Mit Hilfe der IamIP Plattform können Sie relevante Patente in Portfolios zusammenfassen und abspeichern, unabhängig davon, ob die Patentdokumente aus der Recherche oder der automatisierten Überwachung in der IamIP Patentplattform stammen. Erhalten Sie Bewertungen Ihrer Kollegen durch eine einfache Möglichkeit Aufgaben zu erstellen, mit Hilfe von individuell kalibrierbaren Bewertungsmöglichkeiten und Klassifizierungen. Mit einem Mausklick können Sie wichtige Patente auf Rechtsstandsänderungen überwachen oder sich eine grafische Auswertung Ihrer Portfolios erstellen lassen. Diese und viele weitere Funktionen stehen Ihnen in der IamIP Patentplattform zur Verfügung.

Ein erfahrenes Team, bestehend aus deutsch-, schwedisch- und englischsprachigen Patent- und Produktexperten, das sich durch langjährige Erfahrung in der Patentindustrie bestens auskennt, unterstützen Sie in Ihrer Arbeit und hilft Ihnen dabei, einen komplett neuen und effizienteren Workflow innerhalb Ihrer Patent– und Rechercheabteilungen aufzusetzen. Unabhängig davon, ob Sie als Patentanwalt einen Mehrwert für Ihre Kunden kreieren, Sie ein kleines, innovatives Start-Up betreiben, oder Sie in einer renommierten Firma arbeiten, die IamIP Patentplattform ist ein unverzichtbarer Schritt in der Digitalisierung von IP in jedem Unternehmen.

Online Recherchesysteme	IP-Management Dienstleistungen	Inhouse-Softwarelösungen
Recherche und Überwachung	Beratung und Fortbildung	Sonstiges

infoapps GmbH

Frankfurter Ring 243
80807 München
GERMANY

+49 (0) 89 30 74 8570
+49 (0) 89 30 74 8562
order@infoapps.com
www.infoapps.com

Unsere schnelllebige Zeit erfordert effektive Ergebnisse mit möglichst geringem Zeit- und Kosteneinsatz. Durch infoapps' KI-Lösungen und den automatisierten Workflow mit seiner lückenlosen Kommunikationskette, wird Ihre Patentarbeit effizient und schnell erledigt. Ganz im Sinne der heutigen Zeit –intuitiv, einfach und schnell.

Bleiben Sie einen Schritt voraus, indem Sie Ihre Eigen- und Fremdpatent-Portfolios überwachen, klassifizieren und archivieren. Die optimierte und benutzerfreundliche Anwendung wird an Ihre Workflow-Anforderungen angepasst.

Seit mehr als drei Jahrzehnten entwickelt infoapps firmenintern Patentinformationslösungen für IP-Abteilungen und F&E-Mitarbeiter. In ständiger Zusammenarbeit mit unseren Kunden entwickeln wir maßgeschneiderte Lösungen, wie unsere bahnbrechenden Neuentwicklung für hochspezifische Stahl- und Polymer-Suchen. Exakte Wertebereiche, Einheiten-Harmonisierung und Konformitätsrichtwerte werden korrekt und präzise gefunden. Unsere volle globale Datenabdeckung mit Übersetzung ins Englische bietet ein Höchstmaß an Sicherheit gegen Patentverletzungen oder Fehlentwicklungen gegeben.

Online Recherchesysteme	IP-Management Dienstleistungen	**Inhouse-Softwarelösungen**
Recherche und Überwachung	Beratung und Fortbildung	Sonstiges

INTERASCO GmbH

Karl-Theodor-Str. 69
80803 München
GERMANY

+49 (0) 89 2035871-30
efiliaip@interasco.de
www.interasco.de

eFiLiA IP - die Patentverwaltung

Geistiges Eigentum professionell verwalten

eFiLiA IP ist die umfassende Lösung für IP Management, die zukunftssichere Technologien mit einer einfach zu bedienenden Software verbindet. Alle am IP Prozess Beteiligten arbeiten standortübergreifend auf einer gemeinsamen Datenbasis - ein umfangreiches Rollen- und Rechtesystem regelt den Zugriff. Alle Prozesse, Aufgaben und Termine werden effizient organisiert und zuverlässig überwacht.

- Vollständige elektronische Aktenverwaltung
- Vorgefertigte Aktenarten für alle Schutzrechtsarten, Familien, Verträge usw.
- Unterstützung von Erfinder- und Anwaltskommunikation sowie der Kommunikation mit den Fachabteilungen
- Kommunikation mit den Ämtern über verfügbare Schnittstellen
- Erstellung von Emails, Briefen und Amtsformularen aus definierbaren Vorlagen
- Zentraler und persönlicher Posteingang
- Integriertes Dokumentenmanagement mit Volltextsuche und mehrseitigen Previews
- Berechnung und Überwachung von Fristen und Terminen
- Zahlung von Amts- und Jahresgebühren, Kostenverwaltung und Vorschau
- Elektronische Erfindungsmeldungen und Verteilung
- Arbeitnehmererfindervergütung
- Unterstützung von Entscheidungsverfahren und Anfragen an die Fachabteilungen
- On Premise (inhouse) oder Cloud Installation

Die Flexibilität von eFiLiA ermöglicht eine individuelle Anpassung der Oberflächen und Prozesse an Ihre Anforderungen. Es stehen Ihnen alle professionellen „Best Practice Features" der eFiLiA-Business-Plattform zur Verfügung.

- Kompletter Funktionsumfang standortunabhängig weltweit verfügbar
- Moderne, intuitiv bedienbare Oberfläche
- Anwenderfreundlichkeit durch geführte Prozesse, geringer Schulungsaufwand
- Web-Portal zur Einbindung externer Anwender

Die INTERASCO GmbH ist ein Softwarehersteller mit Sitz in Deutschland.
Unsere Kunden sind KMUs, Kanzleien und im DAX bzw. ATX gelistete Konzerne.

Online Recherchesysteme	**IP-Management Dienstleistungen**	**Inhouse-Softwarelösungen**
Recherche und Überwachung	Beratung und Fortbildung	Sonstiges

interface projects GmbH

Cottaer Straße 2
01159 Dresden
GERMANY

+49 (0) 351 211 87 0
+49 (0) 351 211 87 166
info@intergator.de
https://patentsearch.intergator.cloud/de/

INTERGATOR
Patent Search

Die interface projects GmbH ist ein führender deutscher Hersteller im Bereich Enterprise Search und Wissensmanagement-Lösungen. Mit der **INTERGATOR Patent Search** wurde eine innovative Lösung entwickelt, die das natürlich-sprachige Recherchieren in Patentschriften mithilfe künstlicher Intelligenz ermöglicht. Im Gegensatz zu herkömmlichen Suchmethoden, die auf Schlagworten und Booleschen Operatoren basieren, nutzt die INTERGATOR Patent Search ein eigenes, selbst gehostetes KI-Modell. Dieses Modell läuft in einem deutschen Rechenzentrum und gewährleistet höchste Sicherheit und Unabhängigkeit von externen Anbietern und Systemen.

Die INTERGATOR Patent Search vereint die natürlich-sprachige Suche mit einer schlagwortbasierten Recherche und bietet somit eine optimale Lösung für beide Strategien. Patentrecherchen können mit einzelnen Begriffen, Wortgruppen, Patentnummern oder kompletten Patentschriften durchgeführt werden. Suchtreffer lassen sich durch Filter und Facetten schnell eingrenzen, wodurch der Rechercheprozess erheblich beschleunigt wird. Der integrierte **Document Viewer** ermöglicht eine vollständige Voransicht des Patents und unterstützt die aktive Arbeit mit dem Dokument durch zusätzliche Suchfunktionen.

Erweiterte Recherche-Assistenten für effiziente Patentanalyse

In der neuesten Version der INTERGATOR Patent Search wurden die Recherche-Assistenten weiter verbessert. Diese unterstützen gezielt bei der Durchführung komplexer Patentrecherchen und vereinfachen den Workflow erheblich. Zu den Assistenten gehören unter anderem die **Neuheitsrecherche**, die **Einspruchsrecherche**, die **Freedom-to-Operate-Analyse (FtO)** sowie die **Überwachungsrecherche**. Dank der generativen KI können Patentschriften direkt miteinander verglichen und aussagekräftige Reports auf Knopfdruck generiert werden. Dies spart wertvolle Zeit und erleichtert die Analyse komplexer Sachverhalte.

Transparent und treffsicher: KI-gestützte Recherche

Die INTERGATOR Patent Search verbessert transparent den Rechercheprozess und reduziert die Anzahl nicht relevanter Treffer signifikant. Durch die Fähigkeit der generativen KI, automatisch präzise Zusammenfassungen und Vergleiche zu erstellen, erhalten Nutzer schnell einen Überblick über wesentliche Informationen und können fundierte Entscheidungen treffen.

Online Recherchesysteme	IP-Management Dienstleistungen	**Inhouse-Softwarelösungen**
Recherche und Überwachung	Beratung und Fortbildung	Sonstiges

IP Author
by Dolcera

Speditionstraße 1
40221 Düsseldorf
GERMANY

+49 7621 986 4830
info@dolcera.com
www.dolcera.com

IP Author revolutionizes the patent lifecycle with cutting-edge AI solutions. Offering automated yet fully customizable tools for patent drafting, prior art searches, and office action responses, it empowers IP professionals to deliver precise, high-quality results faster. With seamless collaboration, flexibility, and efficiency at its core, IP Author transforms how attorneys and inventors protect innovations, driving unmatched value for global businesses.

Our Global presence:

- USA: California, Washington, Illinois, New York/New Jersey
- Europe: Germany, UK
- Asia: India, China

Online Recherchesysteme	IP-Management Dienstleistungen	Inhouse-Softwarelösungen
Recherche und Überwachung	Beratung und Fortbildung	Enterprise Tools

IP for IP GmbH
Monika Huppertz

Thaddenstraße 10
69469 Weinheim
GERMANY

Linderhauser Straße 135
42279 Wuppertal
GERMANY

+49 (0) 62 01 / 3 92 33-00
info@ipforip.de
www.ipforip.de

IP FOR IP
Intellectual Property
for
Intellectual People
seit 15 Jahren

Ihre Experten im Gewerblichen Rechtsschutz

- **„Live-Webinare", Seminare und Crashkurse**
  - für Fach- und Führungskräfte
  - für Neu-, Quer- und Wiedereinsteiger
  - für Berufserfahrene
- **14. PAFA-Tagung – das Original mit TOP-Referenten**
- **Fernstudium Gewerblicher Rechtsschutz**
- **Fernstudium Marken- und Designreferent*in IP for IP**
- **Inhouse-Trainings**
- **Kanzlei-, Abteilungs- und Einzelcoachings**
- **Organisationsberatung im IP-Office**

Unsere Veranstaltungen werden von zahlreichen Experten aus der Praxis des Gewerblichen Rechtsschutzes durchgeführt. Dabei legen wir explizit Wert darauf, dass alle Veranstaltungen praxisnah, aktuell und leicht verständlich sind.

Online Recherchesysteme	IP-Management Dienstleistungen	Inhouse-Softwarelösungen
Recherche und Überwachung	**Beratung und Fortbildung**	Sonstiges

IP7 Technologies GmbH

Ludwig-Ganghofer-Str. 2
83624 Otterfing
GERMANY

+49 (0)8024 969170
info@ip7.tech
www.ip7.tech

IP7 technologies

WE HAVE THE
SOLUTION
YOU NEED
IP-SOFTWARE

Unternehmenslösung für weltweite Patentrecherche & -überwachung gesucht?

IP7 Compass ist die Lösung!

Wir bieten mehr als nur effiziente Recherchen und Überwachungen – der IP7 Compass ist eine intelligente Lösung, die Ihre Anforderungen versteht, Ihre Arbeit unterstützt und den Umgang mit kritischen Patenten nachhaltig verbessert.

Optimieren Sie Ihre Prozesse mit unserer vollständigen Unternehmenslösung.

- ☑ Flexible Softwarelösung - Der IP7 Compass passt sich in jeder Situation Ihren individuellen Bedürfnissen an.
- ☑ Automatisierte Prozesse durch einen benutzerdefinierten Workflow für mehr Sicherheit und Effizienz im Unternehmen.
- ☑ Schneller & umfassender Expertensupport inkl. Schulungen für eine kompetente und professionelle Patentarbeit.
- ☑ Maximale Datensicherheit – durch ISO-zertifizierte Server in Deutschland, die höchste Sicherheits- und Datenschutzstandards gewährleisten.
- ☑ Auf Patente spezialisierte KI-Technologien – als intelligente Unterstützung, um Wissen aus Patendaten optimal zu nutzen.
- ☑ Intuitive Benutzeroberfläche – modernes Design und kontinuierliche Optimierung sorgen für eine effiziente Bedienung und höchste Akzeptanz im Unternehmen.
- ☑ Umfangreiche und stets aktuelle Patentdatenbank – Eine der weltweit größten Patentdatenbanken mit wöchentlichen Updates sorgt dafür, dass Sie jederzeit auf die neuesten Patentinformationen zugreifen können.

Online Recherchesysteme	IP-Management Dienstleistungen	Inhouse-Softwarelösungen
Recherche und Überwachung	Beratung und Fortbildung	Sonstiges

IPnovation GmbH

Eduard Klein-Gasse 25
1130 Wien
Austria

+43 1 876 18 17
office@IPnovation.com
www.IPnovation.com

IP-Recherche, NPL-Recherche, Patent-Intelligence, IP-Monitoring und Recherche-Training sind die **Kernkompetenzen** von **IPnovation GmbH.**

Know-how

Unsere **8 Patentrechercheure** stehen für Spezialisierung in verschiedenen Technologien, langjährige Erfahrung, Zertifizierung als Qualified Patent Information Professional - QPIP, Multilingualität, Kompetenz in der gezielten Anwendung von KI gestützter Recherche und Boolescher-Recherche sowie Know-how im Umgang mit verschiedenen IP-Datenbanken.

Patent- und NPL-Recherche

IPnovation GmbH ist auf Erfindungsmeldungs- und Neuheitsrecherchen, Recherchen zum Stand-der-Technik, Einspruchsrecherchen, Nichtigkeitsrecherchen und Freedom-to-Operate-Recherchen spezialisiert. Eine weitere Kernkompetenz liegt bei Recherchen in Nichtpatentliteratur (NPL), für die verschiedene Spezialdatenbanken, wie bspw. STN-International, IEEEXplore, ScienceDirect, SpringerLink, SAGE Journals, Taylor & Francis Online und Wiley, zur Verfügung stehen.

Patent-Intelligence

Wir unterstützen Manager und F&E-Spezialisten mit der statistischen Analyse von Patentinformation. Durch die Kombination der Kompetenz im Umgang mit IP bezogenen Aktivitäts- und Qualitätskennzahlen, unserer technologischen Kompetenz und unserem Know-how in Wirtschaftswissenschaften stiften wir spürbaren Mehrwert in strategischen Fragen.

Recherche-Training

IPnovation bietet In-House Training zu den Themen IP-Recherche und IP-Intelligence an. Wir sind IP-Recherche-Trainer bei verschiedenen Instituten und Mentor in der Ausbildung zum Qualified Patent Information Professional – QPIP.

IPnovation GmbH - wir verschaffen Wettbewerbsvorteile durch Wissensvorsprung!

Online Recherchesysteme	IP-Management Dienstleistungen	Inhouse-Softwarelösungen
Recherche und Überwachung	Beratung und Fortbildung	Sonstiges

IPRally Technologies Oy

Mikonkatu 15a
00100 Helsinki
FINLAND

@ commercial@iprally.com
www.iprally.com

Discovcr thc painlcss way to find, classify, and review patents. IPRally is an AI-powered web application designed to make your patent and R&D work more efficient and successful.

IPRally leverages knowledge graphs and Graph Neural Networks to achieve a deep understanding of technology. Trained with examination data across all technical fields, its AI understands patent logic and quickly identifies relevant patents from global patent data.

Speed up your review with Ask AI, a generative AI review assistant powered by a Large Language Model (LLM). It analyzes individual patents or hundreds at once, providing clear, insightful answers. Yes/No questions are automatically detected for Smart Filtering, helping you pinpoint the most relevant results faster.

- Search and monitor effortlessly with high accuracy
- Use free text, patent numbers or images as search input
- Usc Graph AI, Boolean or both
- Review patents or entire portfolios with conversational AI assistance
- Perform custom classification in minutes
- Collaborate seamlessly with R&D and other teams

Online Recherchesysteme	IP-Management Dienstleistungen	Inhouse-Softwarelösungen
Recherche und Überwachung	Beratung und Fortbildung	Sonstiges

Minesoft GmbH

Hesemannstraße 1A
41460 Neuss
GERMANY

+49 (0)213 1881 9025
support@minesoft.com
www.minesoft.com

Ihr verlässlicher Partner für IP-Intelligence

Unsere innovativen IP-Lösungen unterstützen Sie dabei, genau die Informationen zu finden, die Ihr Unternehmen für nachhaltigen Erfolg benötigt. Wir optimieren Arbeitsabläufe, fördern die Zusammenarbeit zwischen IP- und F&E-Teams und liefern wertvolle Erkenntnisse. So können Erfinder, IP-Experten und Anwälte schneller agieren und fundierte Entscheidungen mit Zuversicht treffen.

Für Unternehmen:

Wir machen IP-Intelligence und Patentanalyse effizienter und zugänglicher. Mithilfe von KI und modernsten Datenverarbeitungstechnologien ermöglichen wir Ihnen, relevante Informationen mühelos zu finden, zu organisieren und unternehmensweit zu teilen.

Für Anwaltskanzleien und Legal Teams:

Unsere Lösungen revolutionieren die Due-Diligence-Prüfung von Patenten, indem sie die Recherche, Analyse und Entscheidungsfindung für Ihre Mandanten erheblich erleichtern. Leistungsstarke Funktionen wie der Legal Status Timeline helfen Ihnen, strategische Maßnahmen optimal vorzubereiten, während automatische Benachrichtigungen Sie stets über wichtige Patentaktualisierungen auf dem Laufenden halten.

Mehr als **90.000 IP-Experten** weltweit vertrauen auf unsere Lösungen. Wir sind stolz darauf, Partner von **8 der 10 größten Anwaltskanzleien und 18 der 20 führenden Pharmaunternehmen** zu sein. Ihr Erfolg ist unser Antrieb – wir stehen Ihnen jederzeit zur Seite!

Wir freuen uns auf ein Gespräch mit Ihnen.

Kontakt:
Dipl.-Ing. Jochen Lennhof, +49 (0)213 1881 9025, jl@minesoft.com

Online Recherchesysteme	IP-Management Dienstleistungen	Inhouse-Softwarelösungen
Recherche und Überwachung	Beratung und Fortbildung	Sonstiges

noventive Managementgesellschaft mbH

Riesstraße 16
80992 München
GERMANY

+49 (0) 89 2080 487 60
info@noventive.com
www.noventive.com

Digitale Unterstützung für Intellectual Property

Software-Lösungen für IP-Professionals

Mit noventive fluid digitalisieren wir die gesamte Wertschöpfungskette im Bereich Intellectual Property - für maximale Effizienz und Nutzerfreundlichkeit.

Verlässlich, professionell, modern

Die Experten für geistiges Eigentum

Innovative Produkte verdienen eine moderne Rechtsberatung - noventive associates steht als zukunftsfähige Patentanwaltskanzlei für hochspezialisierte Beratung, persönlichen Kontakt und Rundum-Service.

Online Recherchesysteme	IP-Management Dienstleistungen	Inhouse-Softwarelösungen
Recherche und Überwachung	Beratung und Fortbildung	Rechtsberatung IP

Patent Cockpit
by Artemis IPM GmbH

Solothurnerstrasse 94
CH-4056 Basel

+41 (0) 61 540 00 46
info@patent-cockpit.com
patent-cockpit.com

Patent Cockpit

Patent Cockpit – Die Software für effizientes IP-Management für mittelständische Unternehmen

Die Verwaltung von Patenten, Marken und Erfindungsmeldungen stellt viele Unternehmen vor große Herausforderungen. **Patent Cockpit** bietet eine **strukturierte und effiziente Lösung**, um sämtliche **IP-Prozesse** an einem zentralen Ort zu bündeln.

Unsere Software unterstützt Sie in der **strategischen Planung, Verwaltung und Analyse** Ihres IP-Portfolios. Mit **nahtlosen Integrationen** zu **USPTO, EPO, EUIPO, Excel, Outlook** und Dokument-Management-Systemen reduzieren Sie manuellen Aufwand und vermeiden Fehler. **Erneuerungsgebühren**, **Produktschutz** und weitere wichtige Aspekte des IP-Managements lassen sich zuverlässig steuern.

Entwickelt aus der Praxis für die Praxis: **Patent Cockpit** entstand aus der langjährigen Erfahrung von **Artemis IPM**, einem spezialisierten Beratungsunternehmen für Intellectual Property Management. Der Mangel an praxistauglichen Lösungen führte zur Entwicklung einer Software, die die **Anforderungen von Forschung & Entwicklung, Unternehmensstrategie und IP-Rechten** in einer einzigen Plattform vereint.

Dank **übersichtlicher Dashboards und fundierter KPI-Analysen** haben Sie Ihr IP-Portfolio stets im Blick und können datenbasierte Entscheidungen treffen.

Optimieren Sie Ihr IP-Management und schützen Sie Ihren Innovationsvorsprung – mit Patent Cockpit. Kontaktieren Sie uns, um mehr zu erfahren!

PATOffice (europatent GmbH)

Elsenheimerstraße 67
80687 München
+49 (0) 89 411 1561 0
support@patoffice.de
www.patoffice.de

Wir denken Patente neu - mit generativer KI und intuitiver User-Experience für Experten und Nicht-Experten.

Im Zeitalter der Digitalisierung ist der Schutz geistigen Eigentums entscheidender denn je. PATOffice stellt sich dieser Herausforderung mit einer innovativen Software-as-a-Service (SaaS) Lösung, die mit über 70 Jahren Erfahrung im Bereich des Intellectual Property (IP) Managements, echte Fachexpertise besitzt. Unser Ziel ist es, die Verwaltung von Patenten nicht nur effizienter, sondern auch intuitiver zu gestalten, sodass Unternehmen jeder Größe ihr geistiges Eigentum effektiv schützen und strategisch nutzen können.

Funktionsumfang und Vorteile:

- **Globale Patentrecherche und -visualisierungen:** Entdecken Sie mit PATOffice die Macht einer schnellen, präzisen und umfassenden Patentrecherche und spannenden Einblicken. Unsere Plattform macht es einfacher denn je, relevante Patente zu identifizieren und deren Bedeutung für Ihr Unternehmen zu verstehen.
- **Umfassende Patentüberwachung:** Bleiben Sie immer einen Schritt voraus, indem Sie die neuesten Entwicklungen im Auge behalten. Mit unserer Lösung erkennen Sie Bewegungen von Wettbewerbern und neue Marktteilnehmer weltweit.
- **Personalisierter und automatisierter Workflow:** PATOffice passt sich Ihren Bedürfnissen an. Gestalten Sie Ihren Workflow so, dass er maximale Effizienz und Effektivität erreicht. Bewerten, Kommentieren und Weiterleiten wird zum Kinderspiel.
- **Generative KI:** An der Schnittstelle von Technologie und Innovation nutzt PATOffice generative KI, um komplexe Patentschriften in klar verständliche Informationen umzuwandeln. Diese bahnbrechende Technologie ermöglicht eine tiefgreifende Analyse und Interpretation von Patentdaten, die bisher unerreichte Einblicke und Verständnis in das IP-Management bringt.

PATOffice steht für eine neue Generation der IP-Software, die nicht nur die Arbeit mit Patenten vereinfacht, sondern diese auch demokratisiert. Wir sind fest davon überzeugt, dass Innovation für alle zugänglich sein sollte, und unsere generative KI-Technologie spielt eine zentrale Rolle dabei, dieses Ziel zu erreichen.

Online Recherchesysteme	IP-Management Dienstleistungen	Inhouse-Softwarelösungen
Recherche und Überwachung	Beratung und Fortbildung	Sonstiges

PATON | Landespatentzentrum Thüringen

PATON | Landespatentzentrum Thüringen

- WIR FÜHREN SIE ZUR INNOVATION -

PATON.*SEARCH*@tu-ilmenau.de

Auftragsrecherchen · Betreute Kundenrecherchen in Schutzrechts- (Patent-, Gebrauchsmuster-, Marken-, Design-), Literatur-, Wirtschafts- und Rechts-Datenbanken

PATON.*ANALIST*@tu-ilmenau.de

Patentanalysen · Patentstatistik · Fachgebiets-, Markt- und Wettbewerberanalysen

PATON.*CONSULT*@tu-ilmenau.de

Beratung zur Anmeldung von Patent, Marken und Designs· Erfinderförderung · Entgegennahme von Schutzrechtsanmeldungen

PATON.*PTH*@tu-ilmenau.de

Patentmanagement Thüringer Hochschulen · Patentverwertung ·

PATON.*AKADEMIE*@tu-ilmenau.de

Weiterbildung zum Patentingenieur / -manager / -rechercheur · Seminare zum Gewerblichen Rechtsschutz, zu Patentinformation und -dokumentation, zu Recherchen und zum IP-Management

PATINFO@tu-ilmenau.de

Kolloquium der Technischen Universität Ilmenau über Patentinformation und gewerblichen Rechtsschutz

PATON | Landespatentzentrum Thüringen
Technische Universität Ilmenau
Leibnizbau | Langewiesener Str. 37 | 98693 Ilmenau
Postfach 10 05 65 | 98684 Ilmenau

+49 (0)3677 69 4572
+49 (0)3677 69 4538
www.paton.de
paton@tu-ilmenau.de

Online Recherchesysteme	IP-Management Dienstleistungen	**Inhouse-Softwarelösungen**
Recherche und Überwachung	**Beratung und Fortbildung**	**Patentstatistik**

- PATENTE LÖSUNGEN FÜR PATENTE ERFINDER -

PATON ist ein profiliertes Patentinformationszentrum und zeichnet sich insbesondere durch die Symbiose von Lehre, Forschung und Praxis aus. Diese ermöglicht es uns, ausgehend von der Analyse der Bedürfnisse unserer Kunden, praxisnahe Lehrinhalte zu vermitteln, gezielt und bedarfsgerecht Forschung auf dem Gebiet der Fach- und Patentinformation zu betreiben und die Ergebnisse wiederum in der Praxis umzusetzen.

PATON veranstaltet jährlich die PATINFO, den bedeutendsten deutschsprachigen Kongress auf dem Gebiet des gewerblichen Rechtsschutzes.

PATON ist Mitglied des PIZnet e.V., dem Verband aller Patentinformationszentren Deutschlands, ist europäisches PATLIB Center und ist direkter Kooperationspartner des Deutschen Patent- und Markenamtes und als solcher berechtigt, Schutzrechte im Auftrage des Amtes entgegenzunehmen.

PATON ist aktives Mitglied in der Technologie-Allianz (TA), dem Verband für Wissens- und Technologietransfer, der über 250 wissenschaftliche Einrichtungen repräsentiert.

PATON versteht sich als IP-Initiator und IP-Awareness-Multiplikator mit der Aufgabe, die Öffentlichkeit in Hinblick auf alle Themen des gewerblichen Rechtsschutzes zu sensibilisieren.

PATON ist der zentrale Ansprechpartner und Koordinator der Netzwerkaktivität "Patentwesen" der Thüringer Hochschulen - einem Zusammenschluss von acht Thüringer Universitäten und Hochschulen. In dieser Funktion wird dabei die gesamte Kette von der Beratung der Erfinder, Prüfung der Erfindungsmeldung, über Recherchen zur Patentierbarkeit und zur wirtschaftlichen Verwertbarkeit, über die Begleitung der Schutzrechtsanmeldung bis hin zur Suche nach Verwertungs- und Kooperationspartnern geleistet.

PATON ist qualifizierter Partner für Patent-Förderprojekte des DPMA und des EUIPO.

PATON unterstützt die Ausbildung und Zertifizierung von Rechercheuren im Rahmen von Qualified Patent Information Professional (QPIP).

Wir begrüßen Sie gerne an unserem PATON-Stand und informieren Sie über die aktuellen **Aus- und Weiterbildungsmöglichkeiten in der PATONakademie**. Mit unseren Rechercheurinnen können Sie zudem über Spezialthemen, wie **Überwachungen bei Patenten, Marken und Designs, Schutzrechte in Osteuropa oder Patentstatistische Analysen** fachsimpeln und sich über Erfahrungen austauschen.

Wir freuen uns auf Ihren Besuch!

Am Stand des PATON-PTH werden wieder **Technologieangebote aus der Wissenschaft** präsentiert. Die Angebote richten sich an Unternehmen und zeigen einen Querschnitt von Erfindungen und Patenten aus Thüringer Universitäten und Hochschulen.

Entdecken Sie interessante Lösungen an unserem Stand!

PATON-PTH
Patentmanagement Thüringer Hochschulen

Langewiesener Str. 37
98693 Ilmenau

+49 (0) 3677 69 4589
paton.pth@tu-ilmenau.de
www.paton.de/pth

Thüringen, bekannt für seine historischen Städte, seine malerischen Landschaften und seine kulturelle Vielfalt, ist zugleich Heimat von mehreren angesehenen Hochschulen. An diesen Universitäten und Fachhochschulen arbeiten Forschende täglich an zukunftsweisenden Projekten und schaffen innovative Ansätze in Bereichen des Ingenieurwesens, der Naturwissenschaften, Informatik, Lebens- und Biowissenschaften.

An den Hochschulen Thüringens wurden durch Ideenreichtum und Know How verschiedene Erfindungen entwickelt und bei den Patentämtern angemeldet, die auch für die Industrie in den unterschiedlichen Fachbereichen relevant sind.

Patentmanagement Thüringer Hochschulen (PATON-PTH) – eine Abteilung des PATON | Landespatentzentrums Thüringen – wurde im August 2002 als Thüringer Patentverwertungsagentur gegründet. Die Aufgaben von PATON-PTH bestehen im Wesentlichen darin, die Thüringer Hochschulen im Bereich Patentwesen zu beraten sowie verwertbare Erkenntnisse und Forschungsergebnisse in den Hochschulen aufzuspüren, hinsichtlich Neuheit und wirtschaftliche Verwertbarkeit zu bewerten, die schutzrechtliche Sicherung zu begleiten und zeitnah an geeignete Unternehmen und somit in den Markt zu überführen.

Seit der Gründung wurde das Team PATON-PTH von den repräsentierten Thüringer Wissenschaftseinrichtungen mit der Betreuung und Verwertung von rund 800 Erfindungen beauftragt.

Besuchen Sie uns gerne an unserem Stand und lassen sich ein paar unserer ausgewählten Erfindungen näherbringen. Und auch wenn die vorgestellten Erfindungen vielleicht nicht vollständig auf Ihre Bedürfnisse passen, so ist in den Thüringer Hochschulen noch weiteres Know How vorhanden, welches Lösungen für Ihre individuellen Fragestellungen bieten kann!

Online Recherchesysteme	**IP-Management Dienstleistungen**	Inhouse-Softwarelösungen
Recherche und Überwachung	**Beratung**	**Patentverwertung**

PatSeer Technologies Pvt. Ltd.

PATSEER
DRIVING INNOVATION

4th Floor, Sunflower Commercial,
77/1 Baner Road, Baner,
Pune – 411 045
INDIA

DACH: +49-152 293 88 600 | **UK / Europe**: +44-20-8106-6880
USA / Canada: +1-408-329-9880 | **India / Asia Pacific**: +91-98335 78312
@ sales.dach@patseer.com | sales@patseer.com
www.patseer.com

PatSeer is an AI-driven patent research platform for IP professionals. With a user base of over 8,000 experts across more than 40 countries, PatSeer is trusted by innovation-driven companies, universities and legal firms worldwide

The platform's leading-edge AI capabilities, not only simplifies patent research but also offers deep, actionable insights tailored for the modern IP counsel. Apart from day-to-day IP search needs such as Novelty and FTO, PatSeer's technology monitoring and landscaping capabilities offers comprehensive insights into emerging trends and technological shifts, making it easier to pinpoint innovation clusters and areas ripe for development. Competitive intelligence is another area where PatSeer provides clear, data-driven views of competitors' patent activities to help strategize and stay ahead in the market. PatSeer is SOC2 Type 2 and ISO27001 certified.

Visit our booth at PATINFO 2025, to learn more about PatSeer and its solutions for IP research and monetization.

Online Recherchesysteme	IP-Management Dienstleistungen	Inhouse-Softwarelösungen
Recherche und Überwachung	Beratung und Fortbildung	Sonstiges

predori GmbH

Lichtensteinstraße 1, Ulm

+49 (0) 731 14 53 85 50

info@predori.com

www.predori.com

Patent Search | Patent Monitoring

predori ist ein PATENT INTELLIGENCE TOOL, das die Recherche und Überwachung von Patenten durch den gezielten Einsatz von modernster KI-Technologie enorm erleichtert. Unsere Software reduziert die Arbeitszeit um ein Vielfaches, erhöht die Effizienz und spart Kosten an diversen Stellen.

Unsere Nutzer:innen können Patentinformation:

1. einfach finden
2. schnell verstehen
3. und unmittelbar gewinnbringend nutzen.

Was macht predori eigentlich anders?

predori ist nicht nur einfach & schnell, sondern auch treffsicher & nachvollziehbar! Das ist ein entscheidender Faktor bei dem Umgang mit KI. predori ist keine Blackbox! Sie erhalten volle Transparenz in allen Schritten der Anwendung. Alle Ergebnisse sind nachvollziehbar, alle Antworten sind korrekt und mit Referenzen belegt.

Entscheidend ist die Qualität der Ergebnisse! Die Präzision und Relevanz der Treffer ist unerlässlich, um fundierte Entscheidungen zu treffen und den Wert des geistigen Eigentums zu maximieren.

- **Nachvollziehbare & transparente KI**
- **Präzise & korrekte Ergebnisse**

Informationsbeschaffung leicht gemacht

Mit predori sparen Sie sich mühsame Arbeit und beschleunigen wichtige Prozesse im IP-Bereich, sowie aber auch in der R&D-Abteilung. Patentrecherchen gelingen Ihnen mit Leichtigkeit. Mit unserem Patent Monitoring erhalten Sie alle relevanten Informationen, speziell aufbereitet, auf einen Blick.

Stichwort: Der Patentflut Herr werden

Online Recherchesysteme	IP-Management Dienstleistungen	Inhouse-Softwarelösungen
Recherche und Überwachung	Beratung und Fortbildung	Sonstiges

Questel SAS

23, rue d´Antin
75002 Paris
FRANCE

+33 (1) 55 04 52 05
+33 (1) 55 04 52 01
communication@questel.com
www.questel.com

Questel ist der größte europäische Komplettdienstleister für Intellectual Property mit mehr als 20.000 Kunden und 1,5 Mio Nutzern in 30 Ländern.

Wir decken die gesamte Bandbreite der IP und der Innovation ab von der Ideenfindung, dem Innovationsmanagement bis über den gesamten Lebenszyklus der gewerblichen Schutzrechte.

Questel bietet eine vollständige Software-Plattform für die Recherche, die Analyse und das Management gewerblicher Schutzrechte an, ebenfalls KI-basierte Systeme zur Unterstützung der patentanwaltlichen Kernaufgaben in Industrie oder Kanzlei.

Questel bietet ebenfalls Dienstleistungen für den gesamten IP-Lebenszyklus an, einschließlich Jahresgebührenzahlungen, Übersetzungen, EP-Validierung, Kosten-Management Ihrer Folgeanmeldungen, Recherchen zum Stand der Technik sowie auch Patentbewertung und Unterstützung bei Lizenzverhandlungen oder IP-Gerichtsverfahren.

Um den Innovationsprozess von Beginn an mit der IP-Strategie zu verbinden, haben wir unsere Lösungen auf den Bereich der Innovation erweitert und bieten ein komplettes Softwaresystem von der Ideengenerierung über die Technologieexploration bis hin zum Management externer Technologiepartner und Start-ups an.

Questel setzt sich für den Erfolg von Erfindern, Forschern und allen Kreativen ein. Wir konzipieren und realisieren die Lösungen und Services, mit denen diese Innovatoren auch in Zukunft ihre geistigen Eigentumsrechte geltend machen können. Wir machen damit das geistige Eigentum technisch und finanziell leichter verfügbar und durchsetzbar.

Online Recherchesysteme	IP-Management Dienstleistungen	Inhouse-Softwarelösungen
Recherche und Überwachung	Beratung und Fortbildung	Jahresgebühren, IPMS-Systeme

Recherche und Beratung – Henrik Schreiber

Hauptstrasse 25
69117 Heidelberg

+49 (0) 6221 43538-30
+49 (0) 179 6464923
+49 (0) 6221 43538-79
info@rechercheundberatung.de
www.rechercheundberatung.de

RECHERCHE UND BERATUNG

Seit 2005 bieten wir unseren Kunden umfangreiche Dienstleistung in der Recherche. Wir sind in den Bereichen Technik, Biotech, Chemie und Pharma tätig.

Unser Versprechen:

Wir liefern Ihnen die Informationen, damit sie Ihre Frage beantworten können

- • Recherche zum Stand der Technik
- • Neuheitsrecherchen
- • Einspruchsrecherchen
- • Freedom to Operate
- • Due Diligence
- • Übersichtsrecherchen

Unser Vorgehen:

- Persönlicher Kundenkontakt und Beratung
- Identifizieren Ihres Recherchebedarfs
- Durchführung der Recherche in enger Abstimmung
- Zielführende Kommentierung Ihrer Ergebnisse
- Statistische Auswertungen und Analysen

Wir freuen uns auf Ihren Besuch.

SAM – Standards and More… GmbH & Co. KG

Franz-Schuster-Str. 3
82061 Neuried
GERMANY

+49 (0) 89 255 44 82-0
+49 (0) 89 255 44 82-22
info@standardsandmore.com
www.standardsandmore.com

Präzise Informationen sind der Schlüssel zu Innovation und Wettbewerbsfähigkeit. **SAM – Standards and More…** (www.standardsandmore.com) bietet Ihnen Zugang zu technisch-wissenschaftlichen Fachinformationen – von Normen und technischen Regeln bis hin zu wissenschaftlichen Journalen, Konferenzdokumentationen, Fachbüchern und interaktiven eLearning-Kursen.

Unsere Partner sind führende Fachgesellschaften und renommierte Verlage, darunter **ACM, ASME, ASTM, DIN, ICE, IEEE, IET, MIT Press, Morgan & Claypool, NOW Publishers, SAE, SIAM und SPIE**.

Doch wir gehen noch einen Schritt weiter: Mit unserer Normen-Management-Lösung "normI" bieten wir eine effiziente und rechtssichere SaaS-Lösung, um Ihre Normen, Richtlinien und eigene Spezifikationen zu verwalten und zu überwachen.

Durch die Verknüpfung von Patentdaten mit Volltexten wissenschaftlicher Verlage eröffnen sich völlig neue Möglichkeiten – insbesondere bei der Analyse und Nutzung von **IEEE-Normen in Verbindung mit Patenten**. Die daraus gewonnenen Daten werden mit der von **IP.com entwickelten Semantik-Technologie** in **Technologie-Reports** ausgewertet. Dies ermöglicht unter anderem eine **detaillierte Portfolio-Analyse** sowie eine fundierte **Bewertung von Erfindungsmeldungen**, um Innovationspotenziale gezielt zu identifizieren und strategisch zu nutzen.

Defensive Publikationen neu gedacht: Die Prior Art Datenbank von IP.com

Maximale Flexibilität für Ihre Patentstrategie! Mit der **Prior-Art-Datenbank von IP.com** können Sie den aktuellen Stand der Technik in wenigen Klicks generieren und – wenn gewünscht – sogar anonym online publizieren.

Ob Patentstrategie, Technologieanalyse oder Innovationstracking – mit **SAM** sind Sie immer einen Schritt voraus!

Online Recherchesysteme	IP-Management Dienstleistungen	Inhouse-Softwarelösungen
Recherche und Überwachung	Beratung und Fortbildung	Online-Normenverwaltung

Serviva GmbH

Schlüterstraße 38
10629 Berlin

+49 (0) 30 / 8877 1300
+49 (0) 30 / 8877 1311
info@serviva.com
www.serviva.com

serviva
THE IP SERVICE PEOPLE
Berlin - Stuttgart - München - Wien

Die Serviva GmbH bietet ein breites Produkt- und Dienstleistungsangebot rund um das Management von gewerblichen Schutzrechten an. Tätigkeitsschwerpunkte sind die Recherche, Überwachung, Bewertung und Verwaltung von Patenten und anderen gewerblichen Schutzrechten. Unsere erfahrenen Patentingenieure unterstützen Sie von unseren vier Standorten in Berlin, Stuttgart, München und Wien sowohl bei der Recherche, bei der Ausarbeitung einer IP-Strategie als auch bei der Optimierung Ihres IP-Managements und in alltäglichen administrativen Aufgaben.

Zahlreiche namhafte Kunden vertrauen uns – von mittelständischen Technologieunternehmen und Patentanwaltskanzleien bis hin zu großen Konzernen mit eigener Patentabteilung. Unsere Dienstleistungen und Softwareprodukte sind optimal aufeinander abgestimmt und frei kombinierbar.

Das erwartet Sie bei uns:

- **Patricia®** – eine international erfolgreiche und etablierte Softwarelösung zur Patent- und Markenverwaltung, als „SaaS" oder „On Premise"
- **Extended Document Management System (EDMS)** – Erweiterung der Patricia® um viele herausragende Funktionen wie automatische Emailzuordnung zu Akten, Versionierung, Vorschau, Auto-OCR, Volltext-Suche u.v.m.
- **Patselect** – unsere preisgünstige Patent- und Monitoring-Datenbank zur übersichtlichen Recherche von Schutzrechten, regelmäßigen Technologien- und Wettbewerberüberwachungen und strukturierten Durchsicht von Überwachungsergebnissen.

Gerne informieren wir Sie über unser umfangreiches Dienstleistungsspektrum, mit dem Sie Ihr IP Management noch effizienter gestalten können.

Online Recherchesysteme	IP-Management Dienstleistungen	Inhouse-Softwarelösungen
Recherche und Überwachung	Beratung und Fortbildung	Sonstiges

SMD Group
Schutz Marken Dienst GmbH

Manhagener Allee 76a
22926 Ahrensburg
GERMANY

+49 4102 80 48 0
+49 4102 80 48 35
mail@smd-group.info
www.smd-group.info

Recherche und Überwachung von gewerblichen Schutzrechten weltweit sind unsere Kernkompetenz. Als erster deutscher Anbieter von Markenrecherchen und -überwachungen besitzen wir über 75 Jahre Erfahrung und können auf entsprechendes Know-How zurückgreifen.

Ein weiteres Geschäftsfeld besteht im Angebot ausgereifter und anwenderfreundlicher

Produkte und Anwendungen, die Sie in Ihrer täglichen Arbeit mit gewerblichen Schutzrechten unterstützen. So bieten wir mit www.tmzoom.com eine Online-Plattform, auf der Sie Recherchen und Überwachung selbst durchführen können und auch die von uns übermittelten Recherche- und Überwachungsergebnisse bearbeiten können.

Mit weiteren Angeboten gehen wir auf spezielle Kundenbedürfnisse ein. So übernehmen wir bei Bedarf auch die Verwaltung Ihrer Marken und Domains. Wenn Sie Interesse an einer dieser Leistungen haben, sprechen Sie uns an, um weitere Informationen zu erhalten.

Dank unserer guten Kontakte zu lokalen Anwälten auf der ganzen Welt stellen wir Ihnen darüber hinaus umfangreiche, aktuelle Informationen zum internationalen Markenrecht zur Verfügung. Auf www.country-index.com haben wir für Sie nützliche Details zu Markengesetzen und -regelungen für nahezu alle Länder der Erde gesammelt. Der kostenlose Newsletter, den Sie auf der Country Index Webseite abonnieren können, liefert Ihnen regelmäßig und zeitnah die jüngsten Änderungen hierzu. Verschiedene Handbücher decken darüber hinaus spezifische Aspekte der Markenpraxis und des Markenmanagement ab. Die Inhalte werden mit Hilfe unseres Netzwerks von mehr als 380 Markenanwälten weltweit zusammengestellt.

International sind wir mit Partnern vernetzt, deren Kernkompetenzen das Leistungsspektrum der SMD Group erweitern. Über SMD Benelux B.V. erreichen Sie beispielsweise auf der

ganzen Welt unabhängige Markenanwälte, die Markenrecherchen nach nationalen Gesetzen und lokalen Gebräuchen beurteilen.

Online Recherchesysteme	IP-Management Dienstleistungen	Inhouse-Softwarelösungen
Recherche und Überwachung	Beratung und Fortbildung	Sonstiges

uptoIP®
ABP PATENT NETWORK GmbH

Rosenauerweg 16
4580 Windischgarsten
AUSTRIA

+43 (0) 7562 5440
office@abp-patentnet.com, sales@uptoip.com
www.abp-patentnet.com, www.patentbutler.ai

Die Verwaltung Ihrer Schutzrechte kann einfach, effizient und sicher sein! Erleben Sie Effizienzsteigerungen in Ihrem IP-Alltag durch den Einsatz von uptoIP® der bahnbrechenden KI-Anwendung patentbutler.AI oder ABP Recherchen.

Die IP-Management-Software uptoIP® ist ein leistungsstarkes Tool, welches Ihnen den täglichen Umgang mit gewerblichen Schutzrechten erheblich erleichtert.

- Sie können Ihre eigenen Schutzrechte und Erfindungsprojekte effektiv mit fremden Schutzrechten gegenüberstellen!
- Übersichtliches Verwalten, kollaboratives Zusammenarbeiten, projektorientierter Überblick – Durch die entscheidende Effizienzsteigerung mit uptoIP® können Sie sich auf die wesentlichen Aspekte konzentrieren.
- Welche Informationen benötigen Sie, wann und wo, um fundierte Entscheidungen treffen zu können? uptoIP® bietet eine solide Basis für eine nachhaltigen IP-Strategie.

Die speziell auf IP-Belange zugeschnitte KI-Integration - patentbutler.AI - legt Potentiale frei und unterstützt mit einem noch nie dagewesenen Umfang die tägliche Arbeit eines IP-Experten. In einem geschützten Umfeld und auf Basis reiner Patentdaten ermöglicht die ABP Entwicklung einen entscheidenden Vorsprung.

Erfahren Sie von ABP, wie Sie Ihr IP-Portfolio nachhaltig und sicher mit der Software uptoIP® verwalten können. Wir lassen Sie gerne an Best-Practice-Beispielen teilhaben. Jahrzehntelange Erfahrung in der Welt des geistigen Eigentums und eine Pionierrolle im Bereich digitaler Aktenverwaltung machen ABP und sein IP-Netzwerk zu einem starken Partner.

ABP bietet außerdem:

- Professionelle Patent-, Marken- und Designrecherchen von Experten mit technischem Hintergrund, die treffsichere Ergebnisse liefern.
- Eine komfortable und zuverlässige Verlängerung Ihrer Schutzrechte, sowie eine kompetente Zahlungsabwicklung von Gebühren bei Patent- und Markenämtern.
- Eine persönliche Betreuung während des gesamten Schutzrechtslebenszyklus bei Ihren F&E-Projekten – individuell, effizient und effektiv.

Unser IP-Experten und Software Consultants beraten Sie gerne. Machen Sie Ihren -Alltag effizienter mit den Leistungen von ABP.

Online Recherchesysteme	**IP-Management Dienstleistungen**	**Inhouse-Softwarelösungen**
Recherche und Überwachung	Beratung und Fortbildung	Sonstiges

Kategorisierung der Aussteller zur PATINFO*2025*

Kategorien

Online-Recherchesystem	1					
IP-Management Dienstleistungen		2				
Inhouse-Softwarelösungen			3			
Recherche und Überwachung				4		
Beratung und Fortbildung					5	
Sonstige Dienstleistungen						6

#	Aussteller	1	2	3	4	5	6
31	Anaqua	X	X	X	X		
22	ATHENA Technologie Beratung GmbH		X	X	X	X	X
16	CAS	X	X	X	X	X	
13	Dennemeyer Group		X	X	X	X	
25	Deutsches Patent- und Markenamt					X	
7	Eidgenössisches IGE / ip-search **| SPONSOR |**				X		
2	Fovea IP	X			X		X
30	G.E.I. KRAMER & HOFMANN mbH	X		X	X		
26	genese.de GmbH		X				
19	GSI Office Management GmbH			X			
15	IamIP Sverige AB	X			X		
29	Infoapps GmbH	X		X	X		
23	Interasco GmbH		X	X			
24	interface projects GmbH	X		X	X		
28	IP Author by Dolcera	X	X	X	X		X
3	IP for IP GmbH Monika Huppertz					X	
1	IP7 Technologies GmbH	X					
18	IPnovation GmbH **| SPONSOR |**				X		
27	IPRally Technologies Oy	X			X		
20	Minesoft GmbH **| SPONSOR |**	X			X		
10	noventive Managementgesellschaft mbH		X	X		X	X
14	Patent Cockpit by Artemis IPM GmbH			X			
12	PATOffice (europatent GmbH)	X	X		X		

#	Aussteller	1	2	3	4	5	6
	PATON Landespatentzentrum Thüringen			X	X	X	X
	PTH Patentmanagement Thüringer Hochschulen		X			X	X
11	PatSeer Technologies Pvt Ltd	X			X		
5	predori GmbH **| SPONSOR |**	X		X	X		
9	Questel SAS	X	X		X	X	X
17	Recherche und Beratung – Henrik Schreiber				X		
32	SAM – Standards and More… GmbH & Co. KG	X	X		X	X	X
6	Serviva GmbH	X	X	X	X	X	
4	SMD Group Schutz Marken Dienst GmbH	X			X		
8	uptoip® ABP PATENT NETWORK GmbH		X	X	X		

Kolloquia der Technischen Universität Ilmenau über Patentinformation

	Jahr	Thema
1*	1962	Beachtung der Patentschriften
2*	1963	Dokumentation von Patentschriften
3	1964	Patent-Dokumentation und -Information
4	1965	Patentwesen und Patentdokumentation
5	1967	Information und Schutzrechtspolitik
6	1969	Erfindungs- und Patentwesen
7	1971	Theorie und Praxis der Information und Dokumentation
8	1973	Urheber- und patentrechtliche Fragen in der wissenschaftlichen Information
9	1975	Patentinformation und Schutz wissenschaftlich-technischer Ergebnisse
10	1977	Patentrecht und Patentinformation
11	1979	Patentinformation und Patentrecht
12	1981	Patentinformation und Patentrecht
13	1983	Patentrecht und Patentinformation
14	1985	Neue Informationstechnologien für Patentinformation und Patentschutz
15	1987	Wissensvermittlung – Informatik im Patentwesen
16	1989	Effektivierung der Patentinformation durch Aufbau und Nutzung von Patentdatenbanken
17**	1990	Patentinformation in beiden deutschen Staaten
18	1996	Innovationsstimulierung durch Patentinformation
19	1997	Europäischer Technologietransfer mittels Fach- und Patentinformation
20	1998	Gewerblicher Rechtsschutz im Spannungsfeld neuer Informations- und Kommunikationstechnologien
21	1999	Patent- und Markeninformation auf dem Weg ins 21. Jahrhundert
22	2000	Patentinformation und Patentanalyse als Mittel zum Markterfolg

* Noch im Rahmen des allgemeinen Kolloquiums über Information/Dokumentation, ohne eigenen Themenkreis

** 1. Gesamtdeutsches Treffen der Patentinformationszentren

23	2001	Internationale, nationale und betriebliche Patentinformationssysteme
24	2002	Basis- und Mehrwertdienste der Schutzrechtsinformation
25	2003	Gewerbliche Schutzrechte für den Aufschwung in Europa: Schutz und Verwertung, Recherche und Analyse
26	2004	Patentrecht und Patentinformation – Mittel zu Innnovationen
27	2005	Patentrecht, Patentrecherche und Patentanalyse – Mittel auf dem Weg zur Patentverwertung
28	2006	Patente, Marken und Geschmacksmuster – Rechtspraxis, Recherche, Analyse und Verwertung
29	2007	Gewerbliche Schutzrechte: Rationelle Nutzung ihrer Informations- und Rechtsfunktion in Wirtschaft und Wissenschaft
30	2008	Patentmanagement – Methoden, Werkzeuge und Ausbildung
31	2009	Informations- und Rechtsfunktion der gewerblichen Schutzrechte in einer globalisierten Wirtschaft
32	2010	Methoden und Werkzeuge gegen Barrieren und Rückstände im gewerblichen Rechtsschutz
33	2011	Grenzen des gewerblichen Rechtsschutzes
34	2012	Qualität und Quantität im gewerblichen Rechtsschutz
35	2013	Neue Wege der Patent- und Markeninformation
36	2014	IP-Management 2020
37	2015	IP - Kooperation, Wettbewerb, Konfrontation
38	2016	Big Data – Chancen und Herausforderungen
39	2017	Europäische Schutzrechtssysteme im Wandel
40	2018	IP Recherche – Impulsgeber im Wettbewerb
41	2019	IP und AI – Wunsch oder Wirklichkeit
42	2020	Markterfolg durch smarte IP-Strategie
43	2021	Markterfolg durch smarte IP-Strategie
44	2022	Internationalisierung und Digitalisierung der IP-Welt
45	2023	Schutzrechtsinformationen als Rohstoff für die Wirtschaft von morgen
46	2024	Schutz vor Produktpiraterie: Warum Patente, Marken und Designs unverzichtbar sind
47	2025	Innovation durch Wissen: Patente, Normen und Recherche im Fokus